J.P. STERN

NIETZSCHE

Die Moralität der äußersten Anstrengung

EDITION
MASCHKE
«HOHENHEIM»

Aus dem Englischen unter Mitwirkung des Autors übersetzt
von Fred Wagner

ISBN 3-8147-0018-X

Titel der englischen Originalausgabe: A study of Nietzsche

Deutsche Lizenzausgabe

Umschlaggestaltung: Rambow/Lienemeyer/van de Sand
Satzherstellung: Deutscher Ärzte-Verlag, Köln-Lövenich
Druck und Bindung: Claussen & Bosse, Leck

Inhalt

Vorwort zur deutschen Ausgabe

Anliegen dieser Studie ist es, Friedrich Nietzsches immer neu ansetzendes Philosophieren in seiner Mannigfaltigkeit kritisch darzustellen und die Zeichen seiner Lust an der Reflexion auch in ihrer Widersprüchlichkeit zu deuten. Seine Schriften ergeben keine natürliche Ordnung; nie gilt ihm ein Problem als erledigt; die Entwicklungsgeschichte, die aus seinen Büchern abzulesen ist, verdeckt unwillkürlich den Reichtum an Variationen, das bewußte und unbewußte Zurückgreifen auf frühere Fragestellungen des eigenen Denkens. Die zehn Kapitel dieser Studie folgen also, sowohl in ihrer Reihenfolge wie auch in den Argumenten innerhalb jedes einzelnen, einer in etwa chronologischen Anordnung von Nietzsches Themen, suchen dabei jedoch das Fragende und Unabgeschlossene dieses Denkens zu wahren und zu übermitteln. Daß Nietzsches experimentelle Methode an einigen Stellen äußerster Ungeduld in krasse Apodiktik umschlägt, soll nicht verschwiegen werden.

Aus den meisten seiner Werke — nicht einmal hier kann man sagen: aus seinem ganzen Werk — spricht Nietzsches Bestreben, „das Höchste am Menschen“ zu benennen und es zur vollkommenen Entfaltung zu bringen, und zwar im bewußten Gegensatz zu jeder erdenklichen Lehre von einem unveränderlichen Sein. Auch dieses „Höchste“ verfestigt sich nie zu einem stabilen Begriff, wird immer im Licht neuer Einsichten neu bestimmt (so daß auch die politischen Konsequenzen dieses grundsätzlich unpolitischen Denkens, die hier weder übergangen noch überschätzt werden sollen, als nachträgliche Ideologisierungen von Nietzsches antiideologischen Einsichten zu verstehen sind).

Nietzsches aktives Leben als Schriftsteller und Philosoph umfaßt kaum mehr als sechzehn Jahre (1872 – Januar 1889). Die stark persönliche Note seiner Schriften ist der Grund, warum hier der eigentlichen Untersuchung seiner Philosophie eine biographische Skizze (Kapitel I), eine Beschreibung seiner intellektuellen Umwelt und der Beziehung zwischen Leben und Werk (Kapitel II) vorangestellt werden. Danach bestimmt die Frage, wo er jenes „Höchste" am Menschen sucht, den Aufbau dieser Studie. Nach Abschluß der altphilologischen Forschungen bilden Nietzsches historische Betrachtungen (Kapitel IV) den ersten Gegenstand seiner philosophischen Reflexion, und doch beschäftigt ihn die Historie noch in den allerletzten Notizen aus der Zeit des nahenden Zusammenbruchs. Seine Bestrebungen, eine „Umwertung aller Werte" zu schaffen, sind aufs engste mit kritischen Glossen zur europäischen Kultur verbunden, und diese Kombination (die dann in unserem Jahrhundert Schule macht) erreicht in *Jenseits von Gut und Böse* (Kapitel V) ihre konsequenteste Form. Innerhalb der Moralphilosophie strebt diese Umwertung drei Ziele an: Eines nennt er „Leben" (Kapitel VI), das zweite „Wille zur Macht" (Kapitel VII); das dritte, dem hier ein kritisches Intermezzo vorangeht (Kapitel VIII), ist die Moralität der äußersten Anstrengung, die Nietzsche selbst nicht so benannt und auch nicht als einen immer wieder reflektierten Angelpunkt seines Denkens erkannt hat (Kapitel IX), in der jedoch hier die wahre Kohärenz seines Lebenswerkes gesehen wird. Sie bilden drei aufeinander folgende Stufen seines moralischen Denkens. Ein viertes Ziel, die ästhetische Deutung und „Rechtfertigung" der Welt (Kapitel

X), wird schon in seiner ersten größeren Schrift, *Die Geburt der Tragödie aus dem Geist der Musik,* als utopische Möglichkeit erwähnt. Doch alle diese Ziele, alle diese oft nur skizzierten Lösungen zur Aufgabe des Mensch-Seins, begleiten Nietzsches ganze Laufbahn von ihren Anfängen bis zum geistigen Ende. Dies gilt auch von seinen Einsichten in Sprache und Stil. Da der Verfasser in Zusammenarbeit mit M. S. Silk Nietzsches erstem Buch eine besondere Arbeit gewidmet hat, wird *Die Geburt der Tragödie* hier nur als ein erster Ansatz zu Nietzsches sprachlichen und ästhetischen Überlegungen, die den Abschluß dieser Studie bilden, erörtert. Eine jede Anordnung der Philosophie Nietzsches ist problematisch; denn mehr als irgendeine andere stellt diese Philosophie den Versuch dar, das Denken nicht an den ihm eigenen Formen, sondern so nah wie möglich am lebendigen Dasein des Menschen auszurichten.

Juli 1981 J.P.S.

I Eine Chronologie von Nietzsches Leben

Oh, welch ein edler Geist ist hier zerstört!

(*Hamlet* III,1)

1844

15. Oktober: Nietzsche wird geboren[1] in Röcken, in der Nähe von Lützen, in der preußischen Provinz Sachsen. Er wird getauft von seinem Vater, Carl Ludwig Nietzsche (1813—49), einem lutheranischen Pastor, der von König Friedrich Wilhelm IV. von Preußen ein höheres Amt erhalten hatte. („Mein Sohn, Friedrich Wilhelm, so sollst Du genennet werden auf Erden, zur Erinnerung an meinen königlichen Wohltäter, an dessen Geburtstag Du geboren wurdest.") Nietzsches Mutter Franziska, geborene Oehler (1826—97), verheiratet im Alter von 17 Jahren, war die Tochter eines sächsischen Landvikars. Väterlicher- wie mütterlicherseits stammte Nietzsche von einer langen Linie lutheranischer Geistlicher ab.

---

[1] Diese Chronologie stammt in der Hauptsache aus der Korrespondenz Nietzsches; dazu habe ich die biographischen Abschnitte von Walter Kaufmanns *Nietzsche: Philosopher, Psychologist, Antichrist*, Princeton [4]1974, und Karl Jaspers' *Nietzsche: Einführung in das Verständnis seines Philosophierens*, Berlin und Leipzig 1936, benützt; des weiteren die Chronologie bei Schlechta, Bd. III, S. 1359—82, E.F. Podachs *Gestalten um Nietzsche*, Weimar 1932, und *Nietzsches Zusammenbruch*, Heidelberg 1930, C.A. Bernouillis *Franz Overbeck und Friedrich Nietzsche: eine Freundschaft*, 2 Bde. Jena 1908, P. Deussens *Erinnerungen an Friedrich Nietzsche*, Leipzig 1901, und Ivo Frenzel, *Friedrich Nietzsche* (rororo) Reinbek 1966.

1846

10. Juli: Nietzsches einzige Schwester Elisabeth wird geboren († 1935).

1849

30. Juli: Nietzsches Vater stirbt an den Folgen einer Gehirnverletzung, die er angeblich elf Monate vorher bei einem Sturz erlitten hatte. Nietzsche erinnert sich an seinen Vater wegen dessen Kompositionen und dessen Improvisieren am Klavier.

1850

Die Familie übersiedelt nach Naumburg. Der wichtigste Gefährte des Jungen ist seine Schwester. Seine Erziehung liegt vollständig in der Hand von Frauen: seiner Mutter, seiner ehrgeizigen Großmutter und zweier Tanten.

1852

Nach einem mißglückten Anfang an der örtlichen Volksschule tritt Nietzsche in eine private Vorbereitungsschule ein und dann, im Alter von 8 Jahren, in das Naumburger Domgymnasium. Die Atmosphäre zu Hause ist geziert und fromm; viele Jahre später erinnert sich Nietzsche, daß er im Alter von 12 Jahren eine religiöse Vision gehabt habe. Einer fragwürdigen Tradition zufolge, an die sich Nietzsche sein ganzes Leben klammert, beansprucht die Familie eine Herkunft aus polnischem Adel.
Der Junge verkehrt wenig mit anderen, hat aber zwei enge Freunde; ihre Unterhaltungen sind frühreif und höchst literarisch. Einer von ihnen, Wilhelm Pinder,

schreibt über ihn: „Von frühester Kindheit an liebte er die Einsamkeit und hing da seinen Gedanken nach, er mied gewissermaßen die Gesellschaft der Menschen und suchte die von der Natur mit erhabener Schönheit ausgestatteten Gegenden auf."
Seine Schwester Elisabeth berichtet von einem Gespräch (Ostern 1857), als beide mit ausgezeichneten Zeugnissen nach Hause kamen: „Als aber Fritz und ich ... allein zusammen waren, fragte er mich, ob es nicht merkwürdig sei, daß wir beide so gut lernten und manches wüßten, was andere Kinder nicht wüßten." Im Sommer 1856 fehlt der Junge in der Schule wegen starker Kopf- und Augenschmerzen.

1858

In einem Tagebuch, das zu dieser Zeit begonnen wurde, gedenkt Nietzsche seiner eigenen musikalischen Anfänge (mit zehn schrieb er seine erste Motette) und bespricht seine literarischen Erzeugnisse: einige fünfzig Gedichte über „Naturszenen, grauenhafte Seeabenteuer, Gewitter mit Feuer", aber auch „die Vergänglichkeit des Glücks", wozu er „einen Wanderer unter Karthagos Trümmern schlummern" ließ. Im Hause eines seiner Freunde wird seine musikalische Bildung erweitert (Geheimrat Krug war ein Freund Mendelssohns), im Hause eines anderen wird er in die deutschen Klassiker eingeführt. Die Kommentare des Jungen zu seinen eigenen und den Schriften anderer sind trotz ihrer befangenen und konventionellen Diktion voll von ungewöhnlichen Einsichten. 1864 gesteht er „eine wahre Sucht nach einem ‚Universalwissen'" und ist sich eines Mangels an Ordnungssinn bewußt. Sein beherrschender Drang ist es, sich Dinge anzueignen, sie zu artikulieren und in seinen eigenen Begriffen nachzuschöpfen, ein Drang *zu schreiben*.

Oktober 1858 bis September 1864: Nietzsche verläßt Naumburg mit einem Zeugnis, das gut genug ist, ihm ein Stipendium nach Schulpforta einzubringen, der besten und berühmtesten protestantischen Internatsschule Deutschlands. (Der Dichter Klopstock, der Philosoph Fichte und der Historiker Ranke zählten zu ihren Schülern.) Er erhält eine fundierte klassisch-philologische Ausbildung und entdeckt Hölderlin, „den die Mehrzahl seines Volkes kaum dem Namen nach kennt". Für Nietzsche ist Hölderlin nicht nur der größte lyrische Dichter, sondern auch (als der Autor von *Hyperion*, 1797–1799) der ätzende Kritiker unseres „Barbarentums ..., er [Hölderlin] haßte in dem Deutschen den bloßen Fachmenschen, den Philister".

Zu Ostern 1861 wird Nietzsche zusammen mit seinem engsten Schulfreund Paul Deussen in einem Gefühl großer religiöser Begeisterung konfirmiert; doch zu dieser Zeit liest er auch D. F. Strauß' entmythologisierendes *Leben Jesu* (1863). Der anschließende Schwund an Glauben scheint allmählich und undramatisch gewesen und durch kein traumatisches Ereignis hervorgerufen worden zu sein.

Seine Gesundheit bleibt unverändert. Ein Eintrag im Krankenbuch der Schule lautet: „Er ist ein vollsaftiger, gedrungener Mensch mit einem auffallend stieren Blick, kurzsichtig und oft von wanderndem Kopfweh geplagt. Sein Vater starb jung an Gehirnerweichung und war im hohen Alter gezeugt; der Sohn in der Zeit, als der Vater schon krank war. Noch sind keine schweren Zeichen sichtbar, wohl aber Rücksicht auf die Antecedentien nötig." Während seiner Ferien in Naumburg gründet er mit zwei Freunden die künstlerische Gesellschaft *Germania.* Die drei abonnieren eine musikalische Zeitschrift, komponieren und legen sich ihre Werke gegenseitig zur Kritik vor. Die letzten Geldmittel der Gesellschaft werden für Exzerpte aus *Tristan und Isolde* im Klavierauszug aufgewandt.

1864

Sommer und Frühherbst: Nietzsche verläßt die Schule mit guten Noten in allen Fächern, ausgenommen Mathematik, und mit ausgezeichneten Ergebnissen in den alten Sprachen. Ein lateinischer Schulaufsatz über den Dichter Theognis von Megara wird nach dem Schulabgang zu einer größeren Studie ausgearbeitet.
Oktober: Immatrikulation an der Universität Bonn, Besuch einer Reihe von Vorlesungen, eingeschlossen Theologie; seine Studien in der klassischen Philologie werden jedoch durch heftige Auseinandersetzungen mit seinen beiden Lehrern Otto Jahn und Friedrich Wilhelm Ritschl beeinträchtigt.
Nietzsche gibt sich Mühe, am geselligen Leben der Stadt teilzunehmen (er tritt einer Studentenverbindung bei, der *Franconia,* singt bei einem Musikfest in Köln, Pfingsten 1865), doch fühlt er deutlich, daß er ein Außenseiter ist und einen linkischen Eindruck macht. Er schreibt eine Anzahl von Kompositionen, die den Einfluß Schumanns verraten. Das akademische Jahr in Bonn ist ein Fehlschlag, doch kann er abschließend schreiben: „Ich hoffe, daß ich auch dieses Jahr einstmals vom Standpunkte der Erinnerung aus freudig als ein notwendiges Glied meiner Entwicklung einregistrieren kann" (30. August 1865). Sein Freund Deussen entsinnt sich der folgenden Episode: „Nietzsche war eines Tages, im Februar 1865, allein nach Köln gefahren, hat-

te sich dort von einem Dienstmann zu den Sehenswürdigkeiten geleiten lassen und forderte diesen zuletzt auf, ihn in ein Restaurant zu führen. Der aber bringt ihn in ein übelberüchtigtes Haus. ‚Ich sah mich', so erzählte mir Nietzsche am anderen Tag, ‚plötzlich umgeben von einem Dutzend Erscheinungen in Flitter und Gaze, welche mich erwartungsvoll ansahen. Sprachlos stand ich eine Weile. Dann ging ich instinktmäßig auf ein Klavier als auf das einzige seelenhafte Wesen in der Gesellschaft los und schlug einige Akkorde an. Sie lösten meine Erstarrung und ich gewann das Freie.' — Nach diesem und allem, was ich von Nietzsche weiß, möchte ich glauben, daß auf ihn die Worte [einer lateinischen Biographie des Plato] Anwendung finden: ...‚mulierem numquam attigit! [Niemals berührte er ein Weib]'."

1865

Oktober: Nietzsche geht mit Ritschl für vier Semester nach Leipzig. Im November, einer Zeit tiefer Niedergeschlagenheit — bei dem Versuch, „mir ein eigenes, anpassendes Leben zu zimmern" —, entdeckt er Schopenhauer. Auf Ritschls Vorschlag hin gründet er eine philologische Gesellschaft und hält dort Vorlesungen. Es beginnt seine lange Freundschaft mit dem klassischen Philologen Erwin Rohde (dem Autor von *Psyche. Seelenkult und Unsterblichkeitsglaube der Griechen.* 1893). Unsicheren Quellen zufolge soll Nietzsche zu dieser Zeit zwei Ärzte wegen einer syphilitischen Ansteckung konsultiert haben. (Thomas Mann vermutet, er habe sich diese Krankheit während des Besuches in dem Kölner Bordell zugezogen; er stellt diese Episode in den Mittelpunkt seines *Doktor Faustus,* 1946.)

1866

Frühjahr: Ritschl ermutigt Nietzsche, seine Studie über Theognis und andere Abhandlungen umzuschreiben und zu veröffentlichen (1867). Sommer: Er liest F. A. Langes *Geschichte des Materialismus* (1866), auf die er sich ausgiebig stützen wird, nicht zuletzt in seinen Reflexionen über Kant. Sommer in Naumburg: „Drei Dinge sind meine Erholungen, aber seltene Erholungen, mein Schopenhauer, Schumannsche Musik, endlich einsame Spaziergänge“ (an Gersdorff, 7. April). Von ferne bewundert er verschiedene Schauspielerinnen. Seine Sympathien im Österreichisch-Preußischen Krieg liegen klar auf der Seite Preußens und Bismarcks.

1867

9. Oktober: Nietzsche beginnt den Militärdienst in der Reitenden Abteilung eines Feld-Artillerie-Regiments, das in Naumburg stationiert ist („als bester Reiter unter 30 Rekruten“), und wohnt zu Hause. Er gewinnt einen Universitätspreis mit einem Thema, das Ritschl gestellt hatte: *Die Quellen des Diogenes Laertius.* Aus Laertius schöpft Nietzsche später seine (meist diskreditierenden) Anekdoten über Sokrates.

1868

März: Eine Brustverletzung, erlitten beim Sprung auf sein Pferd, heilt nur sehr langsam; während des ausgedehnten Krankenurlaubs nimmt Nietzsche seine altphilologischen Studien wieder auf.
Oktober: Er kehrt für das letzte Wintersemester nach Leipzig zurück, voll von Zweifeln über das „wimmelnde Philologengezücht ... das ganze Maulwurfstreiben,

die vollen Backentaschen und die blinden Augen, die Freude ob des erbeuteten Wurms und die Gleichgültigkeit gegen die wahren, ja aufdringlichen Probleme des Lebens“ (an Rohde, 20. November). Nietzsche hegt eine kurze Zeit lang vage Pläne für ein Studium der Chemie.
November: Erste Begegnung mit Richard Wagner im Haus von Wagners Schwester Ottilie Brockhaus (der Frau des Verlegers), die eine Freundin von Frau Ritschl ist. Enthusiastische Diskussion der Musikphilosophie Schopenhauers.

1869

21. Januar: Überwältigender Eindruck der Premiere von *Die Meistersinger* in Dresden. 13. Februar: Auf Empfehlung Ritschls noch vor Abschluß seines Studiums Ernennung Nietzsches zum außerordentlichen Professor für Klassische Philologie in Basel. Seine Pflichten: sechs Vorlesungen pro Woche (um 7 Uhr), ein Seminar, sechs Klassen Griechisch am „Paedagogium“, dem örtlichen Gymnasium.
17. April: Nietzsche wird von den preußischen Behörden expatriiert. Da er nicht um das schweizerische Bürgerrecht nachsucht, ist er von nun an staatenlos. 17. Mai (Pfingsten): erster Besuch bei Wagner und Cosima von Bülow in Tribschen, in der Nähe von Luzern. 18. Mai: Antrittsvorlesung über „Homer und die klassische Philologie“.
Erste Begegnungen mit dem Historiker Jacob Burckhardt. Brief an Wagner: „...da sich tatsächlich die besten und erhobensten Momente meines Lebens an Ihren Namen knüpfen und ich nur noch einen Mann kenne, noch dazu Ihren großen Geistesbruder Arthur Scho-

penhauer, an den ich mit gleicher Verehrung, ja *religione quadam* denke“ (22. Mai).

1870

9. April: Ernennung zum ordentlichen Professor. 11.—13. Juni: Mit Rohde in Tribschen („Dies Dasein der Götter im Hause des Genius erweckt jene religiöse Stimmung ...“, an Cosima von Bülow, 19. Juni).
11. August: Urlaub von Basel, um als freiwilliger Krankenpfleger in Frankreich zu dienen. Während er einen Verwundetentransport begleitet (Elsaß, Lunéville, Nancy), erkrankt er am 7. September an Ruhr und Rachendiphtherie. Er erholt sich in Naumburg und ist Ende Oktober wieder in Basel.
Seine Einstellung zum Krieg ist romantisch-prodeutsch, ja chauvinistisch, doch bezeichnet er Preußen auch als „eine der Kultur höchst gefährliche Macht“ (7. November).
Freundschaft mit Franz Overbeck (1837—1905), dem neuen Professor für Kirchengeschichte. Mit ihm teilt er die kommenden fünf Jahre das Haus. Er spricht von einem Gefühl des Abscheus vor dem Ethos des Berufsstandes („Das Lästigste aber ist mir, daß ich immer repräsentieren muß, den Lehrer, den Philologen, den Menschen ...“, an Rohde, Anfang Februar. Und: „ Es ist ein ganz radikales Wahrheitswesen hier nicht möglich. Insbesondere wird etwas wahrhaft Umwälzendes von hier aus nicht seinen Ausgang nehmen können“, an Rohde, 15. Dezember). Doch glaubt er, das klassische Studium könne gerechtfertigt werden, — er wird sich zum erstenmal einer hohen pädagogischen Aufgabe bewußt, einer „wissenschaftlichen und ethischen Erziehung unsrer Nation“ (an Carl von Gersdorff, 12. De-

zember), bei der Griechenland und die Musik, Wagner und Schopenhauer alle ihre Rolle spielen würden.

1871

Januar: In einem Brief an die Verwaltung der Universität klagt er über Erschöpfungszustände. Er sieht sie als Anzeichen seiner Unwilligkeit, als klassischer Philologe weiterzuarbeiten. Er schlägt Erwin Rohde als seinen Nachfolger vor und bietet sich selbst als Kandidaten für den zur Zeit offenen Lehrstuhl für Philosophie an. Aus diesem Plan wird jedoch nichts.
Vom 15. Februar bis zum Ende des Urlaubssemesters: Reisen mit der Schwester und Gersdorff in den Schweizer Alpen. Treffen mit Wagner in Tribschen (April) und bei einem Konzert in Mannheim (23. Dezember). Nietzsche hat das Komponieren wiederaufgenommen; den Herbst über schreibt er die endgültige Fassung seines ersten Buches.

1872

1. Januar: *Die Geburt der Tragödie aus dem Geist der Musik* (Leipzig E. W. Fritsch; letzte Ausgabe siehe 1886). Wagner schreibt: „Schöneres als Ihr Buch habe ich noch nichts gelesen ...“ Und Cosima Wagner: „Sie haben in diesem Buche Geister gebannt, von denen ich glaubte, daß sie einzig unsrem Meister dienstpflichtig seien“ (18. Januar). Januar – März: Vor der Basler Freiwilligen Akademischen Gesellschaft fünf öffentliche Vorträge „Über die Zukunft unserer Bildungsanstalten“ (posthum erschienen); der Tenor ist immer noch romantisch-nationalistisch. Die Angriffe auf die zeitgenössische „Bildung“ und „Kultur“ finden gute Aufnah-

me, — Nietzsche steht nun auf dem Gipfel seines öffentlichen Erfolges. Doch die Lage ändert sich rasch. Anfangs erscheint nicht eine einzige Besprechung der *Geburt der Tragödie.* Ritschl ist das Buch außerordentlich peinlich, sein privater Kommentar ist: „geistreiche Schwiemelei". Ein Berliner Altphilologe, Ulrich von Wilamowitz-Möllendorff (1848—1931), jüngerer Schüler aus Schulpforta, bricht das Schweigen. „Welch übermütig-jüdisch angekränkeltes Bürschchen!" schreibt Nietzsche an Gustav Krug (24. Juli). Wilamowitz' feindselige Schrift *Zukunftsphilologie! Eine Erwidrung auf Friedrich Nietzsches ... Geburt der Tragödie!* ist der Anlaß zu Rohdes verletzender Polemik: *Afterphilologie: zur Beleuchtung des von dem Dr. phil. Ulrich von Wilamowitz-Möllendorff herausgegebenen Pamphlets ‚Zukunftsphilologie'.*
Wintersemester: Nur zwei Studenten, ein Jurist und ein Germanist, besuchen Nietzsches Vorlesungen: „Ich bin unter meiner Fachgenossenschaft plötzlich so verrufen geworden, daß unsre kleine Universität Schaden leidet! Das quält mich sehr, weil ich wirklich derselben sehr ergeben und dankbar bin ..." (an Wagner, November). Die öffentliche Verurteilung durch einen Bonner Kollegen („Jemand, der so etwas geschrieben hat, ist wissenschaftlich tot", H. Usener) wird vom „Fach" akzeptiert. Zehn Jahre später schreibt Nietzsche selbst: „Zarathustra ist kein Gelehrter mehr!"
25. April: Der letzte von Nietzsches dreiundzwanzig Besuchen; die Wagners verlassen Tribschen. 22. Mai: Mit Rohde und Gersdorff nimmt er an der Grundsteinlegung des Bayreuther Festspielhauses teil, der eine Aufführung von Beethovens Neunter Sinfonie folgt.
28.—30. Juni in München: Mit Gersdorff und Malwida von Meysenbug (1816—1903), die er zum erstenmal in

Bayreuth getroffen hatte, besucht Nietzsche zwei Vorstellungen des *Tristan,* dirigiert von Hans von Bülow. Nietzsche sendet ihm seine „Manfred-Meditation", der Bülow jeden musikalischen Wert aberkennt.
Oktober: Eine Reise nach Italien wird ohne bestimmten Grund in Bergamo abgebrochen; doch auf der Rückkehr durch die Schweiz entdeckt Nietzsche die Schönheit der Hochtäler. November: Treffen mit den Wagners in Straßburg, Weihnachten mit der Familie in Naumburg. In Weimar hört er zum erstenmal *Lohengrin*; in Leipzig besucht er Ritschl.
Es ist ein Jahr wichtiger, doch undramatischer Veränderungen: das *erste* der sechzehn Jahre von Nietzsches angespannter, philosophisch schöpferischer Tätigkeit, das *letzte,* in dem er sich halbwegs gesund fühlt.

1873

Die erste der *Unzeitgemäßen Betrachtungen,* „Der alte und der neue Glaube", ein Angriff auf D. F. Strauß, wird veröffentlicht und sehr wohlwollend besprochen. Der Essay — eine Polemik gegen den Autor des *Lebens Jesu,* den er als einen selbstzufriedenen „Kulturphilister" sieht — enthält die Bemerkung, Deutschlands kriegerische Überlegenheit über Frankreich und die Gründung des „Reichs" stellten nicht nur keinen Beweis für die Überlegenheit der deutschen Kultur dar, sondern führten im Gegenteil zu ihrem Untergang. Gottfried Keller (an Emil Kuh, 18. November) sieht in Nietzsches Essay bloße Effekthascherei.
Wagner ist gekränkt, als Nietzsche eine Einladung zum Jahreswechsel nach Bayreuth abschlägt. „Ich kann mir gar nicht denken, wie man W[agner] in allen Hauptsachen mehr Treue halten könne und tiefer ergeben sein

könne als ich es bin ... Aber in kleinen untergeordneten Nebenpunkten und in einer gewissen für mich notwendigen beinahe ‚sanitarisch' zu nennenden Enthaltung von *häufigerem* persönlichen Zusammenleben muß ich mir eine Freiheit wahren ..." (an Gersdorff, 24. Februar). Ein Besuch in Bayreuth (mit Rohde, 6.—12. April) stellt die guten Beziehungen wieder her. Finanzielle Schwierigkeiten begleiten Wagners ambitiöses Bayreuther Unternehmen. Nietzsches ernsthaft tadelnder Appell zu Spenden („Mahnruf an die Deutschen") wird während einer enttäuschenden Versammlung der Delegierten der nationalen Wagner-Vereine abgelehnt (Bayreuth, 30. Oktober—2. November).
Enger Kontakt zu Franz Overbeck, erste Begegnung mit Paul Rée (1849—1901), Verfasser von *Psychologische Meditation* (1875), ein Werk, das von Nietzsche — wohl über Gebühr — gelobt wird.
Nietzsche komponiert eine „Hymne an die Freundschaft". Juni—Oktober: Während wiederholter Migräneanfälle, bei denen sich sein Sehvermögen verschlechtert, wird Nietzsche von seiner Schwester in Basel und Graubünden betreut.

1874

Unzeitgemäße Betrachtungen, II: „Vom Nutzen und Nachteil der Historie für das Leben"; III: „Schopenhauer als Erzieher". Erstere ist eine Beurteilung des Studiums der Geschichte (Nietzsche scheint Burckhardts Kritik absichtlich als Lob mißzuverstehen; siehe seinen Brief an Rohde, 19. März); letztere ist sein Loblied auf den Menschen und Philosophen, entstanden an einem Punkt, da dessen Einfluß auf Nietzsches Werk schon im Schwinden ist. 8.—9. Juni: Nietzsche besucht zwei Brahmskonzerte und legt bei einem Besuch in Bayreuth Wagner Noten mit Brahms'scher Musik aufs Klavier, was diesen erzürnt (15. August); Mitte November findet er großen Gefallen an Berlioz' *Carnaval Romain.*

Zu diesem Zeitpunkt hat sich ein ständiger Wechsel von Kuraufenthalten, ausgedehnten Reisen in die Schweizer Alpen und Universitätssemestern in Basel unter der Betreuung der Schwester als Nietzsches charakteristische Lebensweise herausgebildet. Er leidet unter einer Bürde von Vorlesungen (Aischylos' *Choephoren;* Aristoteles' *Rhetorik;* Geschichte der griechischen Literatur und dergleichen mehr), die nur spärlich besucht werden. Seine Universitätsferien werden durch seine Lehrpflichten am „Paedagogium" noch verkürzt.

1875

Nietzsche erhält den Dürerschen Kupferstich „Ritter, Tod und Teufel" (ausführlich erwähnt in *Menschliches, Allzumenschliches,* 1886). Lektüre: Politische Ökonomie, Sir Walter Scott, *Don Quichotte.* Freundschaft mit dem jungen Musiker Heinrich Köselitz (Pseud. Peter Gast, 1854—1918), der nach Nietzsches Diktat schreiben und sich als ausgezeichneter Leser von Nietzsches Handschrift als sein „Amanuensis" betätigen wird.

Aus einem Brief an Malwida von Meysenbug: „Unsereins, ich meine Sie und mich, leidet *nie rein körperlich,* sondern alles ist mit geistigen Krisen tief durchwachsen, so daß ich gar keinen Begriff habe, wie ich je aus Apotheken und Küchen allein wieder gesund werden könnte" (11. August). An Gersdorff: „Ich übe mich darin, die Hast des Erkennen-Wollens zu verlernen; daran leiden ja die Gelehrten alle ... Dann wird auch die Ge-

sundheit beständiger werden; die ich nicht eher erlange, bis ich sie auch *verdiene...*" (13. Dezember).
Die „geistigen Krisen" häufen sich: begeisterte Freude an der Klavierfassung der *Götterdämmerung* (Ostern) widerspricht seiner kritischen Einstellung zu den Wagnerschen Ausgrabungen germanischer Vergangenheit, zur selben Zeit, als Nietzsche den Verdacht zu schöpfen beginnt, die Schopenhauersche Verneinung sei dem „jüdisch-christlichen Dogma" ähnlich.

1876

Unzeitgemäße Betrachtungen IV: „Richard Wagner in Bayreuth": eine zweideutige und (jedenfalls in Nietzsches eigenen Augen, an Rohde 7. Oktober 1875) durchaus nicht unkritische Betrachtung des Musikers und Mythenschöpfers in der modernen Welt. Wagner (zu beschäftigt, um den Aufsatz genau zu lesen?) hält ihn für „ungeheuer" und einen großen Tribut.
Mit Gersdorff (Genfer See, März) liest Nietzsche *Die Verlobten* (Manzoni) und Voltaire, dessen Haus er besucht.
Wiederholte Pläne, irgendeine „vermögliche Frau" zu heiraten: diese Pläne scheinen jedoch kaum ernster als Nietzsches unvermittelter Heiratsantrag an Mathilde Trampedach, eine junge Holländerin, nach einer Bekanntschaft von vier Tagen und aufgrund gemeinsamer Bewunderung für Longfellows *Excelsior*. Der Brief (11. April), in dem dieser Antrag enthalten ist und auch die Ankündigung seiner Abreise, zeugt von zweifelhaftem Geschmack. Mehrere Freunde heiraten und verstärken so sein Gefühl der Einsamkeit.
Die Atmosphäre während der Bayreuther Festspiele wird unerträglich („Mir graut vor jedem dieser langen

Kunst-Abende ... Ich habe es ganz satt", an die Schwester, 1. August); Nietzsche flieht in den Bayerischen Wald, wo er die Arbeit an *Menschliches, Allzumenschliches* beginnt. Bekanntschaft mit Louise Ott, einer in Paris verheirateten Baltin.

Vom 15. Oktober an ein Jahr Krankenurlaub. Mit Paul Rée in Genua und danach zu Schiff nach Neapel, dann den Winter über mit Malwida von Meysenbug in Sorrent.

Auch die Wagners sind dort. Wenige Tage vor seiner Abreise ergeht sich Wagner begeistert und mit betonter Aufrichtigkeit über die christlichen Motive und den Symbolismus des *Parsifal*. Eisiges Schweigen beantwortet Wagners Erguß. In seinen Briefen spricht Nietzsche von Wagners neuerworbener christlicher Überzeugung als „Schauspielerei", einen Versuch, „sich mit den frommgewordenen herrschenden Mächten in Deutschland zu arrangieren"; Elisabeth Förster-Nietzsche berichtet auch, daß Wagner gesagt habe: „Die Deutschen wollen jetzt nichts von heidnischen Göttern und Helden hören, die wollen 'was Christliches sehen!"

Nietzsche, tief verletzt durch die Grobheit und den Zynismus, die er in Wagners Haltung sieht, entschuldigt sich schroff und verärgert und verschwindet im wachsenden Dunkel — so berichtet Elisabeth Förster-Nietzsche jedenfalls. Cosima Wagners Tagebuch vermerkt für den 5. November den Besuch Nietzsches, erwähnt jedoch weder Streit noch Kälte. Die beiden Männer sollten sich nie mehr begegnen.

1877

Sorrent bis Mai, dann Ragaz; vom 1. September an teilt Nietzsche das Haus mit der Schwester und mit Peter

Gast. Er kritisiert an Wagners Musik ihre „Manier, Handgriff" und „das Lebendig-machen-Wollen um jeden Preis" und schreibt an einen Musikkritiker: „Wenden Sie doch so wenig als möglich Ausdrücke aus der Schopenhauerschen Metaphysik an; ich glaube nämlich — Verzeihung! ich glaube, ich *weiß* es —, daß sie falsch ist, und daß alle Schriften, welche mit ihr abgestempelt sind, bald einmal unverständlich werden möchten" (an Carl Fuchs, Juli).

„Ich halte es nicht aus ohne das Gefühl, *nützlich* zu sein; und die Baseler sind die einzigen Menschen, welche es mich merken lassen, daß ich es bin. Meine sehr problematische Nachdenkerei und Schriftstellerei hat mich bis jetzt immer krank gemacht; solange ich wirklich *Gelehrter* war, war ich auch gesund; aber da kam die nervenzerrüttende Musik und die metaphysische Philosophie und die Sorge um tausend Dinge, die mich nichts angehen" (an Malwida von Meysenbug, 1. Juli). Doch einen Monat später, in einem Dankbrief an Paul Deussen für dessen erstes Buch, *Elemente der Metaphysik,* das stark von der Schopenhauerschen und indischen Metaphysik beeinflußt ist: „Ich, ganz persönlich, beklage *eins* sehr: daß ich nicht eine Reihe Jahre *früher* ein solches Buch, wie das Deine, empfangen habe! Um wie viel *dankbarer* wäre ich Dir da gewesen! So aber, wie nun die menschlichen Gedanken ihren Gang gehen, dient mir seltsamerweise Dein Buch als eine *glückliche Ansammlung alles dessen, was ich nicht mehr für wahr* halte."

„‚Ich lechze nach mir' — das war eigentlich das fortwährende Thema meiner letzten zehn Jahre. Jetzt, wo durch ein Jahr Zusammensein mit mir selbst alles ganz deutlich und übersichtlich geworden ist (— ich kann nicht aussprechen, wie reich, wie schaffensfreudig, *trotz* aller Schmerzen, ich mich fühle, sobald man mich allein läßt —) jetzt sage ich Ihnen auch mit Bewußtsein, daß ich nicht nach Basel zurückkehre, um dort zu *bleiben*" (an Marie Baumgartner, seine französische Übersetzerin, 30. August).

In einem Brief an Nietzsches Arzt (23. Oktober) äußert Richard Wagner ungefragt die Ansicht, Nietzsches erregter Geisteszustand sei auf übertriebene Sexualität zurückzuführen, und rät zu kalten Duschen. Wir können annehmen, daß Nietzsche von dieser „Diagnose" lange vor Wagners Tod (1883) Kenntnis erhielt.

Dezember: Nietzsche bricht mit Gersdorff, als dieser sich mit einer katholischen Italienerin verlobt.

1878

Menschliches, Allzumenschliches. Ein Buch für freie Geister. Philosophie in einem neuen Ton, dem Ton des „es gibt *keine ewigen Tatsachen:* so wie es keine absoluten Wahrheiten gibt. — Demnach ist das *historische Philosophieren* von jetzt ab nötig und mit ihm die Tugend der Bescheidung".

4. Januar (an Seydlitz): „Gestern kam, von Wagner gesandt, der Parsifal in mein Haus. Eindruck des ersten Lesens: mehr Liszt als Wagner, Geist der Gegenreformation; mir, der ich zu sehr an das Griechische, menschlich Allgemeine gewöhnt bin, ist alles zu christlich, zeitlich, beschränkt; lauter phantastische Psychologie; kein Fleisch und viel zu viel Blut ...; dann mag ich hysterische Frauenzimmer nicht; vieles, was für das innere Auge erträglich ist, wird bei der Aufführung kaum auszuhalten sein: denken Sie sich nur unsere Schauspieler betend, zitternd und mit verzückten Hälsen ... Die Sprache klingt wie eine Übersetzung aus ei-

ner fremden Zunge. Aber die Situationen und ihre Aufeinanderfolge — ist das nicht von der höchsten Poesie? Ist es nicht eine letzte Herausforderung der Musik?“
Nietzsches bittere Klage über „die seltsame Entfremdung vieler Bekannten und Freunde“ (an Peter Gast, 31. Mai) geht Hand in Hand mit einem wiederholt ausgesprochenen Bedürfnis nach Einsamkeit.
Im Juni wird Nietzsches Haushalt in Basel aufgelöst, vielleicht wegen (erster?) Zwistigkeiten mit seiner Schwester, die nach Naumburg zurückkehrt. August: Wagner schreibt nach Erhalt von *Menschliches, Allzumenschliches* einen gereizten Angriff in den *Bayreuther Blättern.* Nietzsche: „Es tat mir wehe, aber *nicht an der Stelle,* wo Wagner wollte“ (an Overbeck, 3. September 1878). An Carl Fuchs: „Wagner selbst ist *alt* und hat keinen Frühling mehr zu erwarten: die Wahrheit aber altert nicht und muß in *diesen* (kulturellen und musikalischen) Dingen ihren Frühling erst noch erleben“ (Ende Sommer).
In einem Brief vom 15. Juli (an Mathilde Maier) bezeichnet sich Nietzsche zum erstenmal selbst als „ Philosoph des *Lebens*“ (um sich von den Philosophen des Todes zu unterscheiden, fragt Heidegger).
Am 18. November spricht er von seiner „tief erschütterten Gesundheit. Äußerlich gesehen, ist es ein Leben wie das eines Greises“. An Marie Baumgartner (29. Dezember): „Vor Schmerz und Erschöpfung halbtot.“

1879

Nietzsche veröffentlicht eine aphoristische Ergänzung (erste Hälfte des 2. Bandes) zu *Menschliches, Allzumenschliches:* „Einsam nunmehr und schlimm mißtrauisch gegen mich, nahm ich, nicht ohne Ingrimm, dergestalt Partei *gegen* mich und *für* alles, was gerade mir *wehe* tat und hart fiel" (aus der Vorrede von 1886).

14. Juni: Wegen Verschlechterung seines Gesundheitszustandes gibt Nietzsche seinen Lehrstuhl auf und erhält vom Basler Senat für die nächsten sechs Jahre eine Pension von 3000 Schweizer Franken jährlich. Overbeck verwaltet das Geld. Diese Beträge werden zeitlebens durch das Einkommen aus einer kleinen Erbschaft aufgebessert.

Er besucht zum erstenmal das Engadin, verbringt „den letzten sonnigen Winter meines Lebens" in Naumburg, doch die Suche nach erträglichen Arbeitsbedingungen dauert an, ruhelos, endlos. „Eine wirkliche *Arbeit,* welche Zeit kostet und *Mühe* macht, ohne den Kopf anzustrengen, tut mir not. Hat nicht mein Vater gemeint, ich würde einst wohl ein Gärtner werden?" (an seine Mutter, 21. Juli). Er liest Gogol, Lermontow, Mark Twain, E. A. Poe, Lutherschriften („Augenblicklich scheint es mir nichts mehr als Sache des *nationalen* Geschmacks im Norden und Süden, daß *wir* Luther als Menschen dem Ignaz Loyola *vorziehen*!").

An Peter Gast, 11. September: „Ich bin am Ende des fünfunddreißigsten Lebensjahres; die ‚Mitte des Lebens', sagte man anderthalb Jahrtausende lang von dieser Zeit; Dante hatte da seine Vision und spricht in den ersten Worten seines Gedichts davon. Nun bin ich in der Mitte des Lebens so ‚vom Tod umgeben', daß er mich stündlich fassen kann; bei der Art meines Leidens muß ich an einen plötzlichen Tod, durch Krämpfe, denken (obwohl ich einen langsamen, klarsinnigen, bei dem man noch mit seinen Freunden reden kann, hundertmal vorziehen würde, selbst wenn er schmerzhafter wäre). Insofern fühle ich mich jetzt dem ältesten Manne gleich; aber auch darin, daß ich mein Lebenswerk *getan habe.* Ein guter Tropfen *Öles* ist durch mich ausgegossen worden, das weiß ich, und man wird es mir nicht vergessen. Im Grunde habe ich die *Probe* zu meiner Betrachtung des Lebens schon gemacht: Viele werden sie noch machen. Mein Gemüt ist durch die anhaltenden und peinlichen Leiden bis diesen Augenblick noch nicht niedergedrückt, mitunter scheint es mir sogar als ob ich heiterer und wohlwollender empfände als in meinem ganzen früheren Leben: *wem* habe ich diese stärkende und verbessernde Wirkung zuzumessen? Den Menschen *nicht,* denn, ganz wenige ausgenommen, haben sich in den letzten Jahren alle ‚an mir geärgert' und sich auch nicht gescheut, es mich merken zu lassen. Lesen Sie, lieber Freund, dieses letzte Manuskript durch und fragen Sie sich dabei immer, ob Spuren des Leidens und des Druckes zu finden sind; *ich glaube nicht daran ...*" Doch am 5. Oktober, an denselben: „Das Manuskript, welches Sie von St. Moritz aus bekamen, ist so teuer und schwer erkauft, daß vielleicht um diesen Preis niemand es geschrieben haben würde, der es hätte vermeiden können. Mir graut jetzt öfter beim Lesen, namentlich der längeren Abschnitte, der häßlichen Erinnerung halber."

1880

Der Schlußabschnitt von *Menschliches, Allzumenschliches,* Bd. 2, „Der Wanderer und sein Schatten" erscheint; der Einfluß der französischen Moralisten, vor allem La Rochefoucaulds, ist stark.
Naumburg und Bozen, drei Monate in Venedig, Sommer in Marienbad, Frankfurt am Main, Heidelberg, Locarno und Stresa, der Winter in Genua, in einer eisigen Dachstube ohne Ofen.

Nietzsche liest Stifters *Der Nachsommer.* An Peter Gast, aus Marienbad, 20. August: „Ich lebe *incognito,* wie der bescheidenste aller Kurgäste; in der Fremdenliste stehe ich als ‚Herr Lehrer Nietzsche'. Es gibt viel Polen hier, und diese — es ist wunderlich — halten mich durchaus für einen Polen, kommen mit polnischen Grüßen auf mich zu und — glauben's mir nicht, wenn ich mich als Schweizer zu erkennen gebe. ‚Es *ist* die polnische Rasse, aber das Herz ist Gott weiß wohin gewendet' — damit verabschiedete sich einer von mir, ganz betrübt...
Haben Sie die ‚Menschen des 18. Jahrhunderts' von Sainte-Beuve? Es sind herrliche Gemälde von Menschen und St.-Beuve ist ein großer Maler. Aber ich sehe über jeder Gestalt noch eine Bogenlinie, die er nicht sieht, und diesen Vorsprung gibt mir meine Philosophie. *Meine* Philosophie? Hole mich der Teufel!"

1881

Morgenröte. Gedanken über die moralischen Vorurteile. Wenn Kant und Robespierre zusammen die moderne Zeit ins Leben gerufen haben, die Zeit der „Selbstaufhebung der Moral", so bleiben wir doch „Menschen des Gewissens": Was soll dann aber der gültige, unumstößliche Gehalt dieses Gewissens sein?
An Overbeck (Kirchengeschichtler und Atheist) schreibt er folgendes erstaunliche Bekenntnis: „Was das Christentum betrifft, so wirst Du mir wohl das eine glauben: ich bin in meinem Herzen nie gegen dasselbe gemein gewesen und habe mir von Kindesbeinen an manche innerliche Mühe um seine Ideale gegeben, zuletzt freilich immer mit dem Ergebnis der puren Unmöglichkeit" (23. Juni).

Genua, Recoaro bei Vicenza, dann — 4. Juli bis 1. Oktober — Nietzsches erster Aufenthalt in Sils-Maria im oberen Inntal. Er liest Spinoza, oder zumindest Kuno Fischer über Spinoza. Hier, „6000 Fuß jenseits von Mensch und Zeit“, erfuhr er während eines Spaziergangs am Ufer des Sees von Silvaplana, Anfang August, den ersten jener Augenblicke der Euphorie und Erhebung, die man nun als symptomatisch für seine letzte Krankheit ansieht. Im Verlauf dieser Erfahrung empfängt er — was er später (in *Ecce Homo,* geschrieben 1888) „bloß Inkarnation, bloß Mundstück, bloß Medium übermächtiger Gewalten“ nennt — „die Grundkonzeption des Werks, [den] Ewigen-Wiederkunfts-Gedanke[n], diese höchste Formel der Bejahung, die überhaupt erreicht werden kann“.

Solchen Augenblicken der Erhebung folgen freilich Perioden der Niedergeschlagenheit und Gefühle des Ausgesetztseins, Qualen eines Opferdaseins.

An Gast, Ende August: „An diesen [den eigenen Werken] ist etwas, das immer und immer meine Scham beleidigt: sie sind Abbilder eines leidenden, unvollständigen, der nötigsten Organe kaum mächtigen Geschöpfes — ich selber als Ganzes komme mir so oft wie der Krikkelkrakel vor, den eine unbekannte Macht über das Papier zieht, um eine *neue Feder* zu probieren.“

Am 27. November hört Nietzsche in Genua zum erstenmal Bizets *Carmen.*

1882

Die fröhliche Wissenschaft. Ist alle Moral eine Funktion des „Willens zum Leben“, ein Instinkt, der für die Erhaltung der Art wirkt? Was sind dieser Wille und die Welt, die er baut, *wirklich*: eine tragische Angelegenheit oder ein „aesthetisches Schauspiel“? Dies ist das letzte der „aphoristischen Bücher“ aus Nietzsches mittlerer Periode. In §§ 108 und 125 werden die Worte „der Botschaft des Narren“, „Gott ist tot“, zum erstenmal ausgesprochen. In einer Notiz, die er mit dem Buch an Burckhardt schickt (August, von Naumburg aus), hofft Nietzsche dessen Kritik vorwegzunehmen: „...es ist gar zu persönlich, und alles Persönliche ist eigentlich *komisch.*“ Nietzsche, durchaus imstande, sein eigenes Werk mit den Augen Burckhardts zu sehen, hört nicht auf, daran zu glauben, daß aller Wert „tief persönlich“ ist.

Bernhard Förster (1843—89), Lehrer, Wagnerianer, Mitglied der politischen antisemitischen Bewegung und später Elisabeths Ehemann, hält Vorlesungen über Nietzsche in Berlin.

In Rom, als Gast von Malwida von Meysenbug, verliebt sich Nietzsche in Lou von Salomé (1861—1937), die Tochter eines russischen Generals, später Gattin des Orientalisten Andreas, Geliebte Rilkes und Vertraute Freuds. Dies ist (seine Schwester ausgenommen) Nietzsches bedeutendste und engste Bindung an eine Frau; sie dauert von April bis November. Das bittere Nachspiel währt mehr als ein weiteres Jahr. Einzelheiten sind schwer festzustellen, da die meisten der damaligen Briefe von der eifersüchtigen Elisabeth entweder vernichtet, korrigiert oder gefälscht wurden. Im Mai reisen Nietzsche, Rée, Lou und ihre Mutter nach Orta und Luzern. Dort wird eine höchst eigenartige Photographie aufgenommen: Lou mit einer Kinderpeitsche über Nietzsche und Rée, die im Geschirr stehen. Nietzsche schickt dann Elisabeth sowie Lou zur *Parsifal*-Premiere nach Bayreuth, nachdem er sie musikalisch „vorbereitet“ hat, er selbst bleibt fern. Im August vertont

Nietzsche Lous Prosagedicht „Gebet an das Leben“ und sieht ihre Sammlung von Aphorismen durch. An Overbeck (September): „Das Nützlichste aber, was ich diesen Sommer getan habe, waren meine Gespräche mit Lou. Unsre Intelligenzen und Geschmäcker sind im Tiefsten *verwandt* — und es gibt andererseits der Gegensätze so viele, daß wir füreinander die lehrreichsten Beobachtungsobjekte und -subjekte sind. Ich habe noch niemanden kennengelernt, der seinen Erfahrungen eine solche Menge *objektiver Einsichten* zu entnehmen wüßte ...“ Ähnlich an Peter Gast (13. Juli): „Lieber Freund, Sie erweisen uns beiden sicherlich die Ehre, den Begriff einer Liebschaft von unserm Verhältnis fernzuhalten.“ Dennoch besteht kein Zweifel, daß Nietzsche Lou sehr zugetan ist, obgleich seine Schüchternheit im Umgang mit Frauen (das Gegenteil von der Dreistigkeit, mit der er sich über sie äußerte) einmal mehr siegte. Er bat Paul Rée, der selbst Lou liebte, an seiner Statt einen Heiratsantrag zu stellen (der Vorfall wird in Thomas Manns *Doktor Faustus* benützt). Beide werden abgewiesen, obgleich Rée einige Zeit mit Lou lebte.

Elisabeths Verleumdungen Rées und Lous wie auch Nietzsches abschätzige Bemerkungen über Rée an Lou führen schließlich zum völligen Bruch zwischen Nietzsche und seinen Freunden. Er flieht nach Rapallo (23. November) und bricht auch allen Kontakt zu seiner Familie ab.

An Lou und Rée (Mitte Dezember): „Beunruhigt Euch nicht zu sehr über die Ausbrüche meines ‚Größenwahns‘ oder meiner ‚verletzten Eitelkeit‘ — und wenn ich selbst aus irgendeinem Affekte mir zufällig einmal das Leben nehmen sollte, so würde auch da nicht allzuviel zu betrauern sein. Was gehen Euch meine Phantasterein an! (Selbst meine ‚Wahrheiten' gingen Euch bisher nichts an.) Erwägen Sie beide doch sehr miteinander, daß ich zuletzt ein kopfleidender Halb-Irrenhäusler bin, den die lange Einsamkeit vollends verwirrt hat."

Er empfindet das Erlebnis als den schlimmsten Verrat seines Lebens. Er schreibt darüber am Weihnachtstag an Overbeck in den Bildern Baudelaires: „Wenn ich nicht das Alchemisten-Kunststück erfinde, auch aus diesem — Kote *Gold* zu machen, so bin ich verloren. — Ich habe da die *allerschönste* Gelegenheit zu beweisen, daß mir ‚alle Erlebnisse nützlich, alle Tage heilig und alle Menschen göttlich' sind!"

Lou Andreas-Salomés Nietzsche-Porträt zeugt von ihrer hellsichtigen Genauigkeit: „Einsamkeit — das war der erste, starke Eindruck, durch den Nietzsches Erscheinung fesselte. Dem flüchtigen Beschauer bot sie nichts Auffallendes; der mittelgroße Mann in seiner überaus einfachen, aber auch überaus sorgfältigen Kleidung, mit den ruhigen Zügen und dem schlicht zurückgestrichenen braunen Haar ... Die feinen, höchst ausdrucksvollen Mundlinien wurden durch einen vornübergekämmten großen Schnurrbart fast völlig verdeckt; er hatte ein leises Lachen, eine geräuschlose Art zu sprechen und einen vorsichtigen, nachdenklichen Gang, wobei er sich ein wenig in den Schultern beugte; man konnte sich schwer diese Gestalt innerhalb einer Menschenmenge vorstellen ... Unvergleichlich schön und edel geformt, so daß sie den Blick unwillkürlich auf sich zogen, waren an Nietzsche die Hände, von denen er selbst glaubte, daß sie seinen Geist verrieten ... Eine ähnliche Bedeutung legte er seinen selten kleinen und feinmodellierten Ohren bei, von denen er sagte, sie seien die wahren ‚Ohren für Unerhörtes'.

Wahrhaft verräterisch sprachen auch die Augen. Halbblind, besaßen sie dennoch nichts vom Spähenden, Blinzelnden, ungewollt Zudringlichen vieler Kurzsichtigen; vielmehr sahen sie aus wie Hüter und Bewahrer eigener Schätze, stummer Geheimnisse, die kein unberufener Blick streifen soll ...
Einen ähnlichen Eindruck des Verborgenen und Verschwiegenen machte auch Nietzsches Benehmen. Im gewöhnlichen Leben war er von großer Höflichkeit und einer fast weiblichen Milde — er hatte Freude an den vornehmen Formen im Umgang und hielt viel auf sie. Immer lag darin eine Freude an der Verkleidung, — Mantel und Maske für ein fast nie entblößtes Innenleben."

1883

Also sprach Zarathustra. Ein Buch für Alle und Keinen, Teile I und II. Nietzsches eigene Einschätzungen pendeln von einem Extrem zum anderen. An Gersdorff (28. Juni): „Die Zeit des Schweigens ist *vorbei:* mein ‚Zarathustra' ... möge Dir verraten, *wie* hoch mein Wille seinen Flug genommen hat. Laß Dich durch die legendenhafte Art dieses Büchleins nicht täuschen: hinter all den schlichten und seltsamen Worten steht mein *tiefster Ernst* und meine *ganze Philosophie.*" Ähnlich an Peter Gast (Ende August), während er auf die Korrekturfahnen wartet: „Ich bin noch nicht zu einem *objektiven* Eindruck des Ganzen gelangt; doch wollte es mir scheinen, daß es einen nicht geringen *Sieg* über den ‚Geist der Schwere' darstelle, in Hinsicht darauf, *wie* schwer die Probleme, um die es sich handelt, darzustellen sind." Doch dann wieder an Overbeck (vor dem 24. März): „Aber das Schlimmste ist: ich begreife gar nicht mehr, *wozu* ich auch nur ein halbes Jahr leben soll, alles ist langweilig, schmerzhaft, *degoutant*. Ich entbehre und leide zuviel und habe einen Begriff von der Unvollkommenheit, den Fehlgriffen und den eigentlichen Unglücksfällen meiner ganzen *geistigen* Vergangenheit ... Es ist nichts mehr gutzumachen; ich werde nichts Gutes mehr machen. Wozu noch etwas machen! – Das erinnert mich an meine letzte Torheit, ich meine den ‚Zarathustra' (Ist es jetzt deutlich zu lesen? Ich schreibe wie ein Schwein). Es passiert mir alle Tage, daß ich es vergesse; ich bin neugierig, ob es *irgendeinen* Wert hat – ich selber bin in diesem Winter unfähig des Urteils und könnte mich im allergröbsten Sinne über Wert und Unwert täuschen ... Nur meine allgemeine Müdigkeit hat mich Tag für Tag verhindert, den ganzen Druck *ab*zutelegraphieren."

Doch wie immer er auch selbst das Buch bewerten mag, er weiß, daß er damit einen neuen Abschnitt seines Weges als Philosoph erreicht hat. An Malwida von Meysenbug (Ende März): „Wollen Sie einen neuen Namen für mich? Die Kirchensprache *hat* einen: ich bin – – – der *Antichrist*."

Von nun an bis 1888 verbringt Nietzsche seine Sommer in Sils-Maria und seine Winter in Nizza, jeweils im Frühjahr und im Herbst den Ort wechselnd. „Ich möchte Geld genug haben, um mir hier eine Art ideale Hundehütte zu baun", schreibt er aus Sils-Maria an Gersdorff (28. Juni): „ich meine, ein Holzhaus mit zwei Räumen; und zwar auf einer Halbinsel, die in den Silser See hineingeht und auf der einst ein römisches Kastell gestanden hat. Es ist mir nämlich auf die Dauer unmöglich, in diesen Bauernhäusern zu wohnen, wie ich bisher getan habe: die Zimmer sind niedrig und gedrückt, und immer gibt es mancherlei Unruhe ..."

13. Februar: Richard Wagner stirbt in Venedig; an Overbeck aus Rapallo (22. Februar): „*Wagner* war bei weitem der *vollste* Mensch, den ich kennenlernte, und in *diesem* Sinne habe ich seit sechs Jahren eine große Entbehrung gelitten. *Aber* es gibt etwas zwischen uns beiden wie eine tödliche Beleidigung ...“; und an Gast (19. Februar): „... ich glaube sogar, daß der Tod Wagners die wesentlichste Erleichterung war, die mir jetzt geschafft werden konnte. Es war hart, sechs Jahre lang Gegner dessen sein zu müssen, den man am meisten verehrt hat, und ich bin nicht grob genug *dazu* gebaut.“
Ausgedehnte Lektüre Demokrits; in einem Brief an Overbeck: „Ich bin starr vor Verwunderung, *wie wenig* ich Plato kenne ...“ (22. Oktober). Druck von Mutter und Schwester, sich einen Universitätsposten zu suchen; vorübergehende Versöhnung, als sich Elisabeth mit Förster verlobt, doch am 27. Oktober schreibt Nietzsche an Overbeck von seinem Entschluß, „*nicht* in Deutschland [zu] leben und *nicht* mit meinen Angehörigen zusammen ...“.
Der Schmerz des Verrats vom letzten Jahr hat nicht nachgelassen. An Malwida von Meysenbug (August): „... das Schopenhauersche ‚Mitleiden‘ hat immer in meinem Leben bisher den *Haupt-Unfug* angestiftet — und deshalb habe ich allen Grund, *solchen* Moralen gut zu sein, welche noch ein paar andere Triebfedern zur Moralität rechnen und nicht unsere ganze menschliche Tüchtigkeit auf ‚Mitgefühle‘ reduzieren wollen ...; man soll mit seinem Ideale seine Mitmenschen wie sich selber zwingen und überwältigen: und also schöpferisch wirken! *Dazu* aber gehört, daß man sein Mitleiden hübsch im Zaume hält, und daß man, was unserm Ideale *zuwider* geht (wie zum Beispiel solches Gesindel wie L. und R.) auch als *Feinde* behandelt.“ Doch an Over-

beck (Sommer): „Aber ein jedes verächtliche Wort, was gegen Rée oder Frl. Salomé geschrieben wird, macht mir das Herz bluten ...“

1884

Also sprach Zarathustra, Teil III (enthaltend die Lehre von der ewigen Wiederkehr).
Bei der Arbeit am vierten und letzten Teil des Buches beginnt Nietzsche den systematischen Charakter seines Philosophierens zu betonen. Er blickt nun auf *Morgenröte* und *Die fröhliche Wissenschaft* zurück als „Einleitung, Vorbereitung u. Kommentar zu genanntem Zarathustra... Es ist eine *Tatsache,* daß ich den Kommentar *vor* dem *Text* gemacht habe“ (an Overbeck, 7. April); und er freut sich gleichzeitig auf die nächsten fünf oder sechs Jahre, in denen er „eine ganze Reihe von Disziplinen“, Biologie eingeschlossen, studieren will, „zur Ausarbeitung meiner ‚Philosophie‘..., für welche ich mir, durch meinen Zarathustra, eine Vorhalle gebaut habe“.
Diese Pläne zu einem System scheinen immer mit Augenblicken großer Euphorie verbunden zu sein: „Seit Voltaire gab es kein solches *Attentat* gegen das Christentum — und, um die Wahrheit zu sagen, auch Voltaire hatte keine Ahnung davon, daß man es *so* angreifen könne“ (an Overbeck, vor dem 28. August 1883). „Ich bin jetzt, mit großer Wahrscheinlichkeit, *der unabhängigste Mann in Europa.* Meine Ziele und Aufgaben sind umfänglicher als die irgendeines andern“ (an denselben vor dem 2. Mai 1884).
Solche Augenblicke der Erhebung finden ihren Widerhall auch in Nietzsches Bemerkungen über *Zarathustra.* „Einstweilen hat es nur *den* ganz persönlichen Sinn, daß es mein ‚Erbauungs- und Ermutigungsbuch‘

ist — im übrigen dunkel und verborgen und lächerlich für jedermann“, schreibt er, doch er ist überzeugt, daß die spätere Geltung des Buches als Philosophie und Dichtung gesichert ist: „Ich bilde mir ein, mit diesem Z. die deutsche Sprache zu ihrer Vollendung gebracht zu haben. Es war nach *Luther* und Goethe noch ein dritter Schritt zu tun —; sieh zu, alter Herzens-Kamerad, ob Kraft, Geschmeidigkeit und Wohllaut je schon in unsrer Sprache so beieinander gewesen sind ... Ich habe die strengere, männlichere Linie vor ihm [Goethe] voraus, ohne doch, mit Luther, unter die Rüpel zu geraten. Mein Stil ist ein *Tanz;* ein Spiel der Symmetrien aller Art und ein Überspringen und Verspotten dieser Symmetrien. Das geht bis in die Wahl der Vokale. — Verzeihung! [Eine wachsende Zahl von Briefen Nietzsches endet mit solchen Entschuldigungen.] Ich werde mich hüten, dieses Bekenntnis einem andern zu machen ...“ (an Rohde, 22. Februar). Mit der Familie kommt es zu keiner echten Versöhnung. „Die verfluchte Antisemiterei [Försters] ... ist die Ursache eines *radikalen* Bruchs zwischen mir und meiner Schwester“ (an Overbeck, 17. April).

Nun wird alles ausdrücklich auf die „große Aufgabe“ bezogen: „Es tut mir wohl, daß es keine Briefe von Naumburg gibt ... Du kannst Dir wohl vorstellen, wie die beständige Wiederholung eines Vorgangs endlich auf mich gewirkt hat: daß man mir immer noch, immer wieder in die ungeheure Spannung und großen Gefühle, das sich über das Schicksal der Menschheit ausspannt, eine Hand voll Schmutz ins Gesicht wirft“ (an Overbeck, ca. 18. August). Kurze Freundschaften mit bewundernden Lesern führen regelmäßig zu Enttäuschungen und Zurückweisungen. In Zürich werden ein Dirigent und ein ganzes Orchester von Nietzsche bewogen, für ihn allein die Ouvertüre zu Peter Gasts komischer Oper *Der Löwe von Venedig* (ein Mißerfolg) zu spielen. Nietzsche trifft Gottfried Keller.

1885

Also sprach Zarathustra, Teil IV, „eine Art sublimen Finales, welches gar nicht für die Öffentlichkeit bestimmt ist (das Wort ‚Öffentlichkeit' und ‚Publikum' klingt mir, in bezug auf meinen ganzen Zarathustra, ungefähr so wie ‚Hurenhaus' und ‚öffentliches Mädchen')". Das Buch wird privat gedruckt, mit finanzieller Hilfe von Gersdorff: „Anders ausgedrückt", schreibt er am 12. Februar an den Freund, „ich habe, bis zu meinem vierzigsten Jahre, tatsächlich mit meinen vielen Schriften noch keinen Groschen ‚verdient'."
In einem langen Brief an den Leipziger Organisten und Dirigenten Carl Fuchs (Anfang Januar) bespricht Nietzsche metrische und musikalische Fragen in historischen Begriffen: „Der Verfall des melodischen Sinns ... die immer größere Aufmerksamkeit auf die *einzelne* Gebärde des Affekts ... das Pathos über das Ethos" werden als Symptome der modernen „décadence" gewertet — ein Begriff, der die moderne Kultur „nicht verwerfen, sondern nur bezeichnen soll".
22. Mai: Elisabeth heiratet Dr. Bernhard Förster.
Die gewollten Scherze, die in Nietzsches Briefen häufig Augenblicke der Schwermut verbergen, werden schal. Manche klingen wie Formen der Bewußtseinsspaltung: „Daß ich verwechselt werde — mit dem ehemaligen Basler Professor Herrn Dr. Friedrich Nietzsche...", „mein Sohn Zarathustra mag Ihnen verraten haben ...", „glaube ja nicht, daß mein Sohn Zarathustra meine Meinungen ausspricht ...".

Zu Zeiten scheint es ihm, als ob er schlecht gerüstet sei für seine philosophische Aufgabe: „... hätte ich mich *zur rechten Zeit* mit medizinischen, klimatischen und dergleichen Problemen beschäftigt, statt mit Theognis und Laertius Diogenes: ich wäre kein halb-zugrundegerichteter Mensch" (an die Mutter, 21. März).
Er liest Gottfried Kellers Novellenzyklus *Das Sinngedicht* und Augustinus' *Bekenntnisse*. An die Mutter (21. März): „Es lebt übrigens jetzt niemand, an dem mir viel gelegen wäre; die Menschen, die ich gerne habe, sind lange, lange tot, z. B. der Abbé Galiani oder Henry Beyle oder Montaigne."

1886

Jenseits von Gut und Böse, gedruckt und veröffentlicht auf Kosten des Autors. Ein früherer Verleger, Ernst Schmeitzner in Chemnitz, tat nichts für den Verkauf der Bücher Nietzsches, hielt sie nicht auf Lager, schickte keine Besprechungsexemplare und machte keine Werbung: „meine Schriften von ‚Menschliches, Allzumenschliches' an sind *an-ecdota*". Nietzsche erwirbt deshalb das Urheberrecht zurück. Alle seine Bücher, *Unzeitgemäße Betrachtungen* ausgenommen, erhalten neue Einleitungen (bilden so eine Art „Geschichte meiner Entwicklung") und erscheinen in Neuauflagen bei E. W. Fritsch in Leipzig.
Jenseits von Gut und Böse nimmt Gedanken wieder auf, die ursprünglich in Nietzsches erstem philosophischen Aufsatz von 1873 „Über Wahrheit und Lüge im außermoralischen Sinn" (posthum im Jahr 1903 veröffentlicht) entwickelt worden waren. In einem Brief an Burckhardt (22. September) bezeichnet er das Thema als den „Widerspruch jedes Moralbegriffs mit jedem

wissenschaftlichen Begriff des Lebens“ und als „jenes äußerst bedenkliche Verhältnis zwischen dem, was ‚Verbesserung‘ des Menschen (oder geradezu ‚Vermenschlichung‘) genannt wird, und der *Vergrößerung* des Typus Mensch“. An Overbeck (5. August): „Vielleicht auch, daß es dazu beiträgt, ein paar erhellende Lichter auf meinen *Zarathustra* zu werfen: der deshalb ein *unverständliches* Buch ist, weil er auf lauter Erlebnisse zurückgeht, die ich mit niemandem teile. Wenn ich Dir einen Begriff meines Gefühls von *Einsamkeit* geben könnte! Unter den Lebenden so wenig als unter den *Toten* habe ich jemanden, mit dem ich mich verwandt fühlte. Dies ist unbeschreiblich schauerlich ... Im übrigen liegt die *Aufgabe,* um derentwillen ich lebe, klar vor mir — als ein *factum* von unbeschreiblicher Traurigkeit, aber verklärt durch das Bewußtsein, daß *Größe* darin ist, wenn je der Aufgabe eines Sterblichen Größe eingewohnt hat. — “

Im Januar wandern Nietzsches Schwester und ihr Mann nach Paraguay aus, um eine rassenreine Kolonie deutscher Siedler zu gründen. Es gelingt Nietzsche, ein Septett Peter Gasts privat in Leipzig aufführen zu lassen: „Die Musik klang nicht gut, viel zu dick“ (an Overbeck, 20. Juni). Rohde nimmt eine Professur in Leipzig an, die Beziehungen zu ihm verschlechtern sich: „In dieser Universitätsluft entarten die Besten: ich spüre fortwährend als Hintergrund und letzte Instanz, selbst bei solchen Naturen wie R. eine verfluchte allgemeine Wurschtigkeit und den vollkommenen Mangel an Glauben zu ihrer Sache“ (an Overbeck, im Sommer).

An Nietzsches Bruch mit all seinen Freunden (außer Overbeck) ist nichts Geheimnisvolles; er will nicht nur ihre absolute Loyalität, sondern auch ihre ungeteilte Aufmerksamkeit. Ein Bruch stellt sich in dem Augenblick ein, da er „Gleichgültigkeit" *seinem* Werk gegenüber, „Mangel an Glauben" an die Sache argwöhnt, für die zu leben *er* sich entschieden hat.

1887

Zur Genealogie der Moral: „Moralhistorische Studien ... psychologische Probleme *härtester* Art: so daß es fast mehr Mut bedarf, sie zu stellen, als irgendwelche Antworten auf sie zu riskieren" (an Burckhardt, 14. November). Die Auflösung intellektueller und weltlicher Moral in ein System psychologischer Antworten wird als der erste Schritt auf eine „Umwertung der Werte" zu gesehen.
24. Feburar: Erdbeben in Nizza: „Diese Nacht machte ich, gegen 2—3 Uhr, *comme gaillard,* der ich bin, eine Inspektionsrunde in den verschiednen Teilen der Stadt, um zu sehn, wo die Furcht am größten ist ..." (an Seydlitz). Mai: Lou Salomé gibt brieflich ihre Verlobung mit dem Orientalisten Dr. Friedrich Carl Andreas bekannt. Nietzsche antwortet nicht. Ein zutiefst vorwurfsvoller Brief an Rohde endet mit den Worten: „Ich habe jetzt 43 Jahre hinter mir und bin genau noch so allein, wie ich es als Kind gewesen bin" (11. November); an Gersdorff: „*Wer* und *was* mir übrig bleiben soll, jetzt wo ich zur eigentlichen Hauptsache meines Daseins übergehn muß (überzugehn *verurteilt bin* ...), das ist jetzt eine kapitale Frage" (20. Dezember).
„Vor diesem gegenwärtigen Deutschland, so sehr es auch igelmäßig in Waffen starrt, habe ich keinen Respekt mehr. Es repräsentiert die stupideste, verkommenste, verlogenste Form des ‚deutschen Geistes', die es bisher gegeben hat." Mit dieser deutschen Welt hatte Wagner seinen Kompromiß geschlossen, wenn auch

„schändlich zweideutig und vorsichtig“ (an Seydlitz, 24. Februar). Doch als Nietzsche zum erstenmal die Ouvertüre zu *Parsifal* hört, schreibt er an Peter Gast: „Hat Wagner je etwas *besser* gemacht? Die allerhöchste psychologische Bewußtheit und Bestimmtheit in bezug auf das, was hier gesagt, ausgedrückt, *mitgeteilt* werden soll, die kürzeste und direkteste Form dafür, jede Nuance des Gefühls bis aufs Epigrammatische gebracht; eine Deutlichkeit der Musik als deskriptiver Kunst, bei der man an einen Schild mit erhabener Arbeit denkt; und, zuletzt, ein sublimes und außerordentliches Gefühl, Erlebnis, Ereignis der Seele im Grunde der Musik, das Wagnern die höchste Ehre macht, eine Synthesis von Zuständen, die vielen Menschen, auch ‚höheren Menschen‘ als unvereinbar gelten werden, von richtender Strenge, von ‚Höhe‘ im erschreckenden Sinne des Wortes, von einem Mitwissen und Durchschauen, das eine Seele wie mit Messern durchschneidet — und von Mitleiden mit dem, was da geschaut und gerichtet wird. Dergleichen gibt es bei *Dante,* sonst nicht“ (21. Januar).
Lektüre: Abbé Galiani, Carl Spitteler, ein Kommentar des Simplicius zu Epiktet, Tocqueville, das *Journal des Goncourt;* er entdeckt zwei Werke Dostojewskis *(Aufzeichnungen aus einem Totenhause* sowie *Aufzeichnungen aus einem Kellerloch),* deren Psychologie er genial findet. Korrespondenz mit Hippolyte Taine. An Burckhardt: „Denn alle Welt hat mir über jenes Buch *(Jenseits von Gut und Böse)* das Gleiche gesagt: daß man nicht begreife, um was es sich handle, daß es so etwas sei wie ‚höherer Blödsinn‘: zwei Leser *ausgenommen,* Sie selbst, hochverehrter Herr Professor, und andererseits einer Ihrer dankbarsten Verehrer in Frankreich, Mr. Taine“ (14. November).

Nietzsches Antiliberalismus, seine Mißbilligung der egalitären Ideen von 1789 und Montalemberts *L'Eglise libre dans l'Etat libre* (1863) führen ihn zu einer Revision seiner Kritik an mittelalterlichen, christlichen Werten.

Wie Wittgenstein versucht auch Nietzsche beständig, „junge Menschen" davon abzuhalten, „ihm zu folgen". Doch die geringsten Zeichen einer Jüngerschaft rühren ihn tief. Am 2. Dezember beginnt sein Briefwechsel mit dem dänischen (jüdischen) Kritiker Georg Brandes (1842—1927), „ein guter Europäer und Kultur-Missionar" und der erste akademische Lehrer, der über seine Philosophie liest und schreibt. Brandes definiert Nietzsches Philosophie als „aristokratischen Radikalismus": „das gescheiteste Wort, das ich bisher über mich gelesen habe". Er wird mit einer aufschlußreichen Selbstanalyse belohnt: „In der Skala meiner Erlebnisse und Zustände ist das Übergewicht auf Seiten der seltneren, ferneren, dünneren Tonlagen gegen die normalen mittleren. Auch habe ich (als alter Musikant zu reden, der ich eigentlich bin) ein Ohr für Viertelstöne. Endlich — und das wohl am meisten macht meine Bücher dunkel — es gibt in mir ein Mißtrauen gegen Dialektik, selbst gegen Gründe. Es scheint mir mehr am Mute, am Stärkegrade seines Mutes gelegen, was ein Mensch bereits für ‚wahr' hält oder nicht ... (Ich habe nur selten den Mut zu dem, was ich eigentlich weiß.)"

Der Wille zur Macht. Seit 1882 hatte Nietzsche eine systematische Zusammenfassung seiner Philosophie unter diesem oder einem anderen Titel geplant, wobei der Großteil seines früheren Werkes, vor allem *Zarathustra,* als eine „Vorhalle" und als Prolegomena zu einem solchen System betrachtet werden sollte. Er verfaßte eine Anzahl von Umrissen und Inhaltsverzeichnissen für dieses zukünftige System; das wichtigste ist wohl dasjenige vom 17. März 1887. Das Werk selbst kommt nicht über eine Reihe von unzusammenhängenden Fragmenten, Überschriften und Betrachtungen hinaus. Manche von ihnen gehören zum Besten, das Nietzsche je schrieb.

Elisabeth Förster-Nietzsches Anordnung dieser Betrachtungen ist wohl nicht willkürlich, doch sie entspricht ihren, nicht (soviel zu sehen ist) Nietzsches eigenen Intentionen; gleichwohl wurde sie von mehreren späteren Herausgebern übernommen. Diese Anordnung bleibt nur eine von mehreren möglichen. Nur so ist das verhängnisvolle Paradox zu erklären, daß das einflußreichste Werk Nietzsches, auf das sich zahlreiche deutsche und italienische faschistische Ideologen als wichtigste philosophische Quelle beriefen, nicht als von Nietzsche selbst autorisiertes Buch existiert. Wenngleich jedes der einzelnen Prosastücke, die die Schwester in *Der Wille zur Macht* veröffentlichte, zweifelsohne von ihm geschrieben worden ist, so hat sie doch einige Überschriften selbst formuliert und die Reihenfolge festgelegt.

Der Grund, warum es unmöglich ist, die von Nietzsche beabsichtigte Reihenfolge von *Der Wille zur Macht* herauszufinden, liegt in den vielen Veränderungen, die Nietzsche in der Anordnung *dieses* Buches vornahm, zugleich aber auch an der Art seines Schreibens überhaupt. Zuweilen rühmt er sich seiner Gewohnheit, während seiner Spaziergänge in den Bergen zu schaffen (dies gehört mit zu seiner anti-akademischen Prosa), etwa wenn er behauptet, jeden Teil des *Zarathustra* „in ungefähr zehn Tagen“ vollendet zu haben, „alles unterwegs auf starken Märschen konzipiert“ (an Brandes, 10.

April 1888). Nachdem er die Vorderseiten kleiner Notizbücher mit nur lose zusammenhängenden Betrachtungen gefüllt hatte, drehte er die Bücher um und fing auf den Rückseiten an, wobei er zuweilen noch weitere Notizen quer über die schon beschriebenen Blätter machte. Seine zunehmende Kurzsichtigkeit machte seine Handschrift für andere kaum lesbar, manchmal sogar für ihn selbst: Nur Peter Gast scheint imstande gewesen zu sein, diese Aufzeichnungen mit Sicherheit zu lesen. Was Nietzsche jedoch in diesen Notizbüchern niederschrieb, sind nicht Stichwörter oder verkürzte Sätze oder „Bemerkungen zu..." (obwohl es vereinzelt Logogramme gibt), sondern fertige und zum Großteil glänzend formulierte Sätze und Abschnitte. Wie diese Sätze dann zu einem Buch angeordnet werden sollten, wurde durch vielerlei Zeichen oder Zahlen angedeutet, und schließlich wurde die Reinschrift für den Drucker von Gast oder — kalligraphisch und unter großer Mühe — von Nietzsche selbst ausgeschrieben. Die nie nachlassende Lebendigkeit seines Stils — oder, besser gesagt, seiner Stile — entspringt vor allem der Tatsache, daß die meisten dieser Sätze und Abschnitte die Frische der ersten Formulierung behalten.

Diese ungewöhnliche Art des Konzipierens hat eine Anzahl von Folgen: Erstens hatte Nietzsche stets einen Vorrat an Material bereit, der in verhältnismäßig kurzer Zeit zu einem Buch verarbeitet werden konnte; zum zweiten besitzt die Mehrzahl seiner Bücher nicht den Zusammenhang, jene stilistische und strukturelle Integrität wie wir sie in philosophischen Abhandlungen traditioneller Art finden (etwa in Kants *Prolegomena* oder Descartes' *Discours*) — ihr Zusammenhang gleicht eher dem einer Sammlung von Aphorismen oder Gedichten,

wobei wir allerdings immer wieder Variationen über thematische Einheiten entdecken.
Aus all diesen Umständen ergibt sich die Aufgabe des Kritikers, einen Kontext herzustellen, den der Autor selbst nicht geliefert hat. Wo Kritiker die Ansichten Nietzsches verfälschen, geschieht dies nicht dadurch, daß sie „aus dem Zusammenhang gerissen" zitieren, sondern daß sie einen Kontext herstellen, der *ihrer* Tendenz entspricht. Das Material, das in *Der Wille zur Macht* eingehen sollte (und in weitere Sammlungen, die sich im Nachlaß befinden), ist oft fragmentarischer und weniger geordnet, unterscheidet sich jedoch nicht grundsätzlich von dem Material, das in die von Nietzsche autorisierten Bücher einging, die er zwischen *Menschliches, Allzumenschliches* I (1876) und dem Ende seines bewußten Lebens schrieb. All dies hilft zu erklären, warum sich Nietzsche nie ohne einen Beiklang der Ironie als einen „Philosophen" bezeichnete. Er sieht sich als „Schriftsteller", gelegentlich als „Dichter" und betont sein „Artistentum". Mehr als irgendein anderer Denker und in mehr als einem Sinne ist Nietzsche der literarische Philosoph par excellence.

1888

Der Fall Wagner — Ein Musikanten-Problem; Götzen-Dämmerung (veröffentlicht 1889); *Der Antichrist — Fluch auf das Christentum* (veröffentlicht 1895); *Dionysos-Dithyramben* (hauptsächlich gesammelt aus früheren Bänden, veröffentlicht 1891); *Nietzsche contra Wagner* (veröffentlicht 1895); *Ecce homo* (veröffentlicht 1908). Schwere Unpäßlichkeiten und Krankheiten quälen Nietzsche während seiner Aufenthalte in Nizza und in Genua, doch während seines ganzen Aufenthaltes in

Turin (von April bis Anfang Juni) fühlt er sich außerordentlich wohl. Sils-Maria (bis spät im September) erweist sich als feucht, kalt und deprimierend: „Die Lebens-Kraft ist nicht mehr intakt. Die Einbuße von zehn Jahren zum mindesten ist nicht mehr gutzumachen: währenddem habe ich immer vom ‚Kapital' gelebt und nichts, gar nichts zuerworben" (an Overbeck, 4. Juli 1888). Vom 21. September bis zum 9. Januar 1889 weilt Nietzsche in Turin.

Am 10. April schreibt er eine weitere, stilisierte Vita für Brandes, mit dem Schluß: „Auch bin ich, meinen Instinkten nach, ein tapferes Tier, selbst ein militärisches. Der lange Widerstand hat meinen Stolz ein wenig exasperiert. — Ob ich ein Philosoph bin? — Aber was liegt daran! ..." Was Nietzsche meint, wird im nächsten Brief deutlich: „Wir Philosophen sind für nichts dankbarer, als wenn man uns mit den Künstlern *verwechselt*" (an denselben, 4. Mai).

Im Juli treffen gute Nachrichten von Elisabeth Förster aus der Nueva-Germania-Kolonie ein. Zahlreiche Briefe aus dieser Periode, darunter einer, in dem der neue Kaiser, Wilhelm II., verherrlicht wird, und verschiedene, die ihren klugen Verstand und ihre Einfühlung loben, sind teilweise von Elisabeth gefälscht. In ihrem Geburtstagsbrief an ihn (15. Oktober) fragt sie beißend, ob auch er nun berühmt werde, obgleich niemand außer einigem „Gesindel ... Juden, die an allen Töpfen geleckt hätten, wie Georg Brandes", an ihn glaubten. Dieser Satz wird für Nietzsche zu einem bleibenden Trauma.

Lektüre: Stendhal und Dostojewski, Paul Bourget; Sir Francis Galton; *Das Gesetzbuch des Manu*; eine sehr freundliche Besprechung von Nietzsches Werk durch Carl Spitteler erscheint.

Verschiedene Widmungsschreiben begleiten *Der Fall Wagner* (z.B. 13. September, an Brandes), worin das Buch als „Erholung von der Hauptsache“ beschrieben wird. Nietzsche erhält Besuch von seinem alten Freund Deussen (September): „An einem wunderschönen Herbstmorgen [schreibt Deussen] stieg ich mit meiner Frau, von Chiavenna kommend, über den Malojapaß, und bald lag Sils-Maria vor uns, wo ich mit klopfendem Herzen dem Freund entgegentrat und ihn nach vierzehnjähriger Trennung tief bewegt umarmte. Aber welche Veränderungen waren in dieser Zeit mit ihm vorgegangen! Das war nicht mehr die stolze Haltung, der elastische Gang, die fließende Rede von ehedem. Nur mühsam, und etwas nach der Seite hängend, schien er sich zu schleppen, und seine Rede wurde öfters schwerfällig und stockend. Vielleicht hatte er auch nicht seinen guten Tag. ‚Liebe Freunde‘, sagte er wehmütig, indem er auf einige vorüberziehende Wolken deutete, ‚ich muß blauen Himmel über mir haben, wenn ich meine Gedanken sammeln soll.‘ Er führte uns dann zu seinen Lieblingsplätzen. Besonders in Erinnerung ist mir noch ein Rasenlager dicht am Abgrund, hoch über einem in der Tiefe hinbrausenden Gebirgsbach. ‚Hier‘, sagte er, ‚liege ich am liebsten und habe meine besten Gedanken.‘ Wir waren in dem bescheidenen Hotel zur Alpenrose abgestiegen, in dem Nietzsche sein Mittagsbrot, bestehend gewöhnlich in einer einfachen Kotelette oder dergleichen, einzunehmen pflegte. Dort zogen wir uns, um zu ruhen, für eine Stunde zurück. Kaum war sie verstrichen, so war der Freund schon wieder an unserer Tür, erkundigte sich zärtlich besorgt, ob wir noch müde seien, bat um Entschuldigung, wenn er zu früh gekommen sein sollte usw. Ich erwähne dies, weil eine solche übertriebene Besorgtheit und Rücksichtnahme früher nicht in Nietzsches Charakter gelegen hatte hatte mir für seinen gegenwärtigen Zustand bezeichnend schien. Am nächsten Morgen führte er mich in seine Wohnung, oder wie er sagte, in seine Höhle. Es war eine einfache Stube in einem Bauernhaus, drei Minuten von der Landstraße. Nietzsche hatte sie während der Saison für einen Franken täglich gemietet. Die Einrichtung war die denkbar einfachste. An der einen Seite standen seine mir von früher her meist noch wohlbekannten Bücher, dann folgte ein bäurischer Tisch mit Kaffeetasse, Eierschalen, Manuskripten, Toiletten-Gegenständen in buntem Durcheinander, welches sich weiter über einen Stiefelknecht mit darin steckendem Stiefel bis zu dem noch ungemachten Bett fortsetzte. Alles deutete auf eine nachlässige Bedienung und auf einen geduldigen, sich in alles ergebenden Herrn. Nachmittags brachen wir auf, und Nietzsche gab uns das Geleite bis zum nächsten Dorfe, eine Stunde talabwärts. Hier sprach er nochmals die düsteren Ahnungen aus, welche sich leider so bald erfüllen sollten. Als wir Abschied nahmen, standen ihm Tränen in den Augen, was ich früher nie an ihm gesehen hatte."

Sowohl Deussen als auch Meta von Salis helfen nun beträchtlich bei der Deckung von Nietzsches Druckkosten. Nietzsche schreibt seinen Dankesbrief: „Inmitten einer unermeßlich schweren und entscheidenden Aufgabe, welche, *wenn sie verstanden wird*, die Geschichte der Menschheit in zwei Hälften spaltet. Der Sinn derselben heißt in drei Worten: *Umwertung aller Werte*. Es steht vieles hinterdrein *nicht mehr frei*, was bis jetzt freistand: das Reich der *Toleranz* ist durch Wert-Entscheidungen ersten Ranges zu einer bloßen Feigheit und Charakter-Schwäche heruntergesetzt. *Christ* sein — um nur eine Konsequenz zu nennen — wird von da an *unanständig*" (an Deussen, 14. September).

An Bülow nach einem Brief, in dem Nietzsche Peter Gasts musikalisches Werk lobend erwähnt: „Sie haben auf meinen Brief nicht geantwortet. Sie sollen ein für allemal vor mir Ruhe haben, das verspreche ich Ihnen. Ich denke, Sie haben einen Begriff davon, daß der erste Geist des Zeitalters Ihnen einen Wunsch ausgedrückt hatte" (9. Oktober).

Neun Tage später zeigt ein Brief an Overbeck zwar die ersten unmißverständlichen Anzeichen von Wahnsinn, enthält jedoch zugleich eine überraschend glänzende Interpretation der Rolle Deutschlands in der Geistesgeschichte Europas. Nach der Ankündigung, daß „das *erste* Buch der *Umwertung aller Werte* fertig ist", schreibt er: „Du wirst Dich nicht über ‚Zweideutigkeit' zu beklagen haben. Diese unverantwortliche Rasse, die alle großen Malheurs der Kultur auf dem Gewissen hat und in allen *entscheidenden* Momenten der Geschichte etwas ‚andres' im Kopfe hatte (— die Reformation zur Zeit der Renaissance; Kantische Philosophie, als eben eine *wissenschaftliche Denkweise* in England und Frankreich mit Mühe erreicht war; ‚Freiheits-Kriege' beim Erscheinen Napoleons, des einzigen, der bisher stark genug war, aus Europa eine politische und *wirtschaftliche Einheit* zu bilden —), hat heute ‚das Reich', diese Rekrudeszenz der Kleinstaaterei und des Kultur-Atomismus, im Kopfe, in einem Augenblicke, wo die große *Wertfrage* zum erstenmal gestellt wird. Es gab nie einen wichtigeren Augenblick in der Geschichte: *aber wer wüßte* etwas davon?"

An demselben 18. Oktober bricht er mit Malwida von Meysenbug, die ihn wegen seiner Angriffe auf Wagner gerügt hatte. Sein Zusammenbruch beschleunigt sich.

An Gast, am 2. Dezember: „Eben zurückgekommen von einem großen Konzert, das im Grunde der stärkste Konzert-Eindruck meines Lebens ist, — mein Gesicht machte fortwährend Grimassen, um über ein extremes Vergnügen hinwegzukommen, eingerechnet, für 10 Minuten die Grimasse der Tränen.“

Ein wunderliches Wesen anzulegen.

(*Hamlet* I, 5)

Die medizinischen Ursachen für den Zusammenbruch, der nun eintritt, sind ziemlich klar. Die Diagnose des Arztes, in dessen Klinik Nietzsche gebracht wurde, lautet *paralysis progressiva* — das heißt ‚tertiäre Paralyse‘, wenn, wie man annehmen kann, die Krankheit einen syphilitischen Ursprung hatte. Dies sagt uns freilich nichts über die geistigen Umstände des Zusammenbruchs und seine spezifische Form. Bei einem Versuch, ihn zu der ungeheuren schöpferischen Aktivität Nietzsches in den letzten Monaten seines bewußten Lebens in Beziehung zu setzen, sollte man den vulgären Irrtum vermeiden, die Erzeugnisse des Geistes nach den Umständen zu beurteilen, unter denen sie geschaffen wurden. („...daß der Wert eines Geschaffenen allein aus dem Gehalt des geistig Hervorgebrachten zu sehen und zu beurteilen ist: die Kausalität, unter deren Einfluß etwas entsteht, besagt nichts über den Wert des Entstandenen.“[1]) Freilich zögert Nietzsche, wie übrigens Marx und Freud, nie, das Gegenteil zu tun und Werke von Philosophen und Schriftstellern nach den Ursachen und Gründen zu bewerten, die er hinter den Werken wittert. Ob Nietzsches Philosophieren an sich gültig und

[1] Jaspers, *Nietzsche,* S. 85.

wertvoll ist oder nicht; ob die Ergebnisse seines Denkens (besonders zu Zeiten der Exaltiertheit) uns an die Grenze der Erfahrung führen oder diese an wesentlichen, zentralen Punkten berühren — das muß nach dem entschieden werden, was er schrieb, nicht nach dem Geisteszustand, in dem er es schrieb. Der Wert seines Werkes wird weder erhöht noch gemindert durch unsere Erkenntnis, daß eine Kontinuität besteht zwischen den Betrachtungen aus der Zeit relativer Gesundheit und den Betrachtungen, die seinen Zusammenbruch in den Wahnsinn begleiten.

Der Schauplatz der Katastrophe ist Turin, die „königliche Residenzstadt", in der er sich im Frühjahr dieses schicksalhaften Jahres niederläßt. Alles an dieser Stadt stimmt ihn fröhlich — warum hatte er sie nicht schon vor Jahren entdeckt —, ihre ruhigen, majestätischen Straßen, die hervorragenden Theater und vornehmen Paläste, der blaue Himmel und die frischen Bergwinde, das ausgesuchte Zusammenspiel von Gelb und Braunrot. Die italienische Königsfamilie („unser König und unsere Königin") sind anwesend; in den Konzertsälen wird nur die beste Musik gespielt (Nietzsche erwähnt Bizet und verschiedene Komponisten, deren Namen heute vergessen sind); das Gemüse und die *ossibucchi,* der Kaffee und das Eis sind von unvergleichlicher Güte ... Das Hochgefühl, das er schon einige Male früher erfahren hatte, erreicht seinen äußersten Gipfel. Jede Einzelheit seines täglichen Lebens — das bescheidene Mietzimmer gegenüber dem Palazzo Carignano, die Art, wie man ihm die Tür zu einem Restaurant öffnet — all dies wird als Anzeichen seiner künftigen Größe gefeiert, nein, als gegenwärtiges Zeichen, daß die große Welt — jeder Kellner, der ihm unaufgefordert das *Journal des Débats* bringt, jeder russische Fürst, der ihm zulächelt, und jede Alte, die ihm Weintrauben verkauft — ihn als „etwas extrem Distinguiertes" erkennt. Die große Welt: Brandes, Strindberg, Taine ... sie alle — wie auch sein „Maestro Pietro Gasti", wie die glatten italienischen Kellner, die er eines Tages (eine rühmliche Zukunft ist ihm gewiß) belohnen wird — *wissen, wer er ist:* „Der erste Geist des Zeitalters", „der unabhängigste Geist Europas", der einzige „deutsche Schriftsteller", „der einzige raffinierte deutsche Stilist", der polnische Adelige „Niëzky", der Züchtiger Wagners und Deutschlands, des Christentums und der Gekreuzigte selbst — der Philosoph, dessen philosophische Aufgabe, „wenn sie verstanden wird, die Geschichte der Menschheit in zwei Hälften spaltet", wenn sie es nicht schon getan hat ... Es ist etwas rührend, ergreifend Deutsches an dieser Vorstellung der „großen Welt" — der Welt, die er höchstens aus den Schriften der französischen Moralisten kennt und die sich nun anschickt, ihn anzuerkennen. Oder doch nicht? Wer ist da, in dieser großen Welt, der an ihn glaubt, außer „einigem Gesindel, Juden, die an allen Töpfen geleckt" haben?

Nun bricht der Bogen. Die letzte, höchste Exaltierung und die endliche Bestätigung sind eins, und Turin ist der Schauplatz beider. Die ungeheure geistige Spannung, die Jahr für Jahr seine Bereitschaft, die „große Aufgabe" auf sich zu nehmen, begleitete — jene Spannung, die gerade noch erträglich war, wenn er am Rande der weltlichen Welt lebte in Einsamkeit, endlose körperliche Leiden erduldend, und die der Preis war, den er gerne entrichtete in der Erwartung, daß nach Vollendung dieser Aufgabe die Welt die Größe seiner Errungenschaft und seines Opfers anerkennen und daß die Welt sich verändern würde — diese ungeheure Spannung kann nun nicht länger ertragen werden. Der Au-

genblick des absoluten „Ja-Sagens zum Leben" ist endlich gekommen, das neue Leben hat begonnen, *und nichts geschieht*. „Europa wird nötig haben, noch ein Sibirien zu erfinden, um den Urheber dieser Wort-Tentative dorthin zu senden!" — doch Europa macht weiter, als wisse es nichts von dem Philosophen, der all das umzustürzen plant, woran es glaubt.
Die große Aufgabe ist längst nicht mehr bloß Sache der Literatur oder der Philosophie, lediglich eine Sache von „Worten, Worten, Worten". Nun ist Zarathustras ärgster Verdacht bestätigt: Er ist wirklich „nur Narr, nur Dichter", nur ein Philosoph ... Und so muß er die ihm eigene Sphäre verlassen, Taten allein gelten jetzt. Handeln ist das einzige, was übrigbleibt. Doch welche Taten? Die Exemplare von *Ecce homo*, die an Bismarck und den jungen Kaiser gehen, müssen von einer Kriegserklärung begleitet werden (an Strindberg, 7. Dezember). „Die nächsten Jahre steht die Welt auf dem Kopf: nachdem der alte Gott abgedankt ist, werde ich von nun an die Welt regieren" (an Carl Fuchs, 18. Dezember). „Inzwischen fange ich an, auf eine vollkommen unerhörte Weise berühmt zu werden. Ich glaube, daß noch nie ein Sterblicher solche Briefe bekommen hat" (an Meta von Salis, 29. Dezember). „Ah, Freund! *welcher* Augenblick! — Als Ihre Karte kam, *was* tat ich da... Es war der berühmte Rubicon..." (an Gast, 31. Dezember). Der letzte aller Briefe geht an Jakob Burckhardt (abgeschickt am 5. Januar, aber datiert den 6.): „Lieber Herr Professor, zuletzt wäre ich sehr viel lieber Basler Professor als Gott; aber ich habe es nicht gewagt, meinen Privat-Egoismus so weit zu treiben, um seinetwegen die Schaffung der Welt zu unterlassen. Sie sehen, man muß Opfer bringen, wie und wo man lebt..." Gewiß, eine bizarre Beschreibung der grund-

verschiedenen Auffassungen, die beide Männer von ihren Lebensaufgaben hatten, und doch ist sie hervorragend präzise. Was nämlich in Nietzsches Augen Burckhardts „Privat-Egoismus" und seine Weigerung, „Opfer zu bringen" möglich und annehmbar macht, ist Burckhardts Fähigkeit, die Geschichte der Menschheit mit der Unparteilichkeit und dem Abstand des Historikers zu betrachten — eine Einstellung, die Nietzsche eng mit dem Ästhetischen[1] verbindet. Diese Einstellung ist auch Nietzsche nicht fremd. Im Gegenteil: Er ist aufs äußerste bemüht, eine ästhetische Anschauung zu entwickeln und zu rechtfertigen (das Paradox, daß eine große *Anstrengung* zu einer *ästhetischen* Rechtfertigung der Welt führen soll, ist bezeichnend für alles, was er in dieser Hinsicht schrieb). Doch werden solche Versuche immer wieder von einem moralischen Interesse verdrängt. Das geschieht auch am Ende des zitierten Briefes: „Ich habe Kaiphas in Ketten legen lassen; auch ich bin voriges Jahr von den deutschen Ärzten auf eine sehr langwierige Weise gekreuzigt worden. Wilhelm, Bismarck und alle Antisemiten abgeschafft."[2]

1889

Anfang Januar. Nietzsche verursacht einen öffentlichen Aufruhr auf der Piazza Carlo Alberto, als er seine Arme um einen alten Droschkengaul schlingt, vielleicht um ihn vor der Peitsche des Kutschers zu schützen. Wenige Tage später erleidet er einen weiteren Zusammenbruch und muß in seine Unterkunft getragen werden. Er

[1] Siehe E. Heller, *The Disinherited Mind*, Cambridge 1952, S. 68 ff. (Dt. Ausgabe u. d. T. *Enterbter Geist*, Frankfurt a. M. 1954).

[2] Nietzsche meinte mit „Wilhelm" eher den zweiten Sohn des Reichskanzlers, Wilhelm v. Bismarck (1852–1901), der als Antisemit bekannt war, als Kaiser Wilhelm II.

schickt zahlreiche Postkarten an Persönlichkeiten des öffentlichen Lebens, unterzeichnet Karten an seine Freunde mit „der Gekreuzigte“ und „Dionysos“; auf einer Karte an Franz Overbeck teilt er mit, er lasse „alle Anti-Semiten“ erschießen. Alarmiert durch einen dieser Zettel und durch den Brief an Burckhardt (5. Januar) eilt Franz Overbeck nach Turin (8. Januar), um Nietzsche in Begleitung eines Krankenwärters erst in eine Klinik nach Basel (unter Leitung eines Kollegen namens Wille [!], den Nietzsche noch zu erkennen vermag) zu bringen und anschließend nach Jena zu schaffen.

Das Ende

Abgesehen von sehr seltenen Ausbrüchen von Raserei, war Nietzsche die weiteren zwölf Jahre seines physischen Lebens sanft, kindlich und freundlich, wobei er wohl nur die Menschen seines täglichen Umgangs erkannte. Zuweilen unterhielt er sich über belanglose Dinge, sein philosophisches Werk erwähnte er jedoch nie mehr. Es war, als habe jenes „unbekannte Wesen“ (von dem er an Peter Gast schrieb) ihn gebraucht und fallengelassen. Manchmal kritzelte er einige wenige Worte auf ein Stück Papier — „Friedrich Nietzsche. Ich wurde in Röcken geboren ...“ — doch die Zeilen verlieren sich in einer Reihe sinnloser Bögen. Eines der wenigen Zeugnisse, die wir aus diesen letzten Jahren haben, stammt von Franziska Nietzsche, seiner Mutter. In einem Brief an Franz Overbeck, datiert Jena, den 22. März 1890, der schwer zu verstehen ist, beschreibt sie einen Spaziergang, auf dem sie einem Offizier begegneten, der von der örtlichen Schießstatt zurückkehrte. Sie habe versucht, umzukehren, Nietzsche aber bestand darauf, auf ihn zuzutreten: „Einst auch Artillerist, jetzt Professor und überarbeitet ...", habe Nietzsche zu ihm gesagt.[1] Auf ihre Bitte hin habe der Offizier Nietzsche die Hand gereicht, bevor man sich trennte. „Was er sofort verstand", setzte sie hinzu.

Nach dem Selbstmord ihres Gatten in Paraguay kehrte Elisabeth Förster-Nietzsche zurück, um allmählich die Rolle der eifersüchtigen Wächterin von Nietzsches wachsendem Ruhm (und Einkommen) zu übernehmen. Nach dem Tod der Mutter (1897) bringt sie den Invaliden nach Weimar. (In dem „Nietzsche-Archiv", das sie gründete und verwaltete, sollte sie später A. Hitler auf der Durchreise nach Bayreuth empfangen.[2]) Unter der hingebenden Fürsorge einer alten Dienerin der Familie und der wahrscheinlich recht tyrannischen Aufsicht der Schwester vegetierte Nietzsche weiter, zunehmend gelähmt, bis zu seinem Tod am 25. August 1900, zwei Monate vor seinem 56. Geburtstag. Ein imaginäres Porträt seiner letzten Jahre finden wir in Kapitel XLVII von Thomas Manns *Doktor Faustus*.

In einem Memorandum über die mögliche Ursache von Nietzsches Zusammenbruch[3] bemerkt Franz Overbeck: „Er konnte sich ernstlich, ja schrecklich mit Gedanken darüber quälen, ob ihm etwas Besonderes zu leisten überhaupt beschieden sei, nie ist er mir durch den Gedanken verdüstert vorgekommen, daß er vom Wahnsinn besonders bedroht sei. Und mir erscheint es auch ganz möglich, daß das gar nicht der Fall, sondern daß sein Wahnsinn ein Erzeugnis seiner Lebensweise ist."[4] Und Overbeck gesteht, er habe sich „wenigstens für

---

[1] Bernoulli, *Franz Overbeck und Friedrich Nietzsche*, Bd. II, S. 324.
[2] Siehe Kaufmann, *Nietzsche*, S. 46.
[3] Bernoulli, a.a.O., Bd. II, S. 215–8.
[4] „...daß er sich [den Wahnsinn] zugelebt habe", ebenda.

Augenblicke der grauenvollen Vorstellung nicht erwehren können, daß sie [die Krankheit] simuliert sei. Ein Eindruck, der sich nur ganz erklärt aus den Erfahrungen, die ich überhaupt mit den Selbstmaskierungen Nietzsches gemacht habe."

Das objektive Korrelativ dieser „Masken" ist Nietzsches enorme Wandelbarkeit in geistiger wie stilistischer Hinsicht.

Die Diagnose tertiärer Syphilis kann nicht mehr ernstlich in Frage gezogen werden: Overbecks Mutmaßung ist keine Alternative, sondern eine Ergänzung dieser Diagnose. Sie gründet auf der plausiblen Voraussetzung, daß Nietzsche, nachdem er eine Aufgabe gewählt hat, die die Grenzen seiner existentiellen Möglichkeiten überstieg, den Augenblick fürchtete, da die Zeichen des Ungenügens unabweisbar würden. Angesichts dieser Zeichen, die nun — Ende 1888 — die Form eines zunehmend undurchsichtigen Wustes von Notizen, Plänen und Skizzen von Plänen annehmen[1], wächst seine Selbstkritik und wird radikaler und destruktiver. Für einen, der jederzeit zu höchster geistiger Anstrengung und radikaler Selbstkritik neigte, der des intellektuellen Kompromisses unfähig war, ersteht nun die Notwendigkeit, aus einer unmöglichen Situation herauszufinden, sich aus ihr „herauszuclownen".[2] War dies oder etwas Ähnliches tatsächlich der Fall, dann brauchen wir uns nicht mehr zu wundern, daß ein solcher Geist, unbedingt und leidenschaftlich in all seinen Herausforderungen und Reaktionen, den Weg in die Gesundheit nicht mehr zurückfinden konnte. Dies ist nicht sehr verschieden von dem, was mit Hamlet geschah.

---

[1] Overbeck schreibt von einer Kiste, voll „in trostloser Weise angewachsene[m] Wust", Bernoulli, a.a.O., Bd. II, S. 292.

[2] Nietzsche nennt sich selbst (z.B. *Ecce homo,* IV/1) „Possenreisser" und „Hanswurst".

II Leben und Werk

... das Merkwort und der Ruf zur Leidenschaft...
(*Hamlet* II,2)

Wie soll die Biographie eines Philosophen in Bezug gesetzt werden zu einem Verständnis seines Werkes? Nietzsche ist sich bewußt, daß es hier keine allgemeine Regel geben kann, und stellt sich zwei deutlich unterschiedene Typen von Denkern vor:

„Vergleicht man Kant und Schopenhauer mit Plato, Spinoza, Pascal, Rousseau, Goethe in Absehung auf ihre Seele und nicht auf ihren Geist: so sind die erstgenannten Denker im Nachteil: ihre Gedanken machen nicht eine leidenschaftliche Seelen-Geschichte aus, es gibt da keinen Roman, keine Krisen, Katastrophen und Todesstunden zu erraten, ihr Denken ist nicht zugleich eine unwillkürliche Biographie ihrer Seele..." (*Morgenröte,* § 481)

Ist es das, was Nietzsches Schriften ergeben — die unwillkürliche Biographie einer Seele? Wenn Nietzsche auf dieser hier etwas überraschenden Unterscheidung zwischen „Geist" und „Seele" besteht, Goethe in seine Liste einbezieht und den dramatischen Charakter *einer* Art des Denkens betont, so greift er damit die „wissenschaftliche" Vorstellung von Philosophie als einer kühlen, technischen Beschäftigung innerhalb einer begrenzten Reihe affektiver Stimmungen an (er wird schließlich alle Bereiche der modernen Kultur einer radikalen Kritik unterziehen). Er glaubt nicht an Philosophie als Streben nach reinem Wissen, frei von Werturteilen. Im Gegenteil: Keine Erfahrung (so geht die Betrachtung aus der *Morgenröte* weiter) ist zu leidenschaftlich, ungeregelt oder zu wild, um Gehalt und Form der philosophischen Betrachtung zu bestimmen. „Alles, was geschieht", kann sich als relevant erweisen.

„Ich denke, wie billig", setzt er entwaffnend hinzu, „nicht an grobe ‚Ereignisse' von außen, sondern an die Schicksale und Zuckungen, denen das einsamste und das stillste Leben verfällt, welches Muße hat und in der Leidenschaft des Denkens verbrennt." (Ebd.)

Und so — und es mag den Leser verwundern — hat Nietzsche häufig sein Leben gesehen: als dem Denken gewidmet, dem Entzücken, das mit geistigen Bestrebungen einhergeht, und nichts anderem (*KSA* XII 450). Die Richtungsänderung in Nietzsches Bemerkung ist ebenso bezeichnend wie die gesteigerte Diktion: Was als allgemeine Betrachtung über zwei Arten von Philosophen begann, verwandelt sich im Nu zu einem persönlichen Bekenntnis. Die Gültigkeit eines solchen Bekenntnisses kann jedoch kaum ohne irgendeinen Verweis auf jenes „einsamste und stillste Leben", wie es tatsächlich gelebt wurde, behauptet werden, eingeschlossen jene „groben ‚Ereignisse' von außen", doch wir werden sehen, daß ihm nur ein Geringes an Tatsachenmaterial zu weiteren Einsichten genügt:

„... denn an Systemen, die widerlegt sind, kann uns eben nur noch das Persönliche interessieren, denn dies ist das ewig Unwiderlegbare. Aus drei Anekdoten ist es möglich, das Bild des Menschen zu geben; ich versuche es, aus jedem System drei Anekdoten herauszuheben, und gebe das übrige preis."[1]

Der Großteil von Nietzsches philosophischem Denken verläuft so: in rascher Wechselbewegung zwischen dem

---

[1] *KSA* I S. 803, aus dem zweiten Vorwort zu *Die Philosophie im Zeitalter der Griechen* von 1837, posthum veröffentlicht.

Intim-Persönlichen und dem philosophisch Bedeutsamen. Diese Unbestimmtheit ist einer der Aspekte seiner Schriften, die ihn zum literarischsten der Philosophen, oder vielmehr zu dem Schriftsteller machen, bei dem die traditionelle Unterscheidung zwischen Literatur und Philosophie radikal in Frage gestellt wird. Hier liegt der Grund, weshalb ihm Kritiker den Titel des Philosophen überhaupt abgesprochen und seine Bücher so behandelt haben, als seien sie (in Goethes Worten): „Bruchstücke einer großen Konfession“[1] oder (mit einiger Ermunterung durch Nietzsche selbst) kunstvolle metaphysische Fiktionen oder „Begriffsdichtung“.[2] Einige von Nietzsches frühesten Kritikern fanden, daß seine Bücher in keinerlei vorher beschilderte Kästchen paßten, und sie beschlossen, das Werk als einen Teil des kulturpolitischen Programms — also einer Ideologie — zu behandeln. Diesem Verfahren folgten dann natürlich die Faschisten, Nationalsozialisten, Aktivisten, Vitalisten wie auch ein ganzer Schwarm harmloser Narren und Illusionisten. Andere jedoch, der blutigen Phraseologie des Nachkriegs-Existentialismus überdrüssig, gingen daran, Nietzsches Texte von allen „Makeln“ der Literatur und Biographie zu reinigen. So entstand schließlich das Bild Nietzsches als eines mißverstandenen Rationalisten mit einer Vorliebe für Shawsche Paradoxe. Karl Jaspers' Studie (1936) ignoriert die Chronologie der Schriften Nietzsches und präsentiert ihn als einen Dialektiker, dessen *Widersprüche eine Garantie der grundsätzlichen Wahrhaftigkeit* seines moralisch-existentiellen Engagements sind; während Martin Heidegger (in seinen Vorlesungen von 1936—41) die er-

[1] *Dichtung und Wahrheit,* Buch VII.

[2] Siehe Hans M. Wolff, *Friedrich Nietzsche: der Weg zum Nichts* (Bern 1956), S. 53.

ste Hälfte von Nietzsches Werk übergeht und sich stillschweigend und ausschließlich auf seine letzten kosmologischen und ontologischen Spekulationen konzentriert. Auf diese Weise geht bis zu einem gewissen Grad auch Eugen Fink vor (1960). Auch er vertraut dem ontologischen Denken weit stärker, als es Nietzsche selbst jemals tat, und in seiner Behandlung der Ästhetik Nietzsches — vielleicht um Jaspers' und Heideggers Vernachlässigung wettzumachen — neigt Fink dazu, Nietzsches fragmentarische Bemerkungen als eine geschlossenere Leistung zu betrachten, als es mir möglich scheint. Trotzdem ist seine Studie objektiver und nützlicher als irgendeine andere. Walter Kaufmanns *Nietzsche: Philosopher, Psychologist, Antichrist* (1950[1], 1974[2]) bietet ein reichlich illustriertes, doch eigenartig idealisiertes Porträt eines klassischen deutschen Philosophen in der Kant-Hegel-Schopenhauer-Tradition — ein wenig ausgewogener, ein wenig sympathischer und weniger polemisch als ... der wirkliche Nietzsche? Als *der* Nietzsche jedenfalls, der hier vorgestellt werden soll. Kritiker, die ihr Augenmerk auf die Pathologie des Mannes richten, dem keine zwanzig Jahre schöpferischen Lebens vergönnt waren, haben jeden seiner Gedanken bis zu dem Punkt psychologisiert, wo das gesamte Werk auf einen monströsen Solipsismus reduziert wird. Darin fanden sie jüngst Genossen in einigen strukturalistischen Erklärern, die bei dem in exegetische Sackgassen geratenen Leser den Eindruck hinterlassen, Nietzsches Werke handelten eigentlich von nichts anderem als von der großen Schwierigkeit, passende Metaphern für bloße Einfälle zu finden ... Doch muß hinzugefügt werden, daß nahezu jede dieser Interpretationen, auch die am meisten reduzierte, aus Nietzsches Feder irgendeine Unterstützung finden kann:

> „Allmählich hat sich mir herausgestellt, was jede große Philosophie bisher war: nämlich das Selbstbekenntnis ihres Urhebers und eine Art ungewollter und unvermerkter *mémoires;* insgleichen, daß die moralischen (oder unmoralischen) Absichten in jeder Philosophie den eigentlichen Lebenskeim ausmachten, aus dem jedesmal die ganze Pflanze gewachsen ist... Ich glaube demgemäß nicht, daß ein ‚Trieb zur Erkenntnis' der Vater der Philosophie ist, sondern daß sich ein andrer Trieb, hier wie sonst, der Erkenntnis (und der Verkenntnis!) nur wie eines Werkzeugs bedient hat ..." (*Jenseits von Gut und Böse,* 6)

Und doch beginnt das Kapitel „Warum ich so gute Bücher schreibe" in *Ecce homo* mit dem Satz „Das eine bin ich, das andere sind meine Schriften". Die verwirrende Vielfalt dieser Interpretationen bezeugt die außerordentliche Reichweite der eigenen Interessen, Gedanken und reflektierenden Stimmungen Nietzsches und die ebenso große Reichweite seiner — oft sich widerstreitenden — Einflüsse auf die westliche Kultur der letzten sieben Jahrzehnte.

Jedem, der sich nicht von „tiefen" (psychologischen oder linguistischen) Theorien verleiten läßt, ist deutlich, daß Nietzsche mehr als nur ein Selbstbildnis geschrieben hat. Es ist wohl die Biographie „einer Seele", doch weit davon, etwas besonders „Instinktives" oder „Unwillkürliches" an sich zu haben, ist es eine Biographie, die überreich ist an artikulierter Bewußtheit der Welt und der Zeit — seiner Zeit und seiner Welt und der unsrigen. Das Werk hat eine breite realistische Grundlage; wie sonst könnte es jene bemerkenswerten Voraussagen von Konflikten des 20. Jahrhunderts enthalten, für die es von den einen gepriesen, von den anderen verdammt worden ist? Was es darstellt, ist gleichsam das Negativ einer Biographie — ist die „Biographie" eines Lebens, das zunehmend in dem Glauben gelebt wurde, daß die Welt unserer Erfahrung die einzige Welt ist, die es gibt, und daß sie grundsätzlich unwahr, lügenhaft ist. (Die Anrufung „instinktiver" oder „unbewußter" Motive stellt, wie wir sehen werden, einen Versuch dar, diese Unwahrhaftigkeit zu durchdringen.) Bei immer schlechter werdendem Gesundheitszustand ist diese Biographie die Geschichte von Zurückweisungen und Resignationen, wo immer möglich, in einen Prozeß der Selbstbefreiung verwandelt: der Befreiung von Freunden und materiellen Bedingungen und Verpflichtungen jeglicher Art; vom Christentum und jeder anderen Frömmigkeit; von der Philologie und seinen geliebten Griechen (*Fröhliche Wissenschaft,* § 340); von der Universität und jeder anderen Institution; von Wagner, Schopenhauer, Deutschland, seiner Familie — eine Befreiung von *jedem* tröstlichen Glauben und schließlich von der Last der Vernünftigkeit selbst. Im Alter von neunzehn, kurz vor seinem Weggang aus Schulpforta, schreibt er in einer biographischen Skizze:

„Und so entwächst der Mensch allem, was ihn einst umschlang; er braucht nicht die Fesseln zu sprengen, sondern unvermutet, wenn ein Gott es gebeut, fallen sie ab; und wo ist der Ring, der ihn endlich noch umfaßt? Ist es die Welt? Ist es Gott?"[1]

Die deutsche Geistesgeschichte ist voll von solchen Zurückweisungen, Befreiungsversuchen und Metamorphosen: der Dichter Johann Christian Günther, die Dramatiker Heinrich von Kleist (*Unzeitgemäße Betrachtungen,* III § 3), Georg Büchner, der Lyriker Heinrich Heine, Nietzsches eigener Zeitgenosse, gehören zu denen, die, so Nietzsche in Anlehnung an Baudelaire,

[1] Schlechta, Bd. III, S. 110.

versuchen, „... auch aus diesem — Kote Gold zu machen“.[1]
Wie soll dies gemacht werden? Welche Werte werden das Feuer des Schmelztiegels überdauern? Jakob Burckhardt, Basler Patrizier und schließlich Nietzsches nie ganz rückhaltloser Freund und älterer Kollege an der Universität, hatte sich einst demselben Problem gegenübergesehen: „Jetzt bin ich darin begriffen, in dem Ruin meiner bisherigen Lebensansicht umherzuschaufeln...“, schrieb der Zwanzigjährige, für diesmal weniger gewählt im Ausdruck, als bei ihm üblich. „Ein Heilmittel hiegegen ist mir in meinem Hauptfach, der *Geschichte*, aufgegangen ...“[2]
Die Geschichte der Kunst und der Renaissance wird, in Burckhardts eigenem Leben, zur umfassenden geistigen und moralischen Disziplin. Nietzsche findet keine vergleichbare Lösung und wird nie ein „Hauptfach“ haben. Es gibt keine einzelne Disziplin, Methode oder Doktrin, auf die er sich festlegen wird; und während jeder Abschnitt seines reifen Werkes unverwechselbar ihm gehört, bleibt die Vielfalt seiner Schreibweisen und Masken uneingeschränkt. Es gibt nur die eine große philosophische Aufgabe — sie aber ist all-verzehrend, unmöglich.
Die Versuchung ist daher groß, seine philosophischen Schriften als kompensierende Umkehrungen seiner Biographie zu lesen: als die Betrachtungen des Kranken, der die körperliche Gesundheit übertrieben preist, und des Intellektuellen, der ekstatisch das Lob des instinkthaften Lebens singt und der „die Doktrin von

[1] Vgl. Baudelaires geplanten Epilog zu *Les fleurs du mal:* „Tu m'as donné ta boue, et j'en fait de l'or.“ Abgesehen von diesem Gedichtband kannte Nietzsche Baudelaires Essays über Wagner und Heine, vgl. seinen Brief an Peter Gast, 26. Februar 1888.
[2] J. Burckhardt, *Briefe,* ausgew. u. hrsg. M. Burckhardt (Bremen 1965), S. 41.

Schwächlingen, die nach Stärke streben"[1], predigt. Mehr als ein Kritiker à la Pozzo hat ihn auf diese Weise dargestellt; und durch sein eigenes Beispiel bei der Interpretation anderer Denker leiht Nietzsche selbst diesen feindlichen Deutungen, die doch in der Hautsache grob und irreführend bleiben, seine Unterstützung. Nichts deutet auf eine Selbstidentifizierung mit „dem Übermenschen" hin bei dem, der schreiben kann: „Aber eine Philosophie wie die meine, ist wie ein Grab — man lebt nicht mehr mit" (an Georg Brandes, seinen ersten unabhängigen Kritiker, 2. Dezember 1887).

Was ist also die Beziehung des Lebens eines Autors zu seinem Werk? Kierkegaard bedenkt diese Frage in einer seiner sprunghaften Betrachtungen, und die Tatsache, daß seine Antwort für unsere Untersuchung gilt, auch wenn sie sich ausdrücklich auf Dichter und ihre Erzeugnisse bezieht, unterstreicht einmal mehr den literarischen Aspekt von Nietzsches philosophischem Unternehmen. Es ist eine geheimnisvolle Beziehung, schreibt Kierkegaard: Die Umstände des Lebens eines Autors sind nicht die Ursache des geschaffenen Werks, sondern bilden lediglich die Situation, die das Werk entstehen läßt:

„Eine Schöpfung ist ein Hervorbringen aus dem Nichts, der Anlaß dagegen ist das Nichts, das alles zur Erscheinung kommen läßt ... Der Anlaß ist das zarte, fast unsichtbare Spinngewebe, in dem die Frucht hängt ... Ohne Anlaß geschieht eigentlich gar nichts, und doch hat der Anlaß gar kein Teil an dem, was geschieht ..."[2]

---

[1] Miguel de Unamuno, zitiert aus Michael Hamburgers *From Prophecy to Exorcism,* (London 1962), S. 52.
[2] *Entweder-Oder,* übers. von H. Fauteck (München 1957), S. 274 ff.

(In *Zur Genealogie der Moral,* III § 4, formuliert Nietzsche dies mit geringerem Feingefühl. Der Künstler, so schreibt er dort, „ist zuletzt nur die Vorausbedingung seines Werks, der Mutterschoß, der Boden, unter Umständen der Dünger und Mist, auf dem, aus dem es wächst...".) Auch wenn die Ereignisse von Nietzsches Leben in seinem Werk eine größere Rolle spielen, als es Kierkegaards Freude am Paradox erlaubt, so erklären sie doch nicht, warum er so schrieb, wie er schrieb. Sie mögen erklären, wie er ein altkluger, einsamer Junge von zehn Jahren wurde, doch sie erklären nicht die leidenschaftliche Hingabe des Jungen ans Schreiben — an jenes endlose Schreiben über jeden erdenklichen Gegenstand, das zwanglos, ja unwillkürlich, von privater in eine öffentliche Tätigkeit übergeht. Akute Kurzsichtigkeit, Koliken und ständige Anfälle von Migräne mögen erklären, warum der junge Professor gezwungen war, die herkömmlichen Formen von Aufsatz und Abhandlung aufzugeben. Doch psychosomatische Störungen erklären nicht, wie er entdeckte, daß die Notizbücher, die er trotz allem ohne längere Unterbrechungen zu führen vermochte, für die Veröffentlichung übertragen werden konnten, und *daß sie lesenswert sind.* Es war eine ungeheure Entdeckung, und sie bestimmte jede Stunde seines Lebens. Schreiben besaß für ihn kompensatorische, erotische Untertöne (welche die französischen Strukturalisten ihrem törichten Vorurteil gemäß mit Sexualität verwechseln), doch dieser Anhauch des Erotischen eignet aller schöpferischen Tätigkeit. Was seine Bücher, von ihrer intellektuellen Energie abgesehen, auszeichnet, ist seine Leidenschaft für Form, Ausgewogenheit und Klarheit *über kurze Strecken von Prosa.* Er haßte jegliche Vorstellung von Demokratie, doch seine brennende Sorge für äußerste Verständlichkeit zeigte sich in jedem Satz, den er schrieb. Daß er „obskurantistischer“ und „elitärer“ Tendenzen von seiten marxistischer Schmäher bezichtigt wurde, deren eigene Prosa aufgrund ihrer programmatischen Obskuritäten nur dem kleinsten Zirkel von Eingeweihten zugänglich ist, gehört zu den vielen Ironien, die sich mit dem posthumen Schicksal seines Werkes verbinden. All die Hochachtung der Klarheit muß auf die zu leistende Aufgabe bezogen werden. Das Streben nach Mitteilung und Gemeinschaft ohne Kompromiß, die ethischen Ideale ohne Kompromiß, die ungeheuren Übertreibungen, die in die genauesten Erkenntnisse münden, die Suche nach den schwersten, verletzendsten Lösungen, zusammen mit einer ständigen Suche nach müheloser Freude und Gleichmut und der letzte verzweifelte Ausweg von allem, der Versuch einer Zusammenfassung aller Einsichten innerhalb einer einzigen großartigen metaphysischen Illusion — all diesen Anforderungen gegenüber muß die Frage nach der Klarheit von Nietzsches Schreiben untersucht und gewogen werden.

Nietzsches Ruf in Deutschland nach dem Ersten Weltkrieg und in Frankreich und England nach dem Zweiten ist der eines existentiellen Denkers. Das ist ein weiter, nicht aber ein vager Begriff. Er bedeutet (unter anderem), daß zwischen dem Menschen Nietzsche und dem Philosophen Nietzsche ein besonders enges Verhältnis besteht; ein Verhältnis, das so eng ist wie das zwischen dem Menschen D. H. Lawrence und dem Romancier D. H. Lawrence. Dies ist kein willkürlicher Vergleich. Was Lawrence und Nietzsche sowohl in ihrer Kritik an bestehenden Werten als auch auf ihrer Suche nach neuen verbindet, ist das Bestreben, zwischen Denken, Erleben und Werk eine wesentliche Einheit zu

schaffen; nur *die* Gedanken als gültig — authentisch — anzuerkennen, die zugleich auch „Erlebnisse“, „true experience“ sind; das Schreiben zu einem Vorgang zu machen, an dem „Leib und Leben“ vollauf beteiligt sind. Ihr gemeinsamer Feind ist die Abstraktion.
„Diese Dinge kennt ihr als Gedanken, aber eure Gedanken sind nicht eure Erlebnisse“ (*KSA* IX 314). Und Zarathustra, der hier als Nietzsches Mundstück dient, proklamiert laut den Wert der menschlichen Persönlichkeit als der Einheit von Denken, Wollen und Sein (vgl. II § 2), die Doktrin der persönlichen Berechtigung zur Erkenntnis. Warum ein weniger „verpflichtetes“ Denken geringer sein — warum Humes Philosophie darunter leiden sollte, daß er sie nur ungern trieb und viel lieber Backgammon spielte, wird nicht erklärt.
Das Problematische an dieser Lehre vom heroischen Engagement wird uns später noch beschäftigen. Hier können wir festhalten, daß ihre Zweifelhaftigkeit Nietzsche selbst nicht entgangen ist, wenn er zum Beispiel über die Vulgarität von Geistern nachsinnt, die nur dem persönlichen Zeugnis (dem schamlosen Herzeigen von Wunden und Leiden) als Beweis für die Wahrheit einer Meinung trauen. In Fällen, wo ihm eine solche Zeugenschaft unangenehm wird, versteht er sich glücklicherweise ironisch zu distanzieren — „Aber lassen wir Herrn Nietzsche: was geht es uns an, daß Herr Nietzsche wieder gesund wurde?“ (*Fröhliche Wissenschaft*, Vorrede § 2). Wieder erinnert er an diese Distanzierung, wenn er *Der Wille zur Macht* als „ein Buch zum Denken“ bezeichnet, „nichts weiter: es gehört denen, welchen Denken *Vergnügen* macht, nichts weiter“. Doch hat dieses Vergnügen keine andere Quelle als jene „rein geistigen Probleme“, die er als unwahrhaft verdammt hatte ... Wie „authentisch“ ist also dieses Bild vom he-

roischen Denker (wie es durch jene „rassige" Büste Max Klingers, aber auch durch Nietzsches eigene preußische Selbststilisierungen weitergetragen wurde, wenn er von Photographen verewigt wurde), wie wahr ist dieses Bild des „Einsiedler-Philosophen", der mit jeder Faser seines Leibes seinem großen denkerischen Unternehmen verpflichtet ist?

In einem Sinn ist es gar nicht wahr. In dem Sinn, der uns hauptsächlich angehen wird, ist Nietzsches Denken eine Reihe von Experimenten, „die ich lebe" (*Wille zur Macht,* § 1041) — vorfühlende Spekulationen, Ahnungen und Vermutungen, die kommen und gehen, einige von ihnen *in corpore vili.* „Aber ich will, daß euer Mutmaßen nicht weiter reiche als euer schaffender Wille", ruft Zarathustra uns zu (II § 2): Sollen wir glauben, daß Nietzsche Zarathustras Befehl in jener berüchtigten Betrachtung gehorcht, in der er entzückt ist über Galianis Bemerkung, daß Vorhersagen sich gewöhnlich selbst erfüllen, daß die Vorhersagen „die Ursachen der europäischen Kriege sind", und noch ausdrücklich hinzufügt: „Da ich durchaus nicht die unkriegerischen Absichten meines verstorbenen Freundes Galiani teile, so fürchte ich mich nicht davor, einiges vorherzusagen und also möglicherweise damit die Ursache von Kriegen heraufzubeschwören." Das Beste, was wir von dem Autor von Bildern der Gewaltsamkeit wie der „blonden Bestie" (*Genealogie der Moral,* I § 11) sagen können, ist nicht, daß er die „Wirklichkeit hinter den Worten" zu leben vermag, sondern, daß er Experimente in Worten und Gedanken durchführt und dann *erprobt,* was ihre Wirkung sein könnte. Seine brillante Wandelbarkeit der Stile und Themen ist ohne eine Dosis Schauspielerei nicht zu denken. In seinen bitteren Angriffen auf Richard Wagner, auf Wagners Unaufrichtigkeit und Religiosität, scheint Nietzsche Kunst ohne Kunsthandwerk, Oper ohne opernhafte Effekte, Theater ohne Theatralisches zu suchen — doch wäre er der letzte, der leugnete, daß es, wenn auch nicht Unaufrichtigkeit, so doch viel Rollenspiel und bewußte Überlegung in seinen eigenen Stilwechseln und in all den Mitteln gibt, die seine Prosa zu einem so unvergleichlichen Lesevergnügen machen. Was aber die „Verpflichtung" einer gewählten Aufgabe gegenüber betrifft — wer will entscheiden, ob die Wagners oder diejenige Nietzsches inniger, wahrhaftiger und heroischer ist? Wagner liebte es, von seinen Leiden zu sprechen. Vielleicht gab es Zeiten, zu denen auch Nietzsche die Verletzung des Anstands durch solche „Gewichtheberei" in Gefühlen nicht empfand, sich nicht genügend davor hütete; denn was ihm fehlte, war jenes „Gefühl für Gemeinsamkeit, das alle Versuche der Vereinzelung klein und gering erscheinen läßt anstatt erhebend".[1]

In einem anderen, umfassenderen Sinn aber ist der existentielle Anspruch wahr: Nietzsches gesamtes Leben ist seinem philosophischen Unternehmen gewidmet; ihm werden jede Annehmlichkeit und jede Tröstung geopfert. Die Opferwilligkeit eines Menschen ist jedoch kein Wert an sich. Die Erfahrung, die uns von Nietzsche trennt, läßt uns jene Strafethik zurückweisen, die die Rangordnung der Menschen nach ihrer Leidensfähigkeit bestimmt (*Jenseits von Gut und Böse,* § 270). Auch die Anstrengung kann für uns keinen Wert an

---

[1] Dies ist das Urteil George Eliots über den theologischen Gelehrten Rev. Casaubon aus *Middlemarch,* Buch IV, Kap. 42; deutsche Ausgabe, Zürich 1962, S. 571 ff., der überraschende Ähnlichkeiten mit Nietzsche aufweist. Für Nietzsche ist George Eliot eine jener inkonsequenten (weil englischen) Moralistinnen („Moral-Weiblein"), die nicht einsehen können, daß man das Christentum nicht ablehnen kann, ohne auch jedes Recht auf sein Moralschema preiszugeben.

sich darstellen. Was wir anerkennen, ist nicht der heroische Standpunkt, nicht ein selbstgeschaffener Wert, sondern die eigenartige Aura, die Nietzsches Unternehmen umgibt. Es ist die Aura eines ernsten, hamletschen Zaubers — des ganz besonderen Zaubers, der zu jedem tragischen Charakter gehört. Er stammt aus dem Wissen, das Nietzsche mit Hamlet teilt: daß die gewählte Aufgabe zu groß ist.

In seinem Nietzsche-Essay von 1947 spricht Thomas Mann von der „hochbegabten Edel-Normalität“[1] des Jungen und Heranwachsenden; die frühen Briefe und Zeugnisse sprechen von seinem Wissensdurst, seinen bemerkenswerten geistigen Gaben, seiner sanften Ernsthaftigkeit. Die Rolle des destruktiven Kritikers fiel ihm nicht leicht, ebensowenig die Rolle des mit Stentorstimme sprechenden Propheten. Indem er einer Welt, die er als dekadent erkannte, Gewalt antat, tat er sich selbst Gewalt an. Wählte er selbst den Augenblick, da er „sein eigenes Ende sich bereitet“ — nicht mit bloßem Dolche, sondern mit seinem eigenen, unbeirrbaren Geist? Doch er beschloß, sein Schicksal zu lieben. Vielleicht war der Augenblick, den er wählte, der Augenblick, in dem er wußte, daß er alles getan hatte, was ihm aufgegeben war.

[1] Allerdings kann Thomas Mann den Satz, in dem er diese Einsicht vermittelt, nicht beenden, ohne aus Nietzsche eine Art Felix Krull zu machen: „Man hat das Bild einer hochbegabten Edel-Normalität, die eine Laufbahn auf vornehmem Niveau zu gewährleisten scheint“ („Nietzsches Philosophie im Lichte unserer Erfahrung“). Für eine andere Interpretation der Wirkungen von Nietzsches Kindheit auf sein Philosophieren siehe W. H. Bruford, *The German Tradition of Self-Cultivation*. (Cambridge 1975), S. 173f.

III Drei „Propheten" des modernen Zeitalters

... und dem Jahrhundert und Körper der Zeit den Abdruck seiner Gestalt zu zeigen...

(*Hamlet* III,2)

Friedrich Nietzsche ist einer der wenigen Denker — Karl Marx und Sigmund Freud sind die anderen —, deren Einfluß auf unser Zeitalter wohl von keiner Seite bestritten werden kann. Der Einfluß ihres spekulativen Denkens berührt jeden Aspekt unserer Erfahrung: Sie sind aus dem Leben des modernen Europa nicht wegzudenken. Alle drei waren *Wissende,* die Handelnde sein wollten — Gelehrte, die für Reform und konkrete Veränderungen eintraten, Denker, die, zumindest eine Zeitlang, zu Ideologen wurden. Was ihr Werk kennzeichnet und vom Werk ihrer philosophischen Vorgänger unterscheidet, ist, daß es in keinem Sinne interesselos ist. Ihr Denken zielt auf die Entdeckung eines immanenten Geheimnisses — eines Geheimnisses, das im menschlichen Geist verborgen liegt. Diesen Geist wollten sie verändern und mit ihm die Welt. Da sie ihr Unternehmen als die Lösung eines *Geheimnisses* ansahen, galt ihnen jeder Widerstand als Verschwörung: nach Marx eine Verschwörung von Menschen mit verborgenen gesellschaftlichen und materiellen Interessen; nach Freud von Menschen mit verborgenen moralischen und religiösen Interessen; nach Nietzsche von Menschen, die es vorzogen, nur halb-lebendig zu sein und die wenigen abzulehnen, die großzügig und gefährlich lebten.

Sie machten eine Anzahl zuversichtlicher Vorhersagen, doch das volle Ausmaß der Folgen, die ihr philosophisches Unternehmen begleiteten, wurde von ihnen nicht vorausgesehen; und dies trotz des Umstandes, daß sie sich kaum Mühe gaben, ihre Erkenntnisse von ihren Zielen zu trennen, und ihre Vorhersagen in einer Sprache formulierten, die bestimmt war, sie in Erfüllung gehen zu lassen.

Ihre Vorwegnahmen lassen sich nicht von ihrer religiösen Situation trennen. Alle drei waren bekennende Atheisten, für die der Glaube des Menschen an Gott ein historisch bestimmtes Symptom der menschlichen Schwäche und Unterordnung darstellte. Sie boten dem Menschen die Befreiung von diesem Glauben, nicht nur durch den Beweis, daß dieser Glaube auf einer Illusion beruht, sondern auch dadurch, daß sie als Alternative verschiedene Formen menschlicher Selbständigkeit und Selbstbehauptung entwickelten. Bezeichnenderweise — und hier muß man jeweils den Stil ihrer Voraussagen in Betracht ziehen — zeigt nur Nietzsche ein Bewußtsein der vollen Bedeutung religiöser Überzeugungen in unserer westlichen Erfahrung; er allein scheint sich des Ernstes und der Bedeutung eines jeden Unternehmens bewußt zu sein, das diesen Glauben ersetzen soll.

Alle drei begannen ihr Werk und wurden ständig darin unterstützt, indem sie ihre eigenen geistigen Quellen radikal verwarfen. Daher ist der kritische Aspekt ihres Werks häufig kaum von seinem „positiven“, konstruktiven Aspekt zu unterscheiden, und ihre schöpferische Tätigkeit ist an beiden beteiligt. Sie neigten dazu, zu unterschätzen, was sie ihrem eigenen Zeitalter verdankten. Sie waren sich nicht immer des Ausmaßes bewußt, in dem ihre eigene geschichtliche Situation das bildete, was Nietzsche „den Horizont“ ihres Denkens nannte. Doch ist das größte Interesse, das sie für uns besitzen, wenn auch nicht identisch mit ihrer Historizität, so doch untrennbar mit ihr verbunden. Nehmen wir zum Beispiel die Identifikation von „wissenschaftlicher“ mit systematischer Erkenntnis, die sie alle teilen, und ihre Voreingenommenheit für eine Rhetorik und eine Überzeugungsweise, die von den Naturwissenschaften herstammt: Dies sind, wie wir wissen, charakteristische Eigenheiten des 19. Jahrhunderts. Doch allein Nietzsche erkannte sie als solche. (Marx sprach häufig von der Notwendigkeit eines geschichtlichen Bewußtseins, Freud sah die Vergangenheit mit Hilfe archäologischer Metaphern; nur Nietzsche machte sie zum Gegenstand seines Philosophierens und praktizierte einen geschichtlichen Perspektivismus, wenn auch lediglich skizzenhaft.)

Ihr systematisches Denken richtete sich auf eine in knappen Worten faßbare Leitidee, der es umgekehrt selbst entsprang — einer *idée maîtresse,* mit deren Hilfe das Geheimnis allen menschlichen Handelns erklärt werden soll. Die Erklärung dessen, *was die Menschen tun,* entfaltet sich jeweils auf dem Weg über einen Bericht darüber, *was sie dazu bewegt,* zu tun, was sie tun. Keiner dieser drei problematischen Propheten respektiert die für den liberalen Geist fundamentale Unterscheidung zwischen dem, was eine Sache ist, und wie sie zu dem wurde, was sie ist, obwohl keiner seine Erklärung gerne auf sein eigenes Werk anwenden will.

Ihre jeweilige Leitidee — Motivierung durch gesellschaftliches Interesse; sexuelle Motivierung; der Wille zur Macht — konstituiert für sie das Geheimnis, das in der Tiefe der Menschenseele ruht. Diese Motivierung ist jeweils der Grund geistiger Tätigkeit; sie ist der

Schöpfer von Werturteilen, unterliegt diesen daher selbst nicht. Sie ist also *per definitionem* dem „gewöhnlichen“, d. h. motivierten und daher unaufgeklärten Bewußtsein eines Menschen unzugänglich. Denn solange sie den Geist beherrscht, schließt eine jede dieser Leitvorstellungen jegliche unparteiische und sichere Erkenntnis aus. Umgekehrt gilt, daß in dem Augenblick, da die wahre „Erkenntnis“ (im Deutschen stets ein dynamischer Vorgang) eingeleitet wird, die anschließende Erklärung zur Auflösung der Illusion, also zu einem Weg-Erklären führt.

Es sind leidenschaftliche Denker. Und so wie ihre Einstellung ihren philosophischen Vorfahren gegenüber etwas Vatermörderisches hat, so ist an ihren gedanklichen Entwürfen etwas Selbstmörderisches: Bei jedem von ihnen wird der Denker ausgeschlossen von dem Gedachten, das er geschaffen hat; die Geistigkeit, die sein Werk bedingt, wird abgewertet oder für ungültig erklärt.

Ist es ein Zufall, daß alle drei Deutsche waren? Oder vielleicht sollten wir besser fragen: Wie deutsch waren sie? Allein die Tatsache, daß es auf diese Frage keine klare Antwort gibt, daß diese davon abhängt, was man unter „deutsch“ versteht, bildet einen Teil der Antwort. Marx war ein emanzipierter, rheinisch-preußisch-jüdischer Intellektueller, der einen Großteil seines Lebens im Exil verbrachte; Nietzsche, ein Deutscher (bismarckscher Schnauzbart) nach jedem Maßstab außer seinem eigenen, behauptete, er stamme aus polnischem Adel, kam zu der Überzeugung, die Gründung des Zweiten Reiches im Jahre 1871 sei ein arges Unheil gewesen, und er kehrte erst dann nach Deutschland zurück, als sein Werk getan und sein Geist verbraucht war. Freud war ein mährischer deutschsprachiger Arzt aus orthodox-jüdischer Familie, der sein ganzes Leben im kaiserlichen und republikanischen Wien verbracht hätte, hätte ihn nicht ein anderer quasi-wienerischer Provinzler ins Exil geschickt, um wie Karl Marx in London zu sterben. Sie sind kaum sehr repräsentative Deutsche, doch gehören sie alle einer Tradition an, einem Deutschland des Geistes, wo, wie Nietzsche schreibt (*Menschliches, Allzumenschliches,* II/1 § 323), „gut deutsch sein heißt sich entdeutschen“. Sie sind repräsentativ dadurch, daß sie ihr Deutschtum problematisieren. Sie haben ihre geistigen Wurzeln in einer Kultur, deren dynamischen Charakter Nietzsche in der Sprache selbst wiederfand: Während „Realität“ von „res“ und „realia“ stammt, einem statischen Konzept (so argumentiert er in einer seiner etymologisierenden Reflexionen)[1], leitet sich „Wirklichkeit“ von dem dynamischen „Wirken“ ab.

Doch für sie war es eine geistige und intellektuelle Dynamik. Gegen Ende des 18. Jahrhunderts beklagte sich G. C. Lichtenberg (der auf Nietzsches sehr kurzer Liste bevorzugter deutscher Autoren stand), daß die Deutschen immer nur die „Litterär-Geschichte“ der Taten schreiben, die andere Völker ausführen, und 150 Jahre später bemerkte Bertolt Brecht: „Bei uns rutscht alles sehr leicht in das Unkörperliche und Unanschauliche, worauf wir anfangen, von einer Weltanschauung zu sprechen, nachdem die Welt sich selbst aufgelöst hat“, und er fügt hinzu, „selbst der Materialismus ist bei uns wenig mehr als eine Idee.“[2]

Lichtenberg und Brecht verweisen auf eine geistige Disposition, die Marx, Nietzsche und Freud ambivalent

---

[1] Siehe *Die Philosophie im tragischen Zeitalter der Griechen,* § 5 (1873).

[2] G.C. Lichtenberg, *Schriften und Briefe,* Hrsg. W. Promies (München 1968), J 1195, und Bertolt Brecht, *Kleines Organon* (1953), § 75.

und kritisch beurteilten, die sie aber dann doch voll teilten. Die Kultur-Sphäre, in die sie hineingeboren wurden, ignorierte soziale Fragen weitgehend; betrachtete mit unbehaglicher Abneigung die wirtschaftlichen und industriellen Erfolge der Welt, die diese Kultur ermöglichte; neigte zu einem Bild der „Realität“, das jeder aprioristischen Spekulation nur wenig Widerstand bot; betrachtete die Revolution des Geistes als einen Ersatz für gesellschaftliche und wirtschaftliche Veränderungen. Das Wertsystem, von dem diese Kultur aufrechterhalten wurde — ein System, das alle drei Männer in Frage stellten —, erkannte dem Leben des Geistes den höchsten Wert zu.

Nietzsche verabscheute die Folgen des deutschen Sieges im Französisch-Preußischen Krieg von 1871, weil er das neue Reich als „die Exstirpation des deutschen Geistes“ und als Politisierung und Basis des Machtstrebens einer Gesellschaft von Parvenüs ansah, wogegen er glaubte, Deutschlands wahre Sendung in der Welt solle unpolitisch und kulturell, ja mythenbildend sein. Der Geist, dem es folgen sollte, war nicht der Geist von Sedan, sondern des vorsokratischen Griechenlands. (Die Liebe zum klassischen Griechenland war übrigens nicht die geringste der Gaben, welche die drei ihrer gemeinsamen Tradition verdankten.) Marx fand in England die realen Umstände, auf die er sich bei seiner revolutionären philosophischen Doktrin beziehen konnte, wobei seine Angriffe auf die „klassischen“ politischen Ökonomen Englands seine Abhängigkeit von diesen verschleierten; für das zeitgenössische geistige Leben seiner Wahlheimat hegte er kaum mehr als Verachtung. Sein Glaube an die Fähigkeit des menschlichen Geistes, sich einer grundsätzlichen Veränderung zu unterziehen, und sein Glaube an die Möglichkeit, die Dinge — *alles* Leben, *alle* Geschichte, *alle* Beziehungen der Menschen untereinander und zur Natur — auf eine grundsätzlich neue Weise zu sehen, rühren aus seinem frühen Hegelstudium und aus der deutschen Erfahrung her. Antiidealistisch mag er wohl sein, doch was immer er auch über den „materiellen“ Ursprung des Bewußtseins sagt: Die weltverändernde Funktion des Geistes ist für ihn über jeden Zweifel erhaben. Und es ist wohl kaum zufällig, daß Freud, anscheinend der am wenigsten Spekulative von den dreien, sich bei seiner Umdeutung des menschlichen Geistes auf jenes den geringsten Widerstand bietende, am wenigsten institutionalisierte und im höchsten Maß anregende aller kulturellen Milieus stützt, die künstlerische und intellektuelle Welt des Wiener Bürgertums. Hier vor allem war eine Szenerie, die den merkwürdigen Glauben begünstigte, daß alle Nöte, denen die Menschen in der Gesellschaft unterliegen, auf Probleme der individuellen Psyche reduziert und als solche eine Lösung finden könnten. Es wäre sicher falsch, die gewichtige Entwicklung oder, besser vielleicht, die großen Veränderungen geringzuachten, die sich zwischen 1843, als Marx Deutschland verließ, den siebziger und achtziger Jahren, der Zeit von Nietzsches größter geistiger Anstrengung, und den ersten beiden Jahrzehnten des neuen Jahrhunderts, als Freud die ersten psychoanalytischen Theorien entwickelte, zutrugen. Ähnlich darf man auch den Unterschied in der kulturellen Topographie von Marx' Trier, Jena und Berlin, Nietzsches Naumburg, Leipzig und Basel und Freuds Wien nicht zu gering einschätzen. Doch ist es ebenso unmöglich, jene dem Bürgertum zugehörige Einheit von materiellen Leistungen und intellektuellem Interesse zu übersehen, jene Geistigkeit, die um den Preis politischer Unterwerfung und des politischen Fetischismus[1] die gelehrteste und intellektuellste Kultur der europäischen Neuzeit hervorgebracht hat — jene Hochkultur des Geistes, die sich dann in dem „Zeitalter des Nihilismus“, das Nietzsche vorhersagte, als die anfälligste erwiesen hat. Zu allen Phasen dieser Geschichte steuern Nietzsches Schriften einen kritischen Kommentar bei.

Es liegt eine Ironie darin, daß alle drei Männer es als Teil ihres Programms ansahen, den Illusionscharakter der Moral zu beweisen, den unwirklichen, abgeleiteten Status moralischer Werte bloßzustellen. Hätte man ihnen gesagt, daß ein tief moralisches Anliegen ihr Denken bestimmte, so hätte man kaum mehr als Verachtung (von Marx), Invektive (von Nietzsche) oder ein ironisches Achselzucken (von Freud) erhalten. Doch dies ist letztlich das Wichtigste, was ihnen gemeinsam ist: radikale Kritik an der Fragmentierung des Menschenlebens (*Zarathustra,* II § 20) und eine moralische Sorge um die Zukunft der Menschheit. Marx' Kritik der Folgen der Arbeitsteilung, Nietzsches Abscheu vor der Geschichte, die er als ein endloses Golgatha von Betrug und haßerfüllter Vergeltung sieht, Freuds pessimistische Analyse der Ätiologie der Zivilisation — dies sind Zeichen ihrer gemeinsamen Sorge um das, was man einst den „ganzen Menschen“ genannt hatte. Diesen Zustand zu beheben ist das Ziel, auf das hin die Äonen des Übermenschen und der klassenlosen Gesellschaft entworfen sind. Diese phantastischen Konstruktionen von Nietzsche und Marx haben bei Freud kein Äquivalent: Freud besaß zuviel österreichische Ironie, um an ein Utopia zu glauben...

---

[1] Zu den vielen Schriften, die diesen Fetischismus zeigen, gehört das Testament Theodor Mommsens (1899), neu abgedruckt bei Alfred Heuss, *Thomas Mann und das neunzehnte Jahrhundert* (Kiel 1956), S. 282–3.

Kaum haben wir das abgesteckt, was unsere drei „Propheten" gemeinsam haben, als auch schon offenbar wird, daß jede der erwähnten Affinitäten eingeschränkt werden muß. Nietzsches Ort in dieser Gemeinschaft ist problematisch. Er kann nicht konsequent, am wenigsten zur Hochblüte der großen philosophischen Systembauer, als ein systematischer Denker vorgestellt werden. Die Lehre vom „Willen zur Macht" nimmt in seinem Denken nicht jene zentrale Stelle ein, welche die Doktrin von der Motivierung durch materielle Interessen im Schema von Karl Marx oder die Doktrin von der sexuellen Motivation in dem Freuds einnehmen. Nietzsches Aufzeichnungen und Pläne zu einer systematischen Philosophie gehören in die letzte Phase seines aktiven Lebens, in die Zeit von etwa 1882 bis 1888. Diese Versuche sind wichtig, ohne jedoch entscheidend zu sein; sie bleiben fragmentarisch. Sie sind nicht der krönende Abschluß seines Denkens (ein schlechter Kritiker, der eine Tragödie lediglich nach ihrem Ausgang beurteilt), obwohl er sie sicher dazu bestimmt hatte. Der Großteil seines Werks verfolgt, wenn auch in der Form gleich, andere Intentionen. Die Problematik des „Systems" beschäftigt ihn auch in den letzten Jahren seines Schaffens: Ein großer Teil dessen, was er schrieb, illustriert die Möglichkeit, der „Wille zur Macht" könnte ein besonderer Name für unsere „Wirklichkeit" sein.[1] Doch was er schrieb, ist zu reich und vielfältig, um unter eine einzige Rubrik zu fallen: Der Schriftsteller geht über den Denker hinaus.

Wenig von dem, was Marx und Freud schrieben, steht vor uns als das Werk einer freien Intelligenz, offen, oh-

---

[1] Die Möglichkeit, daß „der Wille zur Macht" ein besonderer Name für die menschliche Wirklichkeit, für „das Innerste des Seins" sei. *Der Wille zur Macht*, Kröner-Ausgabe, S. 697.

ne den Harnisch des Systems. Jeder von ihnen schreibt, nicht um das Denken und die Freiheit des Denkens einzuführen, sondern um zu überzeugen (Freud), ja, mit Gewalt zu überrumpeln (Marx). Sehr unterschiedliche Fakten und Einsichten werden in eine technische Terminologie gepreßt, deren Hauptvorzug ihre „wissenschaftliche“ Stabilität sein soll und deren hauptsächliche Funktion darin liegt, daß sie ohne Rückgriff auf die Welt der Fakten und unabhängigen Einsichten in der nächsten Argumentationskette verfügbar ist. Daher der gelegentliche Ballast verbalen Gerölls, Marx' und Freuds unangenehme Gewohnheit, den Leser zuversichtlich von einem Werk auf Belegstellen in einem früheren Werk zu verweisen, die dann keineswegs eine größere Gewißheit erbringen. Daher auch die massive Kraft, ja Gewalt ihres Denkens und (allen gegenteiligen Einwänden zum Trotz) der verhältnismäßig unverfälschte Einfluß, den sie auf ihre Anhänger ausgeübt haben. Es gibt wohl Freudianer und Marxisten, Nietzscheaner aber gewiß nicht.

Auch dann, wenn Nietzsche eine durchgehende Ansicht vertritt, und selbst da, wo er eine geschlossene Argumentenreihe aufstellt, beginnt er stets von neuem. Von den dreien ist er der einzige, der nach unbegrenztem Bewußtsein strebt. Dazu gehört auch, daß er auf unvergleichliche Art der literarischste der modernen Philosophen ist (literarisch als Philosoph: nicht, wie Sartre, ein Philosoph, der auch Schriftsteller ist). Seine literarischen Vorbilder sind europäisch, von Montaigne, Pascal und La Rochefoucauld zu G. C. Lichtenberg, Gracians *Handorakel* und Schopenhauers *Parerga* (Heines Einfluß ist anderer Art), doch gehört er ebensowenig zur aphoristischen Tradition wie zu der der Systembauer. Der Effekt immer neuer Anfänge ist Teil der literarischen Wirkung, die er beabsichtigt. Doch gleichzeitig spiegelt dies seine unablässige Besorgnis, frei zu bleiben – nicht nur vom Einfluß anderer, sondern auch von den Fesseln seiner eigenen Vorurteile, Vorsätze und Abneigungen. Diese Besorgnis bildet für einen, der keine Betrachtung ohne Werturteile anzustellen vermag, eine dauernde Herausforderung. Ihm geht es „nur“ um eine spekulative Freiheit, doch als solche ist sie die Existenzbedingung eines Mannes, dessen Leben völlig der Spekulation gehört (wie das Leben Wittgensteins; oder so wie das Leben Rilkes völlig der Dichtung gehört). Diese Freiheit kann, wie wir sehen werden, freudvoll und zugleich erschreckend düster sein.

Der überwältigende Eindruck, den er auf uns hinterläßt, ist nicht einer der Subtilität, der Leichtigkeit oder der Fülle philosophischen Materials oder auch der Einsichten oder der besonderen Rücksichtnahme auf den Leser, sondern es ist ein Eindruck geistiger Energie. Ihn zu lesen ist eine erheiternde Erfahrung; was die Lektüre so anziehend macht, ist nicht immer das, was er sagt – und am wenigsten sind es seine peinlich befangenen Versuche zu homerischem Gelächter und mediterraner Heiterkeit –, sondern es ist das Abenteuer, an der Energie, an der denkerischen Kraft in beinahe jeder Formulierung und jedem neuen Angriff auf ein Problem teilzuhaben. Ein anderer Name für diese Energie könnte Wahrhaftigkeit sein, doch richtet er sein ständiges Fragen nicht nur auf die Wahrheit dieser oder jener Behauptung oder Überzeugung (seiner eigenen oder anderer), sondern auf die Funktion und den Wert der Wahrheit selbst.

Nietzsches Wahrhaftigkeit ist im wesentlichen moderner Art. Da er die Welt in ihrer Fragmentierung erfährt, vermittelt er sie als solche. Indem er alle Vorstellungen von „Sein“ als bloße Mythen entlarvt, zieht er sich auf „Reflexionen“, Notizen, Aphorismen zurück — auf knappe, relativ wenig ausgebreitete Übermittlungen seiner Einsicht in das unstete „Werden“ unserer Welt.

In diesem Sinne scheint er wahrhaftiger — und moderner — als Marx, der die Diskontinuitäten seines Denkens (die von denen Nietzsches nicht so sehr verschieden sind) verbrämte, indem er ihnen ein System von zweifelhaftem Zusammenhalt und Universalität aufzwang. Doch auch Marx' Werk bleibt ein Torso; nicht er war es, der ihm den Namen „historischer Materialismus“ gab. Auch bei Marx zeigt sich die Mannigfaltigkeit der Einsichten in der Unebenheit und der ungezähmten Energie seines Stils. Marx' unbekümmerte Rhetorik — ihre Sprünge und eigenwillige Syntax, ihre unerwarteten Metaphern und gewaltsamen Inversionen, die Wirkung von Worten in einem Absatz, die sich nicht häufen, um einander zu bestätigen, sondern wo jede Aussage die vorhergehende verdrängt und in Zweifel zieht[1] — all dies ist Vorwegnahme *unseres* Argumentierens und (wenn dies auch für die marxistische Kritik Anathema ist): Es gleicht Nietzsches einflußreicher Vorwegnahme eines charakteristisch modernen Denkens und Schreibens. Die Behauptung, unser Zeitalter sei am genauesten in seinen Diskontinuitäten gekennzeichnet, mag sonderbar erscheinen; doch welches andere hat je den Satz geprägt: „Die Welt des Glücklichen ist eine andere als die Welt des Unglücklichen“[2] — eine Ansicht, die all unsere „Propheten“ teilen?

---

[1] Siehe John Bergers Vergleich von Herzen und Marx, in *Selected Essays and Articles* (Harmondsworth 1972), S. 85.

[2] Ludwig Wittgenstein, *Tractatus Logico-Philosophicus,* 6.43.

Marx, nicht Nietzsche, war der höchste Praktiker des „Willens zur Macht"; Nietzsche beschrieb und pries ihn nur. Zuweilen wirft er sich gerne in heroische Posen, doch in Wirklichkeit ist er unbewehrt, schutzlos. Wir wundern uns, wie ein Mensch, der jede Ansicht beinahe in demselben Augenblick bezweifelt und untergräbt, da sie eine haltbare Antwort zu versprechen scheint — ja beinahe, *weil* sie eine haltbare Antwort zu versprechen scheint —, wie so ein Mensch das Denken und das Leben selbst aufrechterhalten kann. Auch Nietzsche wundert sich:

„Ich will das Leben nicht *wieder*. Wie habe ich's ertragen? Schaffend. Was macht mich den Augenblick aushalten? Der Blick auf den Übermenschen, der das Leben *bejaht*. Ich habe versucht, es *selber* zu bejahen — Ach!" (*KSA* X 137; geschrieben 1882–1883, zur Zeit des *Zarathustra*, des „lebenbejahendsten" seiner Bücher)

Er glaubt sicher an die Möglichkeit eines Systems, das keine Verfälschung individueller Wahrheiten mit sich bringen würde, ebenso wie er, um wieder Lichtenberg zu zitieren, an den „gesunden Gelehrten, den Mann, bei dem Nachdenken keine Krankheit ist"[1], glaubt. Er erkennt in einem solchen System das Ziel und die Erfüllung sinnvollen philosophischen Denkens:

„Das müßte etwas sein, nicht Objekt, nicht Kraft, nicht Stoff, nicht Geist, nicht Seele: — aber man wird mir sagen, etwas dergleichen müsse einem Hirngespinste zum Verwechseln ähnlich sehen? Das glaube ich selber: und schlimm, wenn es das nicht täte! Freilich: es muß auch allem andern, was es gibt und geben könnte, und nicht nur dem Hirngespinste zum Verwechseln ähnlich sehn! Es muß den großen Familienzug haben, an dem sich alles mit ihm verwandt wiedererkennt." (*KSA* XI S. 644)

[1] Lichtenberg, *Schriften und Briefe*, D 240.

Doch bezweifelt er, ob „die Zeit“ eines solchen Systems fähig und ob *er* selbst es ist, da er weiß, daß er ein Teil seiner Zeit ist.[1]

Diese historisierende Umkehrung des Denkens ist bezeichnend. Immer wieder werden wir finden, daß er das, was andere als ein fundamentales oder „ewiges“ Problem in Erkenntnislehre oder Ontologie oder Logik gesehen haben, in eine neue psychologische oder historische Überlegung, ein „noch nicht“ oder „nicht mehr“ oder „nicht dieser Mensch“, umbiegen oder zerlegen wird. „Unter diesen Umständen“, „in unserem tapferen neunzehnten Jahrhundert“ gilt seine Wahl der Freiheit neuer Anfänge und der größtmöglichen Klarheit des Ausdrucks. Wieder geht es hier um jene denkerische Energie: Von der flüchtigsten Eintragung ins Notizbuch bis zur bildbeladenen Jugendstilrhetorik des *Zarathustra* ist er unfähig irgendeiner Unklarheit (geschmackliche Mißgriffe und Entgleisungen im Ton sind etwas anderes). Und doch teilt er Hamlets Klage: „Wenn nur meine bösen Träume nicht wären.“ Der Eindruck, den er hinterläßt, ist nicht völlig der eines freien Mannes.

Die Bereiche der persönlichen Erfahrung, der philosophischen Arbeit und des literarischen Ausdrucks treffen sich alle in der Frage nach Nietzsches Freiheit. Er wählt die größtmögliche Freiheit von den Bindungen der Gesellschaft (Familie, Klasse, Nation, Beruf), die ein moderner Europäer erreichen kann — ein Mensch, der ein tiefes Verlangen nach Freundschaft, einem Publikum und auch nach Schülern hat. Er zwingt die Umstände — seine Gesundheit, sein Temperament, das

---

[1] Eine andere Deutung dieser Reflexion bei Jaspers, *Nietzsche*, S. 197f. Unter den vielen Einsichten, die ich diesem Buch verdanke, ist Jaspers' Verständnis von Nietzsches Werk als einem „Philosophieren“.

Scheitern seiner Berufsaussichten —, ihm selbst die Wahl aufzuzwingen. Dies ist sein *amor fati,* die Erfahrung des Lebens, der sein Philosophieren treu sein und die es widerspiegeln soll. Und da ihm diese Erfahrung erstaunlich wenig Einsicht in irgendeine Form von Institutionalisierung — politischer, sozialer oder nationaler Art — gewährt hat, wie können die Gedankengänge seiner Bücher anders sein als unsystematisch, unspezialisiert und unbeschränkt, also doch ein einzigartig freies Unternehmen?

Nietzsche geht es nicht um den Fortschritt des Menschen durch seine Freiheit unter dem Gesetz, sondern um die Freiheit des Menschen. Er schreibt daher in den meisten seiner Reflexionen, als habe es die Französische Revolution nie gegeben und als ob jede Assoziation nichts anderes und nichts Besseres sei als ein Eingriff in die Selbstheit des Menschen, eine Bedrohung seiner natürlichen Behauptung der Unabhängigkeit von all dem, was außer ihm ist. Anders als Marx und Freud glaubt Nietzsche nicht, die Verantwortung des Menschen für das, was er ist, könne auf die Gesellschaft geschoben, durch die Traumata der Kindheit oder irgendwelche andere Mechanismen wegerklärt werden.

Andererseits: Auch wenn Nietzsche eine Schreibweise wählt, die so frei von den Beschränkungen durch konventionellere und größere literarische Formen ist, als dies innerhalb einer begrifflichen Prosa nur möglich ist, ist seine Wahl doch von seiner eigenen Situation, von seinem eigenen Verständnis dieser Situation bestimmt: „Was heute gut, meisterhaft gemacht werden kann, ist nur das Kleine. Hier allein ist noch Rechtschaffenheit möglich“ (*Der Fall Wagner,* 2. Nachschrift). Gewiß ist diese „Rechtschaffenheit“ nicht der einzige Maßstab, an dem wir — und er selbst — sein Philosophieren mes-

sen; bei den philosophischen Baumeistern seines Zeitalters jedenfalls ist sie nicht zu finden.
Doch was ist dieses „heute“, diese „Fatalität des modernen Menschen“? Was sind Nietzsches böse Träume? Er ist ein beinahe freier Mann. Vielleicht könnte er völlig frei sein — er selbst glaubt es wenigstens —, wenn er nicht von dem Gedanken geplagt würde, daß „Gott tot ist“, und von dem Gedanken, daß die Menschen sich so verhalten, als hätten sie „noch nichts davon gehört, daß Gott *tot* ist“ (*Zarathustra,* Vorrede). Dies ist die Situation, in der „das große System“, die Ontologie selbst, nicht mehr möglich ist; in der das ganze denkerische Leben Nietzsches beschlossen ist — hier liegen die Grenzen seiner Freiheit. Diese Bestimmung des Ortes, wo er steht, ist nicht sein „Grunderlebnis“; in der Tat, in jedem Verweis auf eine einzige „fundamentale Erfahrung“ würde er ein Komplott von Fanatikern und Demagogen wittern. Doch jene sensationelle Metapher, „der Tod Gottes“, ist der Horizont, der sein spekulatives Leben — und das ist sein Leben — umschließt.

IV Historisierung einer Idee

Tragödie, Komödie, Historie, Pastorale . . .
(*Hamlet* II, 2)

1

Nietzsche beginnt sein Philosophieren (nach seiner Loslösung von der Philologie) mit einer Auseinandersetzung mit der kulturellen Lage des Kaiserreichs von 1871. Zu den Bestandteilen jenes merkwürdigen Amalgams aus romantischer Mittelalterlichkeit und preußischer Tüchtigkeit, welches im nachhinein das Zweite Reich genannt wurde, gehört ein starkes patriotisches Interesse an der Vergangenheit, unterstützt von einer gewichtigen Tradition historischer Forschung. Wenn Nietzsche im zweiten Stück seiner *Unzeitgemäßen Betrachtungen* (1874) den „Nutzen und Nachteil der Historie für das Leben" untersucht, so stellt schon der Titel seines Aufsatzes eines der kulturellen Axiome der Zeit in Frage — daß die Erforschung der eigenen Vergangenheit das Leben einer bestimmten Gesellschaft stärkt. Trotzdem ist zu fragen, ob diese Betrachtungen wirklich so „unzeitgemäß" sind, wie Nietzsche meint. Denn die gängige Meinung, daß dies die Funktion der Geschichte sein sollte, teilt er uneingeschränkt, und der Großteil seiner Überlegung soll zeigen, wie das historische Bewußtsein sein patriotisches Ziel erreichen kann und warum es so häufig versagt. Die Möglichkeit, daß die geschichtliche Forschung von Intentionen verfälscht werden könnte, die politischer Art sind, erwähnt er nicht. Da er keine Unterscheidung trifft zwischen den Bedürfnissen individueller Menschen einerseits und den Interessen von Gesellschaften und Staaten andererseits, erkennt er den „historischen Sinn“ nicht als einen politischen Faktor an, sondern sieht in ihm einen Aspekt der Kultur individueller Menschen. Sie allein sind es, die zählen. Ein Volk oder Staat ist nicht mehr als die „Massen“ (*Unzeitgemäße Betrachtungen,* II § 9), die von einigen großen Männern geführt werden.

Die Förderung des Menschen „in seinen höchsten Exemplaren“ ist das Endziel der Menschheit (§ 9). (Die Definition dieser „höchsten Menschen“ wird uns später beschäftigen.) Daraus folgt, daß, was immer die Vitalität und den Lebensdrang großer Männer erhöht, als die richtige Art historischer Erkenntnis propagiert werden muß. Und es folgt ebenfalls, daß das Streben der akademischen Geschichtswissenschaft nach Vollständigkeit, ihre Beschäftigung mit einer endlosen Anhäufung faktischer Einzelheiten und ihr Ideal kalter, unparteiischer Objektivität in Konflikt geraten müssen mit den „Bedürfnissen großer Männer“, die der Förderung der Menschheit dienen. Wahrheit ist nicht Objektivität, sondern der Wille zur Gerechtigkeit (§ 6), und historische Gerechtigkeit bedeutet eine Beurteilung der Vergangenheit gemäß ihrem Beitrag zur menschlichen Größe. Die Forderung nach historischer Objektivität muß hinter der Forderung nach dieser Art von „Gerechtigkeit“ zurückstehen, die nur von Richtern zuerkannt werden kann, die „über“ denen stehen, die zu richten sind. Daher sind „Nutzen und Nachteil der Historie *für das Leben*“ völlig abhängig vom Charakter des Historikers. Und dessen Werk hat das Axiom zu veranschaulichen: „Die Geschichte wird nur von starken Persönlichkeiten ertragen, die schwachen löscht sie vollends aus“ (§ 5).

Die Geschichte stärkt das Leben dort am meisten, wo sie in churchillscher Art als die Geschichte großer Männer mit heroischen Idealen und einer monumentalen Fähigkeit zum Selbstopfer im Dienste dieser Ideale erscheint. Nietzsche stellt solche Männer nicht nur als Beispiel für die vor, die nach ihnen kommen, sondern als die Schöpfer einer geistigen und kulturellen Atmosphäre (§ 7), des „menschlichen Horizonts", der einer bestimmten Gesellschaft gemäß ist und ohne den keine Gesellschaft oder Kultur existieren und gedeihen kann (§ 1). Dieser Horizont besteht aus den vitalen Überzeugungen und Ideen der Menschen und aus den Mythen, in denen diese Überzeugungen und Ideen sich ausdrükken; und die Menschen — oder die Mehrzahl von ihnen — sind zu Unfruchtbarkeit, Mittelmäßigkeit und Tod verurteilt (und Mittelmäßigkeit ist für Nietzsche eine Art von Tod), wenn dieser Horizont, diese „Atmosphäre", dieser geheimnisvolle „Dunstkreis" beschädigt oder zerstört wird.

Hier, wie so oft, berührt sich Nietzsches Kulturkritik mit unserem eigenen ökologischen Denken: Wir können seine ursprüngliche Metapher in Analogie setzen zu der Ionosphäre, welche die Erde umgibt und die, wenn sie beschädigt oder verändert wird, unser Leben in all seinen Aspekten in Mitleidenschaft ziehen wird. Es besteht kein Zweifel, daß Nietzsche die Macht von Ideen niemals geringer einschätzt als die physischen Kräfte und daß er beide oft als zusammenhängend sieht. Daher ist unsere Metapher aus der modernen Ökologie nicht so anachronistisch, wie es scheinen mag. Wie Hölderlin und Novalis vor ihm sieht Nietzsche die Zerstörung des physischen Horizonts als unmittelbare Folge des Zusammenbruchs religiöser oder philosophischer Ideen.

Zwei Arten von Ideen drohen die „menschliche Atmosphäre" zu zerstören: die eine, weil sie als wahr akzeptiert, die andere, weil sie als unwahr erwiesen wird. Zur ersteren gehört die Beschäftigung einer dekadenten Gesellschaft mit ihrer Vergangenheit (an der Vorstellung, daß vergangene Größe die Gegenwart in den Schatten stellt, ist gewiß nichts so Mysteriöses).

Doch was geschieht mit dem Leben, wenn das Bild oder die Ideen einer heroischen Vergangenheit sich als unwahr erweisen? Wenn sich die Vergangenheit als das ganz und gar unheroische Produkt des „Geistes der Rache und des Ressentiments" erweist? Die menschliche Geschichte, von diesem Geist durchdrungen, erscheint nunmehr als eine Reihe von Reaktionen der Schwachen und „Schlechtweggekommenen", die auf verschiedene subalterne Weisen sich denen widersetzen und an denen Rache nehmen, die von Natur aus mit Edelmut und festen Vorsätzen ausgestattet sind. Die „Schlechtweggekommenen" tun dies — es ist ihre einzige Art des Selbstschutzes —, indem sie ihre eigene Skala der Werte (oder eher „Unwerte") errichten, ihre eigene Moral, die sie dann mit Hilfe von Erpressung den Aristokraten an Leib und Seele aufzwingen. Was bleibt von der Erhöhung des „Lebens" übrig, wenn wir feststellen, daß dies der Ursprung *aller* Moral ist, daß auch der Begriff „Gewissen" ein Erzeugnis des Geistes der Furcht und des Ressentiments ist? Wenn wir im Verlauf unserer historischen Forschungen entdecken, daß die metaphysischen und religiösen Überzeugungen einer vermeintlich heroischen Gesellschaft fiktiv, bloß Teil ihres menschlichen Horizonts sind?

Bleibt etwas anderes übrig vom Glanz der menschlichen Geschichte außer einem tragikomischen Schauspiel, das sich vor einem Publikum nicht existierender

Götter abspielt?[1] Nietzsche steht vor der destruktiven Schlußfolgerung: Wird die Geschichte auf dem Weg der Wissenschaft als das erkannt, was sie ist, als Fiktion, und die Fiktion als das, was *sie* ist, nämlich eine Lüge, dann wird die Geschichte ihres „Nutzens für das Leben" beraubt.

Einige dieser Fragen führen uns über „Vom Nutzen und Nachteil der Historie" hinaus zu den moralisch-existentiellen Büchern der mittleren und letzten Perioden Nietzsches. Doch sollen sie schon hier erwähnt werden, weil sie in den zwei grundsätzlichen Fragen ihren Ursprung haben, die in diesem frühen Aufsatz behandelt werden: Ist ein Leben möglich ohne die Tröstungen und den Schutz einer Mythologie, ob sie nun „Kirche" oder „Geschichte" oder „Hegelianismus" heißt (§ 8)? Und, allgemeiner, gibt es Wissen (z. B. historisches oder gleich welcher Art), nach dem man nicht streben sollte, weil es dem „Leben" schädlich ist, und ist es möglich, Regeln zu ersinnen — eine „Gesundheitslehre des Lebens" (§ 10) —, nach denen dem Streben nach solchem Wissen Grenzen gezogen werden können?

Viele dieser Fragen begleiten Nietzsche bis ans Ende seines Werkes. Einerseits gelang es ihm nie, eine solche „Gesundheitslehre" selbst andeutungsweise zu entwerfen — seine Argumente kommen nie über die tautologische Behauptung hinaus, daß diejenigen, die den Geist des wahren Lebens besitzen, dank dieses Geistes (oder durch Instinkt) wissen, was sie nicht zu wissen haben. Andererseits kommt es bei ihm zu keiner kritischen Auseinandersetzung mit der hinter diesen Fragen ste-

[1] G. P. Grants Canadian Broadcasting Company Maney Lectures, *Time as History* (Toronto 1969), enthalten eine genaue und einfühlsame Erforschung der meisten dieser *topoi* Nietzsches.

henden Frage — inwiefern es hier um verbale Pseudoprobleme geht, die aus der Hypostasierung der Begriffe „Leben“ und „Wissen“ entstehen, und inwiefern hier echte existentielle Fragen liegen. So überrascht es auch nicht, daß Nietzsche in seiner Praxis als philosophischer Frager seine eigene Warnung nicht befolgt. In seinen Betrachtungen wird keine „Gesundheitslehre des Lebens“ berücksichtigt, keine Hypothese als schädlich verbannt, keine Grenzen werden der Historisierung der Überzeugungen eines Zeitalters auferlegt: Das Denken selbst — nicht das „Leben“ — bildet die Grenze seines Denkens.

2

Am Anfang seines nächsten Werkes *Menschliches, Allzumenschliches* (1878) schreibt Nietzsche:

„Mangel an historischem Sinn ist der Erbfehler aller Philosophen; manche sogar nehmen unversehens die allerjüngste Gestaltung des Menschen, wie eine solche unter dem Eindruck bestimmter Religionen, ja bestimmter politischer Ereignisse entstanden ist, als die feste Form . . . Alles aber ist geworden; es gibt *keine ewigen Tatsachen:* so wie es keine absoluten Wahrheiten gibt. — Demnach ist das *historische Philosophieren* von jetzt ab nötig und mit ihm die Tugend der Bescheidung.“ (I/1 § 2)

Und in einer Notiz aus derselben Zeit:

„Was uns ebenso von Kant wie von Plato und Leibniz trennt: wir glauben an das Werden allein auch im Geistigen — wir sind *historisch* durch und durch — Die Denkweise Heraklit's und Empedokles' ist wiedererstanden.“ (*Mus* XVI S. 9).

„Historisches Philosophieren“ ist also eine der Hauptmethoden Nietzsches, um die Überzeugungen und

Ideen einer bestimmten Gesellschaft zu untersuchen, die für ihn stets die Überzeugungen und Ideen ihrer großen Männer sind. (Die andere ist die „psychologische" Methode, die Methode „meines bösen Auges", die nach den verborgenen Motiven sucht.) In dieser Hinsicht weiß Nietzsche, daß er selbst und sein Zeitalter tief vom historisierenden Denken Hegels beeinflußt ist (auch wenn er den Gedanken ablehnt, die Welt der Geschichte habe ihren Höhepunkt in dem Moment erreicht, als Hegel seinen Lehrstuhl in Berlin bezog; *Unzeitgemäße Betrachtungen,* II § 8).
Im Folgenden soll gezeigt werden, wie dieses „historische Philosophieren" auf eines der großen philosophischen Themen angewandt wird. Das Beispiel, das hier gewählt wurde, stammt aus *Götzen-Dämmerung* (1888), einem von Nietzsches letzten Büchern, in dem jene intellektuelle Energie, die wir an ihm priesen, noch ungemindert aufleuchtet.

In einer Skizze mit der Überschrift

„Wie die ‚wahre Welt' endlich zur Fabel wurde"

und dem Untertitel „Geschichte eines Irrtums" präsentiert Nietzsche die Geschichte des Platonismus[1] in sechs Abschnitten (*Götzen-Dämmerung,* III):

1. „Die wahre Welt, erreichbar für den Weisen, den Frommen, den Tugendhaften, — er lebt in ihr, *er ist* sie. (Älteste Form der Idee, relativ klug, simpel, überzeugend. Umschreibung des Satzes ‚Ich, Plato, *bin* die Wahrheit'.)"

---

[1] Eine andere Interpretation derselben Skizze bei M. Heidegger, *Nietzsche* (Pfullingen 1961), Bd. I, S. 234–42. Heidegger behauptet wiederholt (und nimmt es dann als ausgemacht an), Nietzsche meine, wenn er die Möglichkeit einer Erreichung der „Wahrheit" verneint, eine metaphysische oder religiöse oder platonische Wahrheit („eine der ewigen Wahrheiten"). Ich hoffe (Kap. X) zu zeigen, daß in bestimmten wichtigen Passagen Nietzsche „Wahrheit" jeglicher Art meint.

In diesem Abschnitt ist die „wahre“ oder metaphysische Welt identisch mit der Welt, in der die Menschen leben; allerdings nicht alle oder irgendwelche Menschen, sondern nur die Auserwählten. (Das Gefühl kosmischer Einheit — „er ist sie“ — ist also im Grunde eine moralische oder sonstwie hervorragende Eigenschaft.) Wenn Nietzsche sagt, daß der tugendhafte Mann diese Welt *ist* und daß Plato die Wahrheit *ist,* so will er nicht nur den persönlichen Charakter des Begriffs „Wahrheit“ betonen, sondern auch die Zugänglichkeit und Erreichbarkeit des „Metaphysischen“ für den Menschen zu einem gewissen Augenblick in der Geschichte; er will ein Zeitalter darstellen, dessen religiöse „Ideale“ nicht fern und „transzendent“ sind, sondern immanent, der Menschenwelt innewohnend. Die „wahre Welt“ ist nicht eine „platonische“ Idee, sie ist auch nicht — noch nicht — zu einem Gegenstand metaphysischer Doktrin entfremdet: Es ist die Welt Platos, nicht die des Platonismus.

2. „Die wahre Welt, unerreichbar für jetzt, aber versprochen für den Weisen, den Frommen, den Tugendhaften (‚für den Sünder, der Buße tut‘). (Fortschritt der Idee: sie wird feiner, verfänglicher, unfaßlicher — *sie wird Weib,* sie wird christlich.)“

Diesen „Fortschritt der Idee“ sieht Nietzsche durchaus nicht positiv. In diesem Abschnitt ist das wahre Sein oder die „wahre Wirklichkeit“ (alles was für den Menschen wahr oder „wirklich real“ ist) aus dieser Welt gestoßen worden, bis an den letzten Rand, den der Mensch gerade noch erreichen kann. Die sinnliche Welt ist nicht mehr die sinnvolle Welt — der Sinn der Welt ist „jenseits“. Nun, diese neue Situation erlaubt ein feineres, „subtileres“ Bewußtsein des Ungreifbaren und lediglich Versprochenen, doch dies rückt die Idee der „wahren Welt“ als den Hort aller sicheren Werte in eine entfernte und erotisch verlockende Perspektive. Diese Ausstoßung der „wahren Welt“ identifiziert Nietzsche (wie Hölderlin vor ihm) mit der Ankunft des Christentums, und unter ihren Folgen sieht er das Erstehen einer neuen Moral — einer Moral nicht von der alten aristokratischen Art, deren Grundmuster „gut“ und „schlecht“ war, sondern einer religiös sanktionierten, sklavischen Art, der Moral von „gut“ und „böse“. Das grammatische Spiel mit dem Begriff „*die* Idee“ scheint rein willkürlich, von zweifelhaftem Geschmack. Doch diese Thematisierung des „Weiblichen“ ist bezeichnend für die Art, wie Nietzsche das philosophische Argument von einem physiologischen, das Geistige vom Körperlichen, das Abstrakte vom Konkreten begleiten läßt.

Stilistische Inkarnationen dieser Art sind häufig peinlich. Diese Peinlichkeit schärft jedoch die Aufnahmefähigkeit, wir erkennen sie als Versuche Nietzsches, der Reflexion Leben einzuhauchen und die Zweiheit von Körper und Seele in Frage zu stellen.

3. „Die wahre Welt, unerreichbar, unbeweisbar, unversprechbar, aber schon als gedacht ein Trost, eine Verpflichtung, ein Imperativ. (Die alte Sonne im Grunde, aber durch Nebel und Skepsis hindurch; die Idee sublim geworden, bleich, nordisch, königsbergisch.)“

„Aber schon als gedacht[e]“: In dieser Darstellung der Kantschen („königsbergischen“) Neuinterpretation des Platonismus ist die „wahre Welt“ noch weiter entfernt von der Welt der Sinne. Da (zu jenem geschichtlichen Zeitpunkt) in dieser Idee nun die Welt und alles Denken beruhen und sie daher Grund, aber nicht Gegenstand des Denkens ist, bietet „die Idee“ „Trost“ für die Abwesenheit von Wahrheit und Gewißheit aus der sinnlichen Welt; sie bietet eine „Verpflichtung“, den Geboten zu gehorchen, welche die Transzendenz, „schon als gedacht“, dem Menschen auferlegt; und sie bietet einen „Imperativ“, d. h. das moralische Gesetz, das Kant als eine Forderung der praktischen Vernunft verstanden hatte und so als die einzige Ausnahme von der Regel, daß die Vernunft nie über ihre eigenen transzendenten Grundlagen nachdenken kann. Die Welt, die in diesem dritten Abschnitt abgebildet wird, ist die kalte und grimmige protestantische Welt, die Heinrich Heine in seinen komischen Anekdoten über den cholerischen Martin Luther und die kalten Tröstungen der Reformation verspottet hatte. In dieser Welt herrscht jene Abstraktheit, in der Nietzsche den Ursprung der modernen Wissenschaft sieht.

4. „Die wahre Welt — unerreichbar? Jedenfalls unerreicht. Und als unerreicht auch *unbekannt*. Folglich auch nicht tröstend, erlösend, verpflichtend: wozu könnte uns etwas Unbekanntes verpflichten? . . . (Grauer Morgen. Erstes Gähnen der Vernunft. Hahnenschrei des Positivismus.)“

Wir nähern uns nun Nietzsches eigenem Zeitalter, dem nachkantianischen neunzehnten Jahrhundert, das die Tröstungen religiöser Metaphysik nicht mehr länger akzeptiert, — nicht länger annehmen sollte. Mehr als einmal hat Nietzsche den deutschen Idealismus als Ersatzreligion „entlarvt“. (In *Ecce homo*, XIV § 3, schreibt er: „Die Deutschen sind in die Geschichte der Erkenntnis mit lauter zweideutigen Namen eingeschrieben, sie haben immer nur ‚unbewußte‘ Falschmünzer hervorgebracht — Fichte, Schelling, Schopenhauer, Hegel, Schleiermacher gebührt dies Wort so gut wie Kant und Leibniz; es sind alles bloße Schleiermacher —.“)
Es scheint daher so, als begrüße Nietzsche dieses neue Zeitalter mit seiner Illusionslosigkeit und den ersten

Regungen eines energischen, in sich geschlossenen Rationalismus: Ist es nicht tapferer, rauher, aber auch ehrlicher als das weibische achtzehnte Jahrhundert (*KSA* I S. 612–614), das Zeitalter eines transzendent gepolsterten Rationalismus? Und doch ist nichts Enthusiastisches an dem Bild, mit dem die Beschreibung dieses Abschnitts schließt.

5. „Die ‚wahre Welt' — eine Idee, die zu nichts mehr nütz ist, nicht einmal mehr verpflichtend — eine unnütz, eine überflüssig gewordene Idee, *folglich* eine widerlegte Idee: schaffen wir sie ab! (Heller Tag: Frühstück; Rückkehr des *bon sens* und der Heiterkeit; Schamröte Platos; Teufelslärm aller freien Geister.)"

Ist sie ein Bild von Nietzsches eigenem Zeitalter oder der Zukunft? Die Spinnweben aller Transzendentalismen sind weggeblasen, die Menschen können sich nun auf das Zeugnis ihrer Sinne allein verlassen, die Schlacht der Vernunft ist geschlagen und gewonnen; mehr als das: So vollständig war der Sieg, daß kein Groll oder Rachegefühl, keine Angriffslust zurückbleiben. Die historisierte Idee wird nun ersetzt durch jene Zeit der „Heiterkeit", die in Nietzsches späteren Werken zunehmend als der eine und einzige Wert erscheint, den man dem ehrenvollen, doch freudlosen „Geist der Schwere" entgegensetzen kann. Wenn diese Betrachtung das ist, was sie zu sein vorgibt — eine realistische Darstellung von Nietzsches eigenem Zeitalter oder zumindest der Zukunft, die ihre Wurzeln in diesem Zeitalter hat; ein Entwurf des Akts der Befreiung, der aus Nietzsches Schriften folgen soll —, warum nicht hier und jetzt ein Ende machen? Warum machen „alle freien Geister" solch einen Höllenlärm? Ist die historisierte Idee nun doch nicht gänzlich zurückgewiesen worden?

6. „Die wahre Welt haben wir abgeschafft: welche Welt blieb übrig? die scheinbare vielleicht? . . . Aber nein! *mit der wahren Welt haben wir auch die scheinbare abgeschafft!* (Mittag; Augenblick des kürzesten Schattens; Ende des längsten Irrtums; Höhepunkt der Menschheit; *incipit Zarathustra*.)"

Nietzsche schreibt nicht mehr: „Wir haben die ‚wahre Welt' abgeschafft." Die Widerlegung der platonischen Idee soll einen Zusammenbruch der gesamten Terminologie religiöser und metaphysicher Antithesen zur Folge haben: Es soll weder eine Erscheinung noch eine Wirklichkeit im Gegensatz zu dieser Erscheinung postuliert werden (analog zu dieser Kritik an dem platonischen Dualismus greift Nietzsche in *Jenseits von Gut und Böse,* 1886, zugleich mit dem Begriff des „Bösen" auch jenen antithetisch daraus entstandenen Begriff des „Guten" an). An diesem höchsten Punkt in der Geschichte des Menschen, wenn auch die Antithese zwischen dem Sinnlichen und dem Übersinnlichen beseitigt ist, erscheint Zarathustra; und mit ihm kommt die Herrschaft des Übermenschen, dessen Liebe zur Erde alles rechtfertigen wird.

Oder doch nicht? Eine tragische Zweideutigkeit haftet an der Formulierung jenes letzten Abschnitts. „Incipit Zarathustra" ist ein Widerhall von „Incipit tragoedia" — des Eingangssatzes des letzten Stückes des vierten (und provisorisch letzten) Buches von *Die fröhliche Wissenschaft* (1882), das wiederum wörtlich als der Anfangsabschnitt von *Also sprach Zarathustra* (I, 1883) wiederholt wird. Die „Tragödie", die nun beginnt, erzählt von Zarathustras Selbstopfer und Abstieg unter die Reihen der Menschen („menschlich, allzumenschlich die Besten von ihnen") und also implizit („Als Zarathustra dreißig Jahre alt war ...") auch vom sich selbst opfernden Abstieg Christi. Wenn wir, diesen Widerhall im Ohr, noch einmal den Satz betrachten, mit dem die Skizze des letzten Abschnitts begann — „Die wahre Welt haben wir abgeschafft: welche Welt blieb übrig?“ —, dann erkennen wir eine radikal andere Bedeutung. Was hier ausgedrückt wird, ist nicht mehr die Freude an einer intellektuellen und damit existentiellen Befreiung, sondern ein Gefühl der Enteignung und des Verlustes; der „Mittag“ wird nun zu dem Augenblick, da die unbarmherzigen Strahlen der Sonne jede Finsternis durchbohren, jeden Schlupfwinkel alter Frömmigkeiten und göttlichen Trostes entdecken; und Zarathustra, der heitere Lehrer der Lehre vom Übermenschen, wird zum Propheten des Untergangs.

Die beiden Bedeutungen des letzten Abschnitts heben sich nicht auf, sie sind in einer Zweideutigkeit verzahnt, die ungelöst bleibt. Was soll nun die Zukunft und das Schicksal der Menschheit sein? Das heitere Leben von Geistern, die befreit sind von alten Illusionen und trügerischen Tröstungen, oder eine Welt ohne jeglichen Zweck und Sinn, die ewige Herrschaft des Nihilismus? Von aller Metaphysik befreit, wird die Welt freudvoller werden? Oder war „das Ressentiment der Metaphysiker gegen das Wirkliche“ ein *schöpferischer* Akt (*Wille zur Macht,* § 579), so daß schließlich die Metaphysik doch eine Quelle von „Wirklichkeit“ wird? Und hat der Mensch durch die Zerstörung der Metaphysik seinen eigenen Horizont und seine Welt zerstört? Oder hängt die Frage von jenem „Werde, der du bist“ ab, also davon, was der Fragende ist und zu werden vermag?

V Abriß eines Buches

... hat es doch Methode. (*Hamlet* II, 2)

So aphoristisch, fragmentarisch und vorläufig (eher als systematisch, didaktisch und endgültig) Nietzsches Denken auch sein mag, er wandte sich an sein Publikum in der Form einzelner thematisch angelegter Bücher. Eine jede kohärente Darstellung seines Werkes, darunter auch diese, ist auf Zusammenstellungen von Zitaten angewiesen. Wird bei jedem Strang seines Denkens die Chronologie berücksichtigt, so braucht ein solches Verfahren nicht irreführend zu sein. Doch auch wenn diese Auszüge angemessen in seiner philosophischen Entwicklung eingeordnet werden, vermag diese Methode nicht die eigentliche Form eines seiner Bücher zu übermitteln — die Zusammenhänge und Ungleichheiten, die eigenwilligen, scheinbar willkürlichen Wendungen seines Denkens. Um dies zu tun und etwas wie einen Querschnitt durch sein Denken zu erhalten, so daß mehrere Stränge davon — das Brillante und das Absurde, das Subtile und das Grobe — deutlich werden, soll dieses Kapitel die Argumente eines einzigen Werkes nachzeichnen; dabei wird die Reihenfolge, in der sie erscheinen, zuweilen verändert werden, doch sollen sich die kritischen Eingriffe lediglich auf Auswahl und Betonung beschränken und einige Verbindungen zwischen den einzelnen Betrachtungen innerhalb eines jeden Abschnitts von Nietzsches Buch herstellen. Ferner soll so der Eindruck erhalten bleiben, daß es sich auch hier wieder um eine Auswahl handelt und andere Anordnungen durchaus möglich sind.

Jenseits von Gut und Böse wurde gewählt, weil es in vieler Hinsicht das reichste und am konsequentesten ausgeführte, ja das *vielseitigste* Buch ist, das Nietzsche selbst veröffentlichte, und weil es mit besonderer Klarheit die Spannweite seines Denkens während seiner reifsten Zeit zum Ausdruck bringt. Alle wichtigen Themen seines Philosophierens werden hier angeschlagen, doch der Nachdruck liegt auf ihrer existentiellen und (was zu beweisen ist) moralischen Bedeutung; sie überschreiten häufig die Schwelle des Metaphysischen, doch sie verweilen dort nicht. In diesem Sinne ist das Buch ein Sprungbrett für die große Kosmologie der Zukunft, das metaphysische Projekt des *Willens zur Macht*.

Jenseits von Gut und Böse wird im August 1883 begonnen, zur Zeit des zweiten Teiles von *Also sprach Zarathustra,* und erst zwei Jahre später, nach dem Sommer 1885, vollendet. Während jenes Sommers hatte Nietzsche den ersten drei Büchern des *Zarathustra* — in der Gluthitze philosophischer Reflexion — ein viertes, weniger spontanes, als Abschluß hinzugefügt — allerdings unter Zögern, da er ursprünglich eine gewichtigere Fortsetzung geplant hatte. *Zarathustra* ist sein einziger Versuch einer Mythenschöpfung — *Jenseits von Gut und Böse* steht in Ton und Art in schroffem Gegensatz dazu. Nietzsche selbst sah das unmittelbar darauffolgende populärere *Zur Genealogie der Moral* (1887) als einen ergänzenden und erläuternden Teil des Buchs, doch scheint das spätere Werk die besten Gedanken des früheren eher zu vulgarisieren und zu karikieren. Das Datum der Vollendung von *Jenseits von Gut und Böse* ist bezeichnend: Die denkerische Anstrengung (die größte seit Plato? § 191) ist voll unter Kontrolle. Um auf Kierkegaards Bild zurückzukommen: Die

Frucht hängt nicht länger im „Spinngewebe" des Anlasses, doch ist es noch Zeit bis zur Fäulnis.

1. Unter den *Vorurteilen der Philosophen*[1] findet sich die merkwürdige Behauptung, der Wert der „Wahrheit als solcher" müsse als gesichert gelten und brauche nie in Frage gestellt zu werden. Werte wurden stets im Gegensatz zueinander gesehen (Wahrheit *gegen* Falschheit; Wahrhaftigkeit *gegen* Lügenhaftigkeit; Selbstsucht *gegen* Uneigennützigkeit usw.). Doch die Möglichkeit, daß solche Antithesen illusorisch seien, müsse nun in Betracht gezogen werden. Mehr als das: Philosophen müßten bereit sein, die Tatsache zu erwägen, daß Wahrheit oft von Falschheit abhängig sei (die eine aus der anderen entstehend), und auch die Möglichkeit, daß der lebenssteigernde und lebensbewahrende Wert der Falschheit dem Wert der Wahrheit überlegen sei. Das Leben — oder „die Art" — bedient sich ungezählter Instinkte und Mittel zum Zweck seiner Erhaltung, und Philosophie — die „Suche nach Wahrheit" — ist nur eines davon. Unter gewissen Umständen — denen des modernen Europa zum Beispiel — kann sich „der Wille zur Wahrheit" als selbstmörderisch erweisen, ist er ein Zeichen der Dekadenz. Ein grobes, plebejisches Zeitalter — das Zeitalter der „Maschinisten und Brükkenbauer" (Spenglers Schatten!) — besitzt nur eine grobe, sinnliche, greifbare Vorstellung von Wahrheit; die „blassen kalten grauen Begriffs-Netze", die die platonischen Philosophen über die farbige Erscheinungswelt geworfen haben, entsprachen der Erkenntnis in einem subtileren, aristokratischeren Zeitalter.

---

[1] Numerierung und Überschriften dieser Abschnitte stammen von Nietzsche selbst.

Moral — oder „Wille zur Wahrheit" — ist die Lehre von der Verteilung der Macht unter den Menschen gemäß ihrem „Willen" oder der „Handlung des Willens". „Der Wille" ist bei weitem nicht jenes selbstverständliche Ding, wie es Schopenhauer sah, und die Tatsache, daß der gewöhnliche Wortgebrauch eine Vielfalt psychischer Erscheinungen mit *einem* Namen bezeichnet, soll uns nicht verleiten, „den Willen" als ein einzelnes Ding anzunehmen. Im Gegenteil: Befehl, Gehorsam, eine Vielfalt von Gefühlen wie auch die materiellen Möglichkeiten, die bei einer wirksamen Handlung mitspielen, gehören zu seinen konstitutiven Bestandteilen. Und der „freie Wille", für den Kant übermäßige Ansprüche aufstellt, ist lediglich das angenehme Gefühl, andere zu zwingen, ohne selbst gezwungen zu werden.

Logik und Quantifizierung; das Postulat eines denkenden „Ich", gesetzt nur durch die verbale Form des „cogito, ergo sum"; auch Kants synthetische Urteile *a priori* (darunter das Gesetz der Kausalität) — sie alle sind Erfindungen, die sich als Entdeckungen ausgeben, ohne die das Leben nicht möglich wäre.[1] (Die Frage, die zu stellen wäre, lautet nicht: Wie sind synthetische Urteile *a priori* möglich? sondern: Warum sind sie nötig?) Diese philosophischen Fiktionen sind völlig willkürlich. Eine „wunderliche Familien-Ähnlichkeit alles indischen, griechischen, deutschen Philosophierens" hat sich entwickelt unter „der unbewußten Herrschaft und Führung durch gleiche grammatische Funktionen"; begründet ist diese Familienähnlichkeit in einer übergreifenden Verwandtschaft der indogermanischen Spra-

[1] Vgl. G.C. Lichtenbergs berühmte Betrachtung: „*Es denkt,* sollte man sagen, so wie man sagt: *es blitzt.* Zu sagen *cogito,* ist schon zu viel! Sobald man es durch *Ich denke* übersetzt. Das *Ich* anzunehmen, zu postulieren, ist praktisches Bedürfnis." A.a.O., Bd. II, S. 412 (K 16).

chen, die „schließlich“ von gemeinsamen rassischen Bedingungen und von Werturteilen abhängig ist, die ihrerseits physiologischen Grundlagen entstammen. Doch Nietzsche besteht darauf, daß die Verbindung zwischen Werturteilen und ihren materiellen Grundlagen nicht die einer simplen Kausalität ist, sondern sich eher in Begriffen wie „Herrschaft“ und „Führung“ ausdrückt. Dies sind auch die Grundlagen (so fährt er fort), aus denen heraus die starke Persönlichkeit handelt; darüber hinaus bleibt Nietzsches Alternative zur Kausalität unbestimmt. Alles Reden von „causa sui“, „freier Wille“ *und* Determinismus, sind mythologische Erfindungen, „Verdinglichungen von Begriffen“, welche die Persönlichkeit des Mythenschöpfers, nicht die wahre Natur der Welt enthüllen. Wir können gewiß gültige Wertunterscheidungen treffen, doch die Form, die sie annehmen, ist eine Reihe subtiler Abstufungen, ein Spektrum, das sich zwischen den Menschen starken Willens und den Schwachen erstreckt — denen, die mit Stolz die Verantwortung für andere übernehmen und denen, die persönliche Verantwortung durch „sozialistisches Mitleid“ ersetzen. (Hier und an anderer Stelle wird „Sozialismus“ generalisiert und abstrakt als eine *per definitionem* blutleere Doktrin gesehen.) Naturgesetze, nach der Analogie menschlicher Gesetze konstruiert, sind Interpretationen und Adaptionen einer grundsätzlich gesetzlosen Wirklichkeit, dazu bestimmt, die Wirklichkeit für unsere „demokratischen Instinkte“ erträglich zu machen. Alle Gesetze, menschliche oder Naturgesetze, sind Manifestierungen eines „Willens zur Macht“: Alle Gesetze sind bloß Deutungen dieses „Grundtextes“. „Der Wille zur Macht“ ist das leitende Prinzip einer jeden Psychologie, die sich nicht scheut, die vollen Folgen ihrer Entdeckungen zu tragen, darunter die Möglichkeit, daß (entgegen den Vorurteilen der Philosophen) Haß, Neid, Habsucht und Herrschsucht notwendige und fundamentale Bestandteile des „Gesamt-Haushaltes des Lebens" sein könnten. Doch, fragte Nietzsche, gibt es so ein Ding wie den „Willen"? Ist die Vorstellung von den „Naturgesetzen" mehr als eine Metapher, noch dazu eine unklare Metapher? Hier wird, wie an so vielen anderen Stellen, ein erster Schritt in Richtung auf eine wittgensteinsche Kritik gemacht, doch nicht weiter ausgeführt; Nietzsche ist nicht bereit, sein Philosophieren *einer* Perspektive — *sub specie linguae* — anzuvertrauen.

2. Wer sind die *freien Geister?* Nietzsches zentrale Begriffe in diesem Abschnitt sind „die Philosophen" und „die Wahrheit", und diese Begriffe enthalten stark metaphysische Beiklänge. Wie stets werden auch sie weitgehend durch ihr Gegenteil definiert.
Der „Wille zum Nicht-Wissen" ist fundamentaler als der „Wille zum Wissen". Jenes geringe Maß an Wahrheit, das die Philosophen erfahren können, braucht keinen persönlichen Zeugen. Im Gegenteil, alles peinvolle Martyrium für die Sache der Wahrheit spricht ihre schlechtesten Seiten an — ihre raffinierte Rachsucht und ihren Neid, ihre Verstellungskünste und heimliche Demagogie. Die Auserwählten (unter den Menschen und Philosophen) brauchen ihre Kraft (= den „Willen") nicht nur, um die Einsamkeit zu ertragen, zu der sie ihre Aufgabe verurteilt, sondern auch, um diesen Willen positiv zu erfahren, als eine Auszeichnung. „Ekel, Überdruß, Mitgefühl, Verdüsterung, Vereinsamung" sind es, was sie in der Gesellschaft der „Durchschnittsmenschen" erfahren, doch ist es eben dieser „Durchschnittsmensch", der den Gegenstand ihres Stu-

diums bilden muß. Maskierung und Selbstüberwindung und vor allem Zynismus sind erforderlich, um seine Gesellschaft auszuhalten. Die Zyniker aber (Männer wie der Abbé Galiani und der weniger tiefsinnige Voltaire) sind nichts anderes als „der Durchschnittsmensch"; zusätzlich mit Selbsterkenntnis und Geschwätzigkeit ausgestattet, bieten sie den „Auserwählten" den kürzesten Weg zur Kenntnis des Ärgsten im Menschen. (Durch die Erwähnung der „Zyniker" angeregt, folgt nun ein literarisches Intermezzo: Das *„allegrissimo"* der Prosa Machiavellis und das *„presto"* des Petronius — meint Nietzsche — sind die geeigneten Medien für diese Wahrheit über das Leben, welche die deutsche Prosa mit ihrem „Gravitätischen, Schwerfälligen, Feierlich-Plumpen" und mit „allen langwierigen und langweiligen" Gattungen nicht übermitteln kann, nicht einmal durch Goethes Feder.) Alle hierarchisch geordneten, nicht egalitären Zivilisationen unterscheiden zwischen dem gewöhnlichen, exoterischen Wissen, das allen zur Verfügung steht (der kleine Mann ist übelriechend wie seine Bücher und seine Kirchen), und einem esoterischen Wissen, das den wenigen vorbehalten ist. Jedes bietet ein anderes Weltbild: Dieselbe Tat mag im esoterischen Urteil verachtenswert oder verbrecherisch sein und heilig im gewöhnlichen. An dieser Stelle wird Nietzsches historisierende Methode eingeschaltet. Die Grundlagen des Urteils ändern sich: Die ganze menschliche Vorgeschichte hindurch wurde eine Handlung nach ihren Folgen beurteilt; „in den letzten zehn Jahrtausenden" nach ihren Ursachen; und jüngst — in der „moralischen" Epoche — nach den trügerischsten Ursachen, den Absichten. (An anderer Stelle, *Menschliches, Allzumenschliches,* § 208, schreibt Nietzsche in bewußt aphoristischer Art: „Wir wollen nicht mehr die

Ursachen zu Sündern und die Folgen zu Henkern machen.“)
Ohne Übergang weicht nun die Beschreibung der normativen Aussage: Der moralische Aberglaube ist freilich vorbei. Nicht Absichten, sondern im Gegenteil die „nicht-absichtlichen“ und „verborgenen“ Gründe einer Handlung sind es, welche die feinsten und redlichsten — das heißt, die boshaftesten — Denker nun erforschen müssen. Ebenso wird es ihre Aufgabe sein, solch „rein grammatische“ Antithesen wie Subjekt *gegen* Objekt, wirkliche Welt *gegen* Erscheinungswelt abzuschaffen. Die Suche nach Schwarz und Weiß, nach epistemologischen Gewißheiten, ist eine *moralische* Naivität. Sie muß einer neuen Philosophie Platz machen, in der die Beschreibungen der Welt nicht täuschen, sondern der perspektivischen Art treu sind, in der wir tatsächlich leben: „Werte“ in dieser neuen Philosophie werden das bedeuten, was Maler meinen, wenn sie von „Valeurs“ sprechen, das heißt Farbtöne und Schattierungen.
Unter welcher Perspektive sollen wir also die Welt sehen? Wenn wir annehmen, daß unsere Welt der Leidenschaften und Begierden die einzige „Wirklichkeit“ ist, die es gibt, und wenn wir dem Gesetz der größten Ökonomie der Methode gehorchend annehmen, in der Welt sei nur *eine* Art von Kausalität am Werk, die sowohl die geistigen wie die materiellen Vorgänge erklärt — was kann die Welt (in ihren geistigen wie materiellen Aspekten) dann anderes sein als ein Erzeugnis des Willens und, genauer gesagt, des Willens zur Macht, dessen Verkleidungen zahllos sind? Wahrheit — die Wahrheit über unsere Welt — braucht Masken.
In dieser normativen Art geht es nun weiter: Je tiefer die Wahrheit ist, desto weniger entbehrlich die Verklei-

dungen, desto *nötiger* die Verteidigungen, Verneinungen, selbstverhängten Verleumdungen, hinter denen die Wahrheit verborgen werden sollte; und unsere Interpretationen, die ja stets Fehlinterpretationen sind, sind die besten dieser nötigen Verkleidungen. Nun folgt die charakteristische —Nietzschesche — Wertbestimmung: die Wahrheit ist in *höchstem* Grad schwierig zu erreichen, sie kommt in *höchstem* Grad teuer zu stehen, was die Entbehrungen, Enttäuschungen und Leiden angeht, die sie mit sich bringt. Doch die Wahrheit kann in allen möglichen Schlupfwinkeln aufgestöbert werden: „Pour être bon philosophe", sagt Stendhal („dieser letzte große Psycholog" der Wahrheitssuche), „il faut être sec, clair, sans illusion. Un banquier, qui a fait fortune, a une partie du caractère requis pour faire des découvertes en philosophie ..." (Nietzsche bewundert Stendhals Weltsinn, doch kann er nicht umhin, ihm seine eigene deutsche Interpunktion aufzuzwingen.[1]) Die Philosophen der Zukunft werden mit der Idee von „durchschnittlichen", allgemeinen Wahrheiten brechen, sie werden darauf bestehen, daß „mein Urteil ... mein Urteil ist: dazu hat nicht leicht auch ein andrer das Recht... ‚Gut' ist nicht mehr gut, wenn der Nachbar es in den Mund nimmt." Doch nicht nur Wahrheit, auch Freiheit muß nach der Schwierigkeit bemessen werden, die zur ihrer Erlangung zu überwinden ist. Freiheit von den eigenen Lastern und Tugenden und von allem Mitleid — von Mitleid sogar für die Würdigsten; Freiheit von allen Menschen und Vaterländern — sogar von denen im Unglück; von der Autorität jeder einzelnen Wissenschaft und Methode, so vielversprechend sie auch

[1] Stendhal, *Oeuvres complètes: Journal littéraire*, 18. Dez. 1829 (t. III, Genève 1970), S. 185.

sein mögen; und Freiheit schließlich sogar von den schwindelerregenden Freuden, die Abstand und Einsamkeit bringen — dies sind die Ziele der freien Geister von heute. Doch sie — Verkündiger der Philosophen der Zukunft — sind das Gegenteil jener „libres-penseurs" und „beredten und schreibfingrigen Sklaven des demokratischen Geschmacks", welche die Lehren der „Gleichheit der Rechte" und des „Mitgefühls für alles Leidende" predigen, die Lehre der Sicherheit, des Behagens und des „allgemeinen grünen Weide-Glücks der Herde". Die freien Geister von heute und morgen werden alles wagen für das, was die „libres-penseurs" unterdrücken wollen — das höchste Vermögen im Menschen, das sich in seiner freudigen Bejahung von Härte, Abenteuer und Gefahr zeigt, und jene menschliche Größe, deren Quellen Leiden und Einsamkeit sind. (Wir sind an der Schwelle der Moral der äußersten Anstrengung angelangt.)

3. *Das religiöse Wesen,* wie es sich in der frühesten Christenheit enthüllte, erwuchs aus der vornehm-subtilen, freidenkenden und toleranten Welt des kaiserlichen Rom. Es hatte wenig gemeinsam mit dem bärbeißigen Christentum Luthers, Cromwells und anderer Barbaren aus dem Norden — es erinnert an Pascals Glauben, denn es ist eine Art ständigen Selbstmords der Vernunft. Von seinem Anfang an wollte das Christentum die Zerstörung des Selbst, das Opfer aller Freiheit, allen Stolzes und aller Selbstgewißheit des Geistes und versprach dafür eine „moralische" Hoffnung — die Hoffnung, daß die Selbsterniedrigung des Geistes und die zu dieser Selbsterniedrigung gehörende Zerstörung der heidnischen geistigen Gewohnheiten unermeßlich qualvoll sein würden. Die modernen

Menschen mit ihrer „Abstumpfung gegen alle christliche Nomenklatur" haben alle Vorstellung davon verloren, was eine so schauerliche und extreme Formel wie „Gott am Kreuze" den Alten mit ihrem feinen Sinn für das Paradox bedeutete: Eine Formel, die auf eine unvergleichliche Umwertung aller Werte hinauslief, eine Grobheit der Gefühle ohnegleichen, die Rache des orientalischen Sklaven am „römischen" Katholizismus. Wofür sich dieser Sklave jedoch rächte, war nicht die Verfolgung seines Glaubens, sondern die aristokratische Unbekümmertheit in allen Sachen des Glaubens und die skeptische Distanz von allem Leiden. (Der historisierende Abstecher führt bis in die jüngste Vergangenheit: Die Übernahme dieser kritischen Einstellung zum Wert des Leidens durch die „Sklaven" gehört zu den Ursachen der Französischen Revolution, des „letzten großen Sklaven-Aufstandes".)

„Die religiöse Neurose" (oder „das religiöse Wesen") ist stets verknüpft mit „drei gefährlichen Diät-Verordnungen: Einsamkeit, Fasten und geschlechtlicher Enthaltsamkeit". Es ist nicht klar (argumentiert Nietzsche), was Ursache ist und was Wirkung, ob es hier überhaupt um eine Kausalität geht oder ob sie nicht alle auf den gemeinsamen Nenner epileptischer Symptome zu bringen sind. (Schopenhauers Philosophie, mit ihrem Höhepunkt in der Kundry des *Parsifal,* — wie auch die Heilsarmee — sind die letzte Erscheinung dieser Epidemie.) Ist es nicht überhaupt merkwürdig, daß der religiöse Geist bei den Philosophen stets so großes Interesse hervorgerufen hat? Sie sind fasziniert von den eng verknüpften Widersprüchen, den plötzlichen Wandlungen vom Sünder zum Heiligen. Doch diese „Wunder" sind nicht mehr als fehlerhafte Interpretationen und schlechte Philosophie — wir reden von Widersprüchen und plötzlichen Wandlungen nur, weil wir zusehen, wie unsere Psychologie von falschen — weil moralischen — Wertgegensätzen von Schwarz und Weiß, Gut und Böse überlagert wird. Der religiöse Geist mit seinen „Wundern“ gehört der Vergangenheit an. Nun ist eine heilsame Verlegenheit am Platz; nun soll man nicht mehr widerlegen, sondern zur Seite blicken, auf die andere Seite wechseln.

Nietzsche wendet nun die Perspektive. Die „religiöse Neurose“ ist ja auch die Quelle einer ganzen Skala religiöser Sentimente: Man denke an die warme, großzügige Einstellung der Griechen zu den Göttern, die nur später von der Götterfurcht des Pöbels verschüttet wurde; den bäurischen, aufdringlichen Glauben Luthers, dem es an aller südlichen *delicatezza* gebrach; an das Außer-sich-Sein und die Selbstvernichtung des orientalischen Sklaven bei Augustinus; die schamhafte und verdrängte Pubertät der Mme. de Guyon . . . Die lateinischen Rassen, die zur Religion ein unvergleichlich engeres Verhältnis haben als die Menschen des Nordens, erfahren Unglauben als einen Angriff auf ihre rassische Vitalität. Mit Renan zu sagen, „Religion sei das Erzeugnis des Menschen in seiner Normalität“ und „daß der Mensch dort am meisten er selbst sei, wo er am religiösesten ist, wenn er eines unendlichen Schicksals am sichersten ist“, heißt, einen subtilen Nihilismus ausdrükken, welcher der härteren, weniger „schönen“ und religiös unbegabten deutschen Seele unzugänglich ist. Jene Seele erfährt den Glauben als einen Angriff auf ihre Rasse und Vitalität.

Die Anthropologie des Glaubens steht nun im Mittelpunkt: In der Verbeugung vor dem Heiligen entrichteten die mächtigsten Männer aller Zeiten einem anderen, überlegenen Willen zur Macht ihren Tribut. Sie glaubten, die äußerste Verneinung und Widernatur, die sich im Heiligen verkörperte, müsse ein Geheimnis, eine große Gefahr verbergen — und sich davor zu verneigen, bedeutete, sich selbst, seinem eigenen Willen zur Macht, Tribut zu zollen. Doch was ist dieses Geheimnis? Die große Leiter der religiösen Grausamkeit (das Korrelativ zur „religiösen Neurose“) hat drei Hauptsprossen: das Opfer des Erstgeborenen und Meistgeliebten; das Opfer der eigenen natürlichen Instinkte und der eigenen „Natur“; das Opfer alles Tröstlichen und Gottes selbst. Nun bleibt nichts Verehrungswürdiges zurück, außer der „Dummheit“ —: der Stein, die Schwere, das Schicksal und das *Nichts*.

Jenseits des moralischen Pessimismus Buddhas und Schopenhauers, jenseits des tiefen Pessimismus, der wiederum jenseits des Wahns von Gut und Böse liegt, gibt es ein entgegengesetztes „Ideal“: das Ideal des übermütigsten und weltbejahendsten Menschen, des Menschen, „der sich nicht nur mit dem, was war und ist, abgefunden und vertragen gelernt hat, sondern es... wiederhaben will, in alle Ewigkeit hinaus“. Er will die Wiederholung — warum und weshalb? Um des Gottes willen, der dieses Schauspiel braucht, und der selbst dieser *circulus vitiosus* ist: dies (ein Ansatz, wie wir sehen werden, zur Lehre von der „ewigen Wiederkehr“) ist das dunkle Geheimnis.

„Warum heute Atheismus?“ Das jüdische Alte Testament ist der Prüfstein der Vorstellungen, die wir von „groß“ und „klein“ haben. Als Geschichte der Menschen, ihrer Welt und ihres Denkens können ihm weder griechisches noch indisches Schrifttum etwas zur Seite stellen — ganz abgesehen von dem „vorgeschobenen Halbinselchen Europa“ mit seiner blassen Geistigkeit und seiner Vorstellung vom Menschen als einem zahmen Haustier. (Es folgt ein Seitenhieb: Das „Neue Testament“, in jeder Hinsicht ein Stück Rokoko des Geschmacks, mit dem Alten Testament zu *einem* Buche zusammengeleimt zu haben, als „Bibel“, als „das Buch an sich“: das ist vielleicht die größte Verwegenheit und „Sünde wider den Geist“, welche das literarische Europa auf dem Gewissen hat.)

Alle Philosophie seit Descartes ist anti-christlich, ist ein langwieriger Angriff auf den alten Begriff der „Seele“ in der Verkleidung einer Kritik an der alten Subjekt-Prädikat-Grammatik, die behauptete, Denken als Tätigkeit bedinge ein denkendes Subjekt. Kant muß nahe an den vedischen Gedanken gekommen sein, daß das „Selbst“ (oder die „Seele“) eine Erscheinung sei, nicht das Subjekt, sondern lediglich eine Bedingung des Denkens. Gott, „der Vater“, der nicht helfen kann, der nicht einmal seinen Willen eindeutig zu übermitteln vermag, ist widerlegt. Mit ihm verschwindet der ganze europäische Theismus, nicht aber der religiöse Instinkt.

Nietzsche entwickelt nun die Ansätze zu einer Psychologie der Religion. Zu allen Zeiten (schreibt er) brauchte die Religion den Müßiggang — die Art aristokratischen Müßiggangs, die Verachtung für die Arbeit verrät. Die Menschen heute — die Mehrheit der deutschen Protestanten der Mittelschicht — sind zu beschäftigt und zu sehr von ihrer Arbeit, ihrem Vaterland, ihrer Zeitung und ihrer Familie (in dieser Reihenfolge) in Anspruch genommen, um sehr an Religion interessiert zu sein. Sie sind sich zudem nicht sicher, ob es sich dabei um ein Geschäft oder ein Vergnügen handelt („denn unmöglich, sagen sie sich, geht man in die Kirche, nur um sich die gute Laune zu verderben“); doch ist es ihnen wieder nicht wichtig genug, um anti-religiös zu sein. Die Gelehrten andererseits, alle jene „anmaßlichen Zwerge ... fleißig-flinke Kopf- und Handarbeiter der ‚Ideen'", die dem Psychologen ohnehin ein Rätsel sind, betrachten den religiösen Instinkt mäkelnd und mit verachtender Toleranz und nähern sich ihm nur indirekt, durch das Studium der Geschichte.

Je tiefer wir in die Geheimnisse der Welt schauen, desto tiefer wird die Welt. Werden nicht unsere heiligsten Begriffe — „Gott", „Sünde" ... — einer künftigen Generation wie Spielzeuge vorkommen, einer Generation, die selbst ewig kindlich sein wird? Doch (von neuem erklingt Nietzsches ästhetisches Thema hier) tiefe Einsicht führt zu „Oberflächlichkeit", zu einer wahren Liebe zu der Oberfläche der Dinge. Hier begegnen sich Künstler und religiöse Männer: Sie schaffen beide aus der Furcht eines unheilbaren Pessimismus, aus der Furcht, daß der Mensch die dunkle Wahrheit seines Seins zu früh erreichen wird, bevor er stark und hart genug geworden ist — *künstlerisch genug* — um das „dunkle Geheimnis", „die große Gefahr" für seine Vitalität auszuhalten. Und so sind ihre Schöpfungen — das vielfarbige Spiel der Kunst oder wiederum die religiöse Erfindung, das „Leben in Gott" — Geschöpfe eines Willens zur Umkehrung der Wahrheit. Was ist die höchste und ausgefallenste aller Illusionen? Es ist die erstmalige volle Erfahrung, daß die Idee, „den Menschen um seiner selbst willen zu lieben", dumm und tierisch ist, und das erste Aussprechen des Gedankens, „ihn um Gottes willen zu lieben", stelle das ganze Maß des Wertes eines Menschen und das Salz und die Ambra seines Seins dar.

So ist die Religion stets Mittel zu einem Zweck: Für die Starken und Unabhängigen (die wahren Philosophen und freien Geister wie die zum Befehlen Vorbereiteten und Bestimmten) ist sie entweder ein Mittel, um den

Widerstand gegen ihre Herrschaft zu mindern, oder (wie im Fall der Brahmanen) ein Mittel, sich den Schmutz der Politik vom Leibe zu halten; für die, die zu späterem Herrschen bestimmt sind, ist sie eine Vorbereitung (Askese und religiös bedingter Puritanismus fördern die Selbstbeherrschung, in der Nietzsche stets die Vorbedingung der „rechten Ausübung der Macht“ über andere sieht); und schließlich bietet die Religion der überwiegenden Mehrheit der gewöhnlichen Menschen Zufriedenheit mit ihrem Los, Frieden des Herzens und der Seele und eine radikale Verklärung ihrer Welt des Alltags und des Leidens. All dies sind akzeptable — dem Leben nützende — Verwendungen einer Illusion. Das vorstehende Argument führt die scharfe anti-christliche Invektive ein: Wo die Religion aufhört, Mittel zu sein, und zu einem Zwecke wird, dort führt sie zu einer verabscheuungswürdigen Umkehrung lebenswichtiger Werte. Das Christentum bot den Leidenden Trost, den Unterdrückten und Verzweifelten Ermutigung, schützte das Leben der körperlich und geistig Minderwertigen und arbeitete so an der Untergrabung der europäischen Rasse (was oder welche dies sei, bleibt unklar). Sein Instrument war und ist die Kirche. Indem sie den Willen der Starken brach, alles weltliche Glück und alle Schönheit verdächtigte und die Instinkte des höchsten und bestgeratenen — und daher seltensten — Typus des Menschen unterdrückte, hat die Kirche ihren eigenen „höchsten Typus“ geschaffen: eine „sublime Mißgeburt“, die so erzogen ist, daß sie die Weltlosigkeit und Unterdrückung des sinnlichen Lebens als die höchsten Werte *empfindet*. Nicht groß genug für die Aufgabe, Menschen schöpferisch zu formen, nicht stark und selbstsicher genug, um das Gesetz von Zufall und Versagen walten zu lassen, nicht vornehm genug, um den Rangunterschied zwischen den Menschen zu achten, hat das Christentum den Menschen sein Motto „Gleich vor Gott“ aufgezwungen und das europäische Herdentier gezüchtet, „etwas Kränkliches und Mittelmäßiges ...“.

4. Es folgt eine Reihe von Aphorismen unter der Überschrift *Sprüche und Zwischenspiele.* Einige von ihnen führen Nietzsches anti-christliches Argument und die „moralische Entlarvung“ der vorhergehenden Abschnitte weiter, viele sind anti-feministisch, und einige wenige, die einzelne Gefühle oder ihre Konflikte erläutern, erinnern an die französischen *moralistes,* die Nietzsche bewunderte. Doch — anders als La Rochefoucaulds Aphorismen — haben sie alle ihre Basis und ihre Begrenzung in einem einzigen „Ismus“ — einem aggressiven, kompromißlosen Individualismus, demzufolge die Meinung der vielen verachtenswert, ihre Gesellschaft stets erniedrigend und ein Eingriff in das einzelne Selbst ist, ihre Aktionen nie mehr als Reaktionen sind und stets anstößig für ...? Nietzsche? Was diese und andere Sammlungen von Aphorismen Nietzsches so enttäuschend macht, ist der Umstand, daß ihnen der Reiz der Unparteilichkeit fehlt und (was vielleicht dasselbe ist) daß sie nicht zu weiterem Denken einladen, sondern durch ihre brüsken und zuweilen arroganten Formulierungen die Möglichkeit dazu eher verbauen. Darin unterscheiden sie sich nicht nur vom Werk anderer Aphoristiker (besonders Lichtenbergs), sondern auch von Nietzsches eigenen, weniger formbewußten Reflexionen.

5. *Zur Naturgeschichte der Moral.* Da die Maxime „Verletze niemanden“ unbestritten als die Grundlage aller

Moralen angenommen wird (die Unterschiede zwischen ihnen liegen lediglich in den verschiedenen Weisen, auf die sie diese Maxime zu rechtfertigen suchen), ist es noch zu keiner Untersuchung darüber gekommen, was einen moralischen Akt konstituiert. Die moralischen Theorien des modernen Zeitalters sind so grob wie seine moralischen Empfindungen fein. (Theoretische, abstrakte, begriffliche Erkenntnisarten werden von Nietzsche stets dem „Erlebnis", der „Empfindung" untergeordnet.) So unterscheiden sich die Menschen nicht nur hinsichtlich der Werte, an die sie glauben, und hinsichtlich ihrer „Werttafeln", sondern auch in dem, was sie als wahre Gründe von Besitz anzugeben bereit sind. Während ein Mann mit dem sexuellen Besitz einer Frau zufrieden ist, mißt ein anderer den Besitz nach dem, was sie seinetwegen aufgibt, während ein dritter — ein Wahrheitsfanatiker — sich betrogen fühlt, wenn er nicht den Beweis hat, daß die Frau — oder die Nation — ihn als das kennt, „was er wirklich ist"; Elternschaft, Priestertum, das Lehrer-Schüler-Verhältnis sind alles Arten, dem subalternen Menschen Wertschemata und damit Formen von Eigentum aufzuerlegen.

Jede Moral ist eine Rationalisierung von Furcht, eine Reihe von Sicherheitsvorschriften über die Art und Weise, wie man in Frieden mit den gefährlichsten Aspekten des eigenen Selbst leben kann. Als solche können moralische Vorschriften nicht verallgemeinert werden, doch — absurderweise — bestehen die Moralphilosophen darauf, sie in allgemeine und kategorische Begriffe zu bringen. Weit davon entfernt, objektiv oder wissenschaftlich zu sein (was denn tatsächlich „wissenschaftlich" sei, erwähnt Nietzsche nicht), sind Moralen lediglich „Zeichensprachen", die individuelle Leidenschaft ausdrücken. Was sie zum Ausdruck bringen, ist stets ein andauernder Zwang. „*Alle*" europäischen Errungenschaften der letzten Jahrtausende (Nietzsche kann der grandiosen Verallgemeinerung nicht widerstehen), eingeschlossen alle „inspirierten" Werke, sind das Ergebnis nicht einer *laissez faire*-Moral, sondern im Gegenteil freiwillig und bewußt akzeptierter Tyranneien — der Tyrannei von Metrum und Reim, von Lehren und Dogmen, von sozialen Klassen und des Menschen selbst. Selbstauferlegtes Fasten und Enthaltsamkeit — von der Arbeit wie vom Geschlechtsverkehr — erhöhen und reinigen die Leidenschaften (daher übrigens die Institution des langweiligen englischen Sonntags).

Es gibt keinen „kategorischen" — d. h. nicht-teleologischen — moralischen Imperativ. „Du sollst gehorchen, irgendwem, und auf lange: *sonst* gehst du zugrunde und verlierst die letzte Achtung vor dir selbst", ist der einzige wahre „natürliche" Imperativ. Der Herden-Instinkt — d. h. der Instinkt, zu gehorchen — hat seinen Grund in der radikalsten Umwertung aller Werte, die sich je vollzogen hat, die von den Juden eingeführt wurde, als ihre Propheten weltliche Reichtümer und Macht mit Gottlosigkeit, Übel, Gewaltsamkeit und Sinnlichkeit identifizierten, als das Wort „arm" zum ersten Mal ein Synonym für „heilig" und „die Welt" ein Schimpfwort wurden. Diese Umwertung ist der eigentliche moralische Aufstand der Sklaven. Einer seiner Folgen ist ein völliges Mißverstehen der „Natur", der Raubtiere und „Raubmenschen" (der Cesare Borgias aller Zeiten), als seien sie degeneriert und pathologische Ausnahmen, während sie doch die gesündesten Abweichungen von der kränklichen Norm der „Moral" und des „Durchschnittsmenschen" darstellen. Eine weitere

Folge dieser Umwertung ist der Herden-Instinkt unter den Europäern — ein Zustand, der so mächtig und nunmehr so natürlich ist, daß sogar die, die wahrhaft herrschen (nämlich nicht aufgrund von Zustimmung, sondern durch Befehl), die Notwendigkeit fühlen, so zu tun, als handelten sie „im Dienste einer höheren Macht“, etwa einer Tradition, eines Gottes oder der Gesetze. (Alle Verfassungen, fügt Nietzsche hinzu, sind irregeleitete Versuche, diejenigen, die zum Befehlen bestimmt sind, zu überlisten, indem sie die Schafe gegen sie ins Feld führen.)

Der Begriff des Vornehmen, zu dem Nietzsche nun greift, liegt hart an der Grenze des Ästhetischen. Plato ist vornehmer als Sokrates. Wie ein Komponist mit einer vulgären Melodie, die er auf der Straße aufgelesen hat, so spielt Plato unendliche Variationen auf berüchtigte Sokratische Themen. Unter diesen Vulgaritäten (die Plato selbst kritisch untersucht, an die er aber nicht glaubt) ist die Sokratische Lehre, daß „der Weise und der Wissende tugendhaft sind“ oder daß „es dumm ist, schlecht zu handeln“. Doch Platos eigene Improvisationen lassen das fundamentale theologische Problem ungelöst: Was ist der Ursprung von Werten? Ist es Glaube oder Vernunft? Ist es Instinkt, oder entstehen die Werte als Antwort auf die Frage: Wozu ist das Leben da? Sokrates, der Kenner der Dialektik, schlug vor, die Frage nach dem Ursprung der Werte zugunsten der Vernunft zu entscheiden. Da er aber gleichzeitig voll Bewunderung für die vornehme Athener Jugend war, die er lehrte — Geschöpfe des Instinkts, zumal sie als echte Aristokraten die Gründe nicht so recht formulieren konnten, die hinter ihren Handlungen standen —, suchte er einen Kompromiß: Er überredete sein Gewissen gegen sein besseres Urteil, instinktive Entscheidungen dadurch respektabel zu machen, daß man sie mit vernunftmäßigen Erklärungen versah. Er wußte, daß dies eine Fälschung war, denn er hatte bereits die Gründe aller moralischen Urteile als irrational erkannt. Platos denkerische Anstrengung — „die größte Anstrengung eines Philosophen bisher" — war darauf gerichtet, daß Instinkt („wie die Christen es nennen ‚der Glaube', oder wie ich es nenne ‚die Herde'") und Vernunft ein und dasselbe Ziel haben — das Gute (das die Christen „Gott" nennen). Doch obwohl „Glaube" in allen moralischen Dingen siegreich war, ist sein Sieg wertlos. Sowohl Glaube wie Wissen, vor allem unser Wissen des Unbekannten, werden verkürzt durch unsre Ungeduld und unseren Mangel an rechtem Argwohn, durch unsere Gewohnheit übereilter Hypothesen. Unsere Sinne nehmen grob und ungenau auf, sie ergänzen ihre Defekte durch falsche Analogien, poetische Erfindungen und, kurz gesagt, Lügen; wir wissen einfach nicht, wieviel vom „Künstler", vom Schöpfer und Fälscher, in uns steckt.

Das antireligiöse Argument mündet in sozial-kritische Einsichten: Solange eine Gemeinschaft in Gefahr ist und ihre vitale Aufgabe in der Sicherung ihres Bestehens liegt, kann es keine „Liebe deinen Nächsten"-Moral geben, und was spätere Zeiten „Tugenden" nennen, bleiben außermoralische Wertschätzungen; daher die Gleichgültigkeit, mit der eine Handlung des Mitleids auf der Höhe des Römischen Reiches angesehen wurde. Liebe zum Nächsten ist stets zweitrangig und abhängig von der Furcht vor dem Nächsten. Ist die Gemeinschaft einmal frei von äußerer Bedrohung, so schafft diese Furcht vor dem Nächsten neue moralische Perspektiven — die Herden-Moral, die auf neue Wertschätzungen hinausläuft: Alle jene starken und gefährlichen Instinkte (wie Unternehmungslust, Tollkühnheit, Rachsucht, Verschlagenheit, Raubgier, Herrschsucht), auf die sich die Gemeinschaft zu ihrem Schutz verlassen hatte, werden nun als unmoralisch verurteilt. Jetzt wird alles zum Bösen, was nicht durchschnittlich ist; erst werden die Lämmer und dann die Schafe geehrt; alle Strenge, gegen sich selbst und gegen andere, wird proskribiert; bis sich schließlich die Gesellschaft gegen sich selbst und auf die Seite ihres Plünderers, des Verbrechers stellt ... Der Imperativ der Herden-Moral ist die Abschaffung all dessen, was zu fürchten ist. Der Wille und der Weg dazu ist die europäische Idee von „Fortschritt" in einem Zeitalter der Dekadenz.

Solche Epochen der Dekadenz — späte Kulturen, gedämpfte Lichter, Moschusduft — bringen einen Menschentypus hervor, dessen Ideal das satte Glück des Ausruhens ist, das Augustin (selbst das Produkt einer solchen Kultur) den „Sabbat der Sabbate" genannt hatte. Nun wird es zum glühendsten Wunsch des Menschen, nicht mehr das Schlachtfeld vitaler Auseinandersetzungen zu sein. Sein Wunsch, „daß der Krieg, der er *ist,* einmal ein Ende habe", ist identisch mit dem Wunsch, daß *er* ein Ende habe. Doch zuweilen wirken solche Epochen als vitale Reize auf Männer mächtiger und unersättlicher Instinkte, Männer, die den Krieg, der in ihnen selbst wütet, mit besonderer Feinheit und Selbst-Beherrschung führen. Es sind Epochen, die solche „zauberhaften Unfaßbaren" hervorbringen wie Alkibiades, Julius Caesar und Friedrich II. von Hohenstaufen („jenen ersten Europäer nach meinem Geschmack") und Leonardo da Vinci. Dieselben epochalen Ursachen zeitigen beide Typen.

Eine rhetorische Zusammenfassung und eine Prophetie beschließen den Abschnitt. Die Herdentier-Moral ist vom Christentum und seinem Erben, der „demokratischen Bewegung“, in Geltung gesetzt und so zur herrschenden Moral des modernen Europa geworden. Ihr größter Erfolg besteht darin, daß sie sich als die einzig denkbare Art von Moral etabliert hat. Zu ihren Anhängern gehören nicht nur die sentimentalen Sozialisten, die friedliebenden Demokraten und die sanftmütigen Männer der Religion, sondern auch jene pathologischen Hysteriker, denen die Veränderung in „unseren sozialen und politischen Institutionen“ nicht schnell genug fortschreitet — die revolutionären Ideologen und die „zähnefletschenden Anarchisten-Hunde“. Was so unterschiedliche Anhänger der Herdentier-Moral wie die Sentimentalisten und die anarchistischen Attentäter gemeinsam haben, ist der Glaube an die Abschaffung aller Unterschiede (darunter der Unterschied zwischen Herr und Sklave), aller Rechte (wir sind alle gleich, wozu dann Rechte oder Gerechtigkeit?), allen Leidens außer Mitleiden und Mitgefühl (darunter die höchste Ausschweifung eines „Mitfühlens“ und eines „Mitleidens mit Gott“). Für sie alle ist die einzige akzeptable Form der Gesellschaft, die einzige Hoffnung und Erlösung, das, was sie eine „freie Gesellschaft“ nennen, worunter sie die autonome Herde verstehen. Doch Nietzsche weiß sich vereint mit denen, die das Zeitalter als das erkennen, was es ist — als ein Zeitalter der Degeneration und Verkleinerung des Menschen —, und die über die schiere Zufälligkeit aller bisherigen Geschichte entsetzt sind. Ihre Hoffnung und ihre Aufgabe ist es, im Menschen die Überzeugung zu züchten, daß seine Zukunft in seinem Willen liegt; auf dieser Überzeugung muß die notwendige Umwertung aller Werte gründen.

6. *Wir Gelehrten* oder „Wie ist Philosophie heutzutage möglich?“ Nietzsche beantwortet die Frage psychologisch, aufgrund der Verdächtigung von Motiven, also im Sinne seines eigenen, als dekadent entlarvten Zeitalters. Nachdem sie sich von den Fesseln der Theologie und von der Unterdrückung durch die traditionelle Autorität befreit haben, setzen die „modernen Gelehrten“ die Maske von „Positivisten“ auf und gehen daran, vermutlich aus Rache für ihre enttäuschten wissenschaftlichen Ambitionen, auch die Philosophie loszuwerden, bis die eigene Selbstwiderlegung die einzige gültige Aufgabe der Philosophie bleibt ... Der moderne *savant* entbehrt jeder Vornehmheit der Haltung. Eine Überfülle wissenschaftlicher Einzelheiten verstellt ihm die Sicht und macht ihn untauglich für die Freiheit, welche die notwendige Bedingung für jeden umfassenden und sicheren Überblick über Wissen und Leben ist. Seine Tugenden sind die kleinen, bescheidenen Tugenden sorgfältiger Arbeit und einer begrenzten Unabhängigkeit des Geistes, Zufriedenheit mit der Mittelmäßigkeit und das Verlangen nach einem guten Ruf. Zu diesen Tugenden gesellt sich freilich ein Instinkt, alles Außerordentliche zu zerstören, und wenn der moderne Gelehrte den straffen Bogen auch nicht brechen kann, so kann er ihn doch entspannen.

Wir sind wohl „schon einmal alles Subjektiven und seiner verfluchten Ipsissimosität bis zum Sterben satt gewesen“, doch (und das ist in unserer Situation wichtiger) wir sollten nicht vergessen, daß die Funktion des „objektiven Menschen“ immer untergeordnet, unschöpferisch und passiv sein muß; daß „Gelehrter“, „Wissenschaftler“, und „idealer *savant*“ gleichermaßen nie mehr als ein Spiegel und ein Werkzeug in der Hand eines Mächtigeren sein können, nie mehr als sein Sklave.

Immer in Erwartung äußerer Ereignisse, immer *wartend,* breitet sich der objektive Mensch „dann zart hin, daß auch leichte Fußtapfen und das Vorüberschlüpfen geisterhafter Wesen nicht auf seiner Fläche und Haut verlorengehn". Seine eigene Person betrachtet er als zufällig und willkürlich, eine reine Störung. Wenn er einmal an sich selbst denkt — an sein eigenes Schicksal und seine Qual —, dann wandert sein Denken sofort ins Allgemeine. Er kann sich selbst und seine Entbehrungen nicht mehr ernst nehmen. Leibniz' „Je ne méprise presque rien" ist sein Wahlspruch, Willensschwäche sein hervorstechender Charakterzug. Daher eine lauwarme Skepsis, deren Symptome Hypothesen oder die zimperliche Weigerung sind, solche aufzustellen; Liebe zu Verzögerung und Kompromiß; Furcht vor Freiheit wie vor Bindung. Die Schwäche des Willens bedient sich aller möglichen Verkleidungen: als Selbstlosigkeit: als L'art-pour-l'art-Ästhetizismus, als die Verfolgung „reinen" oder „unparteiischen" Wissens... Diese Skepsis des schwachen Willens fürchtet die radikale Verneinung des Lebens („russisches Nihilin"[1]) ebenso wie seine aufrichtige Bejahung. Sie fürchtet vor allem den Geist der künftigen Zeit — die hamletsche Mentalität wird zum Rezept gegen „des Geistes gespenstisches unterirdisches Grollen". Doch die Opiate — Schopenhauers „Quietive des Willens" — helfen nicht mehr, „der Wille" — am schwächsten verwirklicht er sich in Frankreich, am stärksten in Rußland — kann nicht mehr länger zurückgehalten werden. Nicht einmal die Idiotien des Parlamentarismus und der täglichen Morgenzeitung können die Tatsache verbergen, daß die Zeit der Kleinstaaterei und der „dynastischen wie de-

[1] Nietzsche bildet Neologismen wie „Nihilin", „Moralin" (zuweilen „moralinfrei") in Analogie zu „Naphtalin" etc.

mokratischen Vielwollerei“ zu Ende ist und das Zeitalter der „großen Politik“ bevorsteht. In diesem künftigen „Zeitalter der großen Politik“ könnte jene starke, männliche, deutsche Skepsis nach dem Beispiel Friedrichs des Großen und Goethes zur Blüte kommen — jene Skepsis, die Michelet als „cet ésprit fataliste, ironique, méphistophélique“ beschrieben hat.
Die Frage: Ist Philosophie heutzutage möglich? ist kaum verschieden von der Frage: Ist Größe heutzutage möglich? Und Größe ist in dem männlichen Geist der Skepsis enthalten, der die Philosophen der Zukunft bewegen wird. Sie werden viel mehr sein müssen als bloße Interpreten überkommener Ideen, als Reorganisatoren der Vergangenheit oder (wie Kant und Hegel) Systematisierer akzeptierter Werte; sie werden ohne idealistisches Geschwätz wie „Jenes Werk entzückt mich: wie sollte es nicht schön sein“ oder „Jener Gedanke erhebt mich: wie sollte er nicht wahr sein“ auskommen müssen; und sie werden nicht konziliant und „philosophisch“ sein dürfen, sondern ständig im Konflikt mit den Werten der Welt, in die hinein sie geboren wurden. An den philosophischen Idealen ist nichts Ewiges. In einem unruhigen Zeitalter wie dem sechzehnten Jahrhundert mußte der wahre Philosoph Selbstverneinung und Abtötung des Willens zum Ideal wählen; im aristokratischen Athen eines Sokrates betonte er in angemessener Weise die Gleichheit aller Menschen; in einem willensschwachen Zeitalter wie dem gegenwärtigen muß er für Einsamkeit, aristokratische Distanz und die grundsätzliche Ungleichheit aller Menschen eintreten — Ganzheit muß seine Losung in einer Zeit der Spezialisierung und Fragmentierung sein. Ein wahrer Philosoph — ein Philosoph der Zukunft — sein heißt, durch genetisches Erbe und Zucht dazu vorbestimmt sein,

leicht und anmutig, fähig die größte aller Aufgaben und die schwerste aller Verantwortungen zu erfüllen. Es bedeutet, Gesetzgeber der Welt und Schöpfer ihrer Werte zu sein, den Sinn und das Ziel des Lebens zu formulieren. Ein wahrer Philosoph sein heißt, ein Mann sein, dessen Wille zur Wahrheit identisch ist mit dem Willen zur Macht. (Nietzsches Denken zielt hier darauf, „Leichtigkeit" als eine *moralische* Kategorie darzustellen; das wollte auch Schiller, dessen Geisteshaltung Nietzsche häufig ironisch behandelt. In seinen letzten Büchern wird Nietzsche aus den gleichen Gründen die Unvereinbarkeit des Moralischen mit dem Ästhetischen behaupten — da die Moral „das Schwere" und daher Feind aller Leichtigkeit und Anmut sei.)

7. Was, wenn es sie denn gibt, sind *unsere Tugenden*? Glauben wir immer noch an jenen harmlosen Begriff des achtzehnten Jahrhunderts? Wir sind argwöhnisch gegen alle, die auf die Freiheit ihrer moralischen Unterscheidungskraft stolz sind, doch „selig sind die Vergeßlichen". Die moralische Attitüde — Moral als Attitüde — hat für die Immoralisten des neuen Jahrhunderts unter uns jeden Sinn verloren. Die Welt, die uns angeht, in der wir wirklich leben, ist eine Welt feiner Nuancen und subtiler Wahrnehmungen, von „beinahe . . .", „ja, aber . . .", „unter diesen Umständen . . .", von unsichtbaren Pflichten und unhörbaren Befehlen. Was unsere Handlungen bestimmt, ist nicht *eine* Moral, sondern ein ganzes Spektrum moralischer Ordnungen. Moralische Urteile (so erkennen wir) sind die beliebten Waffen der Rache in den Händen der Dummen und geistig Benachteiligten, derer die Gott brauchen (und die zugleich die glühendsten Feinde des Atheismus sind), weil sie jemanden brauchen, vor dem alle Menschen als

gleich hingestellt werden können. Die Vorstellung und das lebendige Beispiel von Größe — die Vorstellung einer unvergleichlichen menschlichen Geistigkeit — erregt ihren Zorn. Als Zugeständnis an sie mag man jedoch einräumen, daß die höchste Geistigkeit die Gesamtsumme der *moralischen* Eigenschaften ist, Eigenschaften, die gereinigt und im Laufe vieler Generationen im höchsten Menschentypus gezüchtet wurden. Doch „Werte" sind nichts an sich, sie müssen sich einer menschlichen Rangordnung beugen. Zum Beispiel der Wert einer uneigennützigen Handlung: Ein Mensch hat das Recht, ein anderer die Pflicht, eine solche Handlung zu begehen, ein dritter soll zur Erkenntnis gelangen, daß er sich eine solche Handlung existentiell nicht leisten kann — es ist die allgemeine und unterschiedslose Empfehlung von der Art „Uneigennützigkeit ist etwas Gutes", die unmoralisch oder, schlimmer noch, von schlechtem Geschmack ist. Und so ist es mit der einzigen Religion, die uns übrigbleibt — der modernen Religion von Mitgefühl und Mitleid. Ihr wahres Wesen ist Selbstverachtung und Grausamkeit, sie ist die Ursache der „Verdüsterung und Verhäßlichung" Europas. Der Mensch ist Geschöpf und Schöpfer gleichermaßen. Das einzige Mitleid, das wir kennen, richtet sich auf die Kreatürlichkeit des Menschen, auf seinen Status als Objekt, und auf die physischen und gesellschaftlichen Gebrechen, die dieser Zustand mit sich bringt. Das moderne Leben ist dazu bestimmt, solche Gebrechen und Leiden zu vermindern und, wo möglich, auszumerzen, und dies macht es und alle Moral, für die dieser Begriff des Mitleidens zentral ist, verächtlich; denn solchen Leidens sollte mehr, nicht weniger sein in der Welt. Wahres Mitleid — „Gegen-Mitleid" — sollte nicht dem Menschen als Objekt, sondern dem Menschen als

Schöpfer gelten. Unter der schweren Last des unechten Mitleids mit der Kreatur (mit dem Menschen als Objekt der Schöpfung) vermag der moderne Mensch sich nicht über sich selbst zu erheben, vermag er nicht zu erreichen, was er zu erreichen bestimmt ist. Alle Tugenden sind langweilig, keine aber so langweilig wie die englischen, die benthamschen, deren Endziel *„cant, comfort* und *fashion"* (und, an höchster Stelle, ein Sitz im Parlament) sind. Die einzige Tugend, die uns übrigbleibt, ist die intellektuelle Rechtschaffenheit, und auch sie wird langweilig und dumm werden, wenn sie nicht an den größten Hindernissen erprobt wird, gegen die teuflischsten Versuchungen, die wir erfinden können. Der Anstoß hinter jeder Integrität — wie hinter allem Streben nach Wissen und auch nach Mitleid — ist die „große Circe ‚Grausamkeit'", denn alles tiefe und radikale Fragen bringt es mit sich, daß „der Grundwillen des Geistes" (d. h. seine Neigung und Richtung) verletzt und vergewaltigt wird, denn „schon in jedem Erkennenwollen ist ein Tropfen Grausamkeit".

Was ist aber dieser „Grundwillen des Geistes"? Erstens ist er nicht verschieden von dem Willen, der, wie uns die Physiologen sagen, sich in der Selbstbehauptung alles Lebenden bekundet, in der Bejahung dessen, was außer mir und in Wachstum begriffen ist; er ist identisch mit dem Gefühl des Wohlbefindens, das zu Aneignung, Wachstum und vermehrter Macht gehört. Zweitens wird dieser „Grundwillen" durch eine entgegengesetzte Bewegung gefördert und bestimmt, durch einen Schutzmechanismus, welcher die Berührung mit der Welt und die Aneignung neuen Wissens unterbricht: Er wird von gewollter Unwissenheit unterstützt und bezieht seine Kraft aus der Bereitwilligkeit, im Wissen davon, „wie die Dinge sind", betrogen zu werden und auch zu betrügen. Die Grausamkeit und das Verletzende eines jeden Fragens danach, „wie die Dinge sind", liegen darin, daß es das Behagen jenes Dunkels und jener Unwissenheit durchbohrt und das menschliche Verstehen an der ausgeklügelten Terminologie und den schmeichelhaften „Ismen" vorbei zu einem Punkt drängt, wo die wahre Natur des Menschen — der Mensch als Natur — zum Vorschein kommt. (Allerdings bleibt dabei die Frage: „Warum gibt es einen Willen zum Wissen?" noch immer unbeantwortet.) Schließlich gibt es in jedem von uns „etwas Unbelehrbares, einen Granit von geistigem Fatum"[1] — wir müssen einsehen, daß wir grundsätzlich unbelehrbar sind —, so daß schließlich das einzige, wozu mich authentisches Wissen führen kann, *meine* eigenen Wahrheiten sind.

Zwei weitere Betrachtungen von ungleicher Bedeutung beschließen diesen Abschnitt. Gibt es an unserem Zeitalter irgend etwas Ursprüngliches, dann ist es unsere Begabung für Clownerie, Parodie und Verkleidung; denn wir sind die ersten, welche die gesamte Geschichte als Kostümkammer benützen: Im Unterschied zu anderen Zeitaltern werden wir vom „historischen Sinn" beherrscht. (Hier liegt übrigens auch der Ursprung von Spenglers Historizismus und Malraux' *musée imaginaire*[2].) Um zu verstehen, wie feindlich einer wirklich aristokratischen Kultur unser „zweifelhafter Geschmack und unsere Begierde nach *allem*" sind, brauchen wir uns nur die komische Sensation vorzustellen, die jene barbarische Synthese aus spanisch-maurisch-angelsächsischen Elementen, die den Namen „Shakespeare" trägt, bei den Freunden und Gön-

[1] Man beachte Nietzsches schöne, doch unwahre Formulierung in § 231: „... ein Denker ... kann nicht umlernen, sondern nur auslernen ..."

[2] Siehe William Righters *The Rhetorical Hero: an Essay on the Aesthetics of André Malraux* (London 1964).

nern des Aischylos hervorgerufen hätte, oder die Sensation, die Homer im Frankreich des siebzehnten Jahrhunderts erregte. Wir finden keinen Geschmack am Erreichten, am Vollkommenen und an der stillen Vollendung; wir genießen das Fragmentarische und Unendliche im Gefährlichen, im Überraschenden und (wiederum) im Grausamen.
Es folgt eine lange Reihe rein schopenhauerscher Betrachtungen über echte Weiblichkeit und den Schaden, der ihr durch die Emanzipationsbewegung zugefügt wurde, über den ewigen und unversöhnlichen Kampf der Geschlechter, die wahren Pflichten des Weibes und dessen Mangel an Intelligenz, wie er etwa darin zum Ausdruck kommt, daß das Weib den Mann nicht mit den richtigen Speisen zu versorgen weiß.

8. Die Deutschen, ein merkwürdiger Fall in der merkwürdigen Geschichte der Völker und Vaterländer des modernen Europa, sind ein Volk des Vorgestern und des Übermorgen — ein Volk ohne ein Heute, dessen wahre Kunst die Musik[1] ist und nicht die Literatur. Für ein deutsches Publikum in der Weise zu schreiben, wie es von den klassischen Autoren empfohlen wurde — das heißt, seinen Sätzen den Rhythmus und das Gleichgewicht physiologischer Einheiten zu geben —, bedeutet, die besten Kunstmittel an ein Publikum zu verschwenden, das nur mit den Augen liest. Es ist, als schreibe man für Taube, daher ist der Großteil der deutschen Prosa unerträglich für den Leser, der tatsächlich hören kann, was geschrieben ist. Deshalb ist auch das beste deutsche Buch — Luthers Bibel — das Werk

[1] Ein skeptischer Leser mag entschuldigt werden, wenn er den — zweifelsohne falschen — Eindruck erhält, die Musik sei im Zweiten Reich mindestens ebensoviel diskutiert wie ausgeübt worden.

von Deutschlands größtem Prediger. Nicht Prosa, sondern Musik ist Deutschlands Geschenk an die Welt. Doch die deutsche Musik, die einst die „Stimme für die Seele Europas“ war — das alte Rokoko-Europa des achtzehnten Jahrhunderts —, tendiert, wie die deutsche Politik, dazu, sich zu verschanzen und zu isolieren. Auf Mozart, die große europäische Erscheinung, folgt Beethoven, der wie Rousseau, Schiller, Byron, Shelley einem revolutionären Gefühl Ausdruck gab, das wir nicht mehr verstehen. Es folgt die noch kürzere Episode der romantischen Musik (das Beispiel ist hier *Tannhäuser* — „nicht Musik genug“, um ohne die Bühne auszukommen), Felix Mendelssohn beiseite lassend („jenen halkyonischen Meister . . . und schönen Zwischenfall in der deutschen Musik“); danach beschleunigt sich der Prozeß der Isolierung und des Niedergangs, bis er mit dem beklemmend ernsten und selbstzerstörerischen Robert Schumann zu Ende kommt, dessen Musik genau das Gegenteil von „europäisch“ ist, nämlich „bloße Vaterländerei“. Nichts bringt das Wesen der Deutschen genauer zum Ausdruck als die Ouvertüre zu den *Meistersingern* mit ihrer erstaunlichen Mischung aus Scherzhaftigkeit und schwerem Prunk, Archaischem und jugendlicher Kraft, feurigem Mut und den abgeworfenen Häuten der Dekadenz. In den zögernden Momenten dieser Musik, in ihren Pausen zwischen Ursache und Wirkung, ihrer sorgfältig kalkulierten künstlerischen Selbstbewußtheit und in dem rückhaltlosen Genuß ihrer eigenen Virtuosität — in all dem ist „keine Schönheit, kein Süden, nichts von ... feiner Helligkeit des Himmels, nichts von Grazie, kein Tanz, kaum ein Wille zur Logik; eine gewisse Plumpheit sogar, die noch unterstrichen wird, wie als ob der Künstler uns sagen wollte: ‚sie gehört zu meiner Absicht‘ “ (§ 240).

Ein Mann (Bismarck) hat Deutschland überredet, seine alten Tugenden von Tiefe und Philosophie aufzugeben, Heilung von der „deutschen Krankheit“ des übertriebenen Reflektierens, der Schüchternheit und Engstirnigkeit zu suchen. Geführt von ihm tritt das Land endlich in die Zeit des Nationalismus, der Machtpolitik und Seichtigkeit ein. „Sogar wir guten Europäer“ haben Anfälle von Nationalismus, deren Dauer (von wenigen Stunden bis zu einem halben Leben) vom Gang des jeweiligen Metabolismus abhängt — kein Wunder, daß die nationalistische Epidemie unter den Deutschen kein Ende nehmen will! Ihre schleppende Verdauung und die „treuen blauen leeren deutschen Augen“, die Art wie sie an ihrer Seele zerren und über jede Erfahrung sinnieren, erklären ihre Liebe zur Offenheit und groben Anständigkeit; es ist so bequem, sich gehenzulassen, offen und bieder zu sein. Doch all dies ist Schlauheit und Betrug, und häufig auch noch Selbstbetrug: Die Deutschen *sind* nicht, immer *werden* sie, „Entwicklung“ ist ihre große Entdeckung und ihr philosophischer Coup, das Konzept, das mitsamt ihrem Bier und ihrer Musik Europa germanisieren wird. Ein ungeheurer Nivellierungsprozeß, beruhend auf der Angleichung physiologischer Züge an ein einzelnes klimatisches und kulturelles Milieu, vollzieht sich überall in Europa, und die deutschen Massen, die bereits als die ungeheuerlichste der „Rassenmischungen“ verseucht sind, können dem nicht widerstehen. Diese ungeheure „demokratische Bewegung“ bringt Herden von Durchschnittsmenschen und Mittelmäßigkeit *en masse* hervor, entzieht ihrem „Typus“ alle Macht und formt ihn zum Sklaven. Dies ist freilich kein glatter Vorgang. Es gibt Wirbel in der Strömung, wo er verzögert oder gehemmt wird, und gerade an diesen Stellen erstehen die großen Ausnahmen — Männer mit Führungseigenschaften, die ebenso anziehend wie gefährlich sind: „... die Demokratisierung Europas ist zugleich eine unfreiwillige Veranstaltung zur Züchtung von *Tyrannen* — das Wort in jedem Sinne verstanden, auch im geistigsten." Aus diesem Grund definieren die Deutschen, die ja nur halb in diesem Vorgang stehen und deren Nationalität mehr fiktiv ist als wirklich, ständig sich selbst und ihren Platz in Europa. Ist ihr nationales Genie männlich oder weiblich? Sind sie aufnahmebereit, warten sie auf Befruchtung wie die Griechen und die Franzosen, betraut mit der geheimen Aufgabe zu formen und zu vollenden, was andere geschaffen haben? Oder sind sie Schöpfer und Befruchtende, Stifter neuer Lebensordnungen? Verliebt in fremde Rassen, lüstern nach Neuem, stets gequält von der Gier nach dem, was ihnen nicht gehört — wie die Römer, wie die Juden?

„Ich bin noch keinem Deutschen begegnet, der den Juden gewogen gewesen wäre ..." Wir „Artisten unter den Zuschauern und Philosophen" erkennen an, was Europa den Juden verdankt: die Suche nach unendlichen Bedeutungen, die Größe und den Schrecken unendlicher moralischer Forderungen, vor allem aber die Moralität in großem Stil — die europäische Kultur ist durch jene raffiniertesten Verführungen zum Leben, die in dieser Moralität enthalten sind, zur Blüte und vielleicht darüber hinaus an den Rand der Dekadenz gebracht worden. Als die reinste, stärkste und zäheste Rasse könnten die Juden über Europa herrschen, wenn sie es wollten, zumal über rassisch so „schwache" Völker wie die Deutschen. Doch es ist klar, daß sie keine derartigen Absichten haben und daß sie im Gegenteil begierig (oft peinlich begierig) sind, assimiliert zu werden und endlich eine europäische Heimat zu finden.

Von diesem Verlangen sollten andere Nationen profitieren, doch die Deutschen sind zu beschäftigt mit ihren verschiedenen Dummheiten (anti-jüdisch, anti-polnisch, anti-französisch; teutonisch, preußisch, wagnerianisch usw.), als daß sie von ihrem großen Vorteil Gebrauch machten. Sie sollten die stärksten rassischen Elemente — die preußische Offiziersklasse — ermutigen, jüdische Mädchen zu heiraten.
Der plebejische Charakter moderner Ideen, allen voran die Ideen der Französischen Revolution, stammt nicht von den Juden, sondern von den Engländern, der langweiligsten, am wenigsten heroischen und philosophischen aller Rassen (die englische Religiosität, vom histrionischen Thomas Carlyle bis zum „moralischen Grunzen" der Heilsarmee, kommt nicht besser weg). Männer von unbezweifelter Nützlichkeit wie Darwin, John Stuart Mill und Herbert Spencer besitzen einen Geist, der über die Sammlung und Ordnung von Fakten und die Formulierung neuer Regeln nicht hinausreicht. (Diese Kette von Assoziationen — deutscher, englischer Geist, Händlertum, Darwin — wird mit einem neuen Seitenhieb auf empirische Wissenschaft beschlossen: *Alles* sorgsame Aufhäufen neuen Wissens ist die Aufgabe der Mittelmäßigen; wahre schöpferische Tätigkeit, die mit Unwissen nicht unvereinbar ist und dessen oft bedarf, liegt nicht im Auffinden neuer Tatsachen, sondern im Verkörpern neuer Werte und neuer Seinsweisen. Hierauf folgt nun, noch immer aus der Perspektive nationaler Eigenschaften, die Antithese.)
Wahre Vornehmheit von Gefühl, Geschmack und Moral ist die Entdeckung und das Vorrecht der Franzosen — freilich nicht jener Massen, die bei jener „Orgie des Ungeschmacks", dem Leichenbegängnis Victor Hugos, zugegen waren. Es gibt auch noch ein anderes Frank-

reich — geheimnisvoll, wählerisch, dekadent —, das sich Schopenhauers Pessimismus zu eigen gemacht hat und von Heines Lyrik entzückt und dem Zauber des alten Charmeurs Wagner verfallen ist, dessen größter Historiker, Taine, ein Hegelianer ist. Wenn man diesen Einflüssen Neugier und moralische Verfeinerung (wie bei Stendhal) zuzählt, in der die Franzosen unübertroffen sind, dazu noch ihre einzigartige Mischung aus provenzalischem Temperament und nordischer Gedanklichkeit (wie bei Bizet), kommt am Ende noch der „gute Europäer“ heraus, dessen Erscheinen die Deutschen durch ihren nationalistischen Wahnsinn und ihre Politik von „Blut und Eisen“ zu verhindern suchen.
Was die Politiker mit ihren engstirnigen Nationalismen und ihrer Politik des Augenblicks übersehen oder zu unterdrücken trachten, ist das Streben Europas nach Einheit: Diese große Einheit ist es, was all „die höheren Menschen“ Europas — Napoleon, Goethe, Beethoven, Stendhal, Heine, Schopenhauer . . . — ersehnt haben, dies ist es, was ihre Kunst, häufig unbewußt, erreichen und zum Ausdruck bringen will. Denn sie sind alle Künstler — die ersten Künstler, deren Phantasie von dem (Goetheschen) Gedanken der Weltliteratur fasziniert ist, und sie sind literarisch —, auch wenn sie, wie Wagner und Delacroix, mit einer Mischung verschiedener Medien arbeiten. Doch wer sind diese „höheren Menschen“? Unermüdliche Sucher nach dem Erhabenen, Kenner des Häßlichen und Gräßlichen wie des Schönen; hochgekommene Plebejer, die keine Ruhepause kennen (wie Balzac); Liebhaber des Dunklen, des Exotischen und des Widersprüchlichen, sind sie von einem Ethos der Arbeit besessen, das sie bis an den Rand der Erschöpfung treibt. Wagemutig und abenteuerlustig, enden sie doch als Opfer des Kreuzes —

nach dem männlichen, freien, deutschen Siegfried kommt der Papist Parsifal, „weihrauch-düftelnd" —; denn obgleich sie stark genug sind, sich der überkommenen Logik und der bestehenden Moral zu widersetzen, sind sie schließlich doch nicht stark genug, „Antichristen" zu sein. (Die bewußte Verquickung von Ästhetik, Politik und persönlicher Erfahrung ist kaum aufzulösen.)

Über diese „höheren Menschen" hinaus, auch über Europa hinaus weist die Musik der Zukunft. Wir wissen kaum, wie sie aussehen wird, oder wessen Erlösertraum[1] sie ist. Wird es Musik sein, die befreit ist von ihrer nordischen Sühne — voll von den bloßen Erinnerungen an eine moralische Welt? Wird es eine Musik sein, die von Gut und Böse nichts mehr weiß . . .?

9. *Was ist vornehm?* Wie kann der Typus „Mensch" verbessert werden? Um die Frage nach dem „Wert der Werte" zu beantworten, baut Nietzsche den ganzen Abschnitt auf einer Polarität menschlicher Gegensätze auf. (Die folgende Unterscheidung von zwei Arten von Moral ist übrigens der Unterscheidung des amerikanischen Soziologen David Riesman zwischen der „innen-geleiteten" und der „außen-geleiteten" Lebensweise eng verwandt.[2])

---

[1] „Ein solcher Südländer, nicht der Abkunft, sondern dem *Glauben* nach, muß ... von einer Erlösung der Musik vom Norden träumen und das Vorspiel einer tieferen, mächtigeren, vielleicht böseren und geheimnisvolleren Musik in seinen Ohren haben, einer überdeutschen Musik, welche vor dem Anblick des blauen, wollüstigen Meers und der mittelländischen Himmels-Helle nicht *verklingt, vergilbt, verblaßt,* wie es alle deutsche Musik tut, einer übereuropäischen Musik, die noch vor den braunen Sonnen-Untergängen der Wüste recht behält ..." (§ 255, kursiv vom Verf.). Diese Stelle bietet ein auffallendes Beispiel jener Mischung aus starken figurativen Metaphern und der Terminologie (abstrakter) moralischer Urteile, die Nietzsches Stil zur Zeit des *Zarathustra* kennzeichnen wird; dort allerdings ist der figurative Aspekt wesentlich weiter entwickelt.

[2] Vgl. David Riesman, *Die einsame Masse,* rororo 72.

Eine Kaste barbarischer Eroberer, unbarmherzig, weil psychisch überlegen, bildet den Ursprung einer jeden Gesellschaft, und nur eine aristokratische Gesellschaft, die auf Eroberung und Sklaverei gegründet ist, vermochte je zur positiven Entwicklung der Gattung beizutragen.

Ohne eine solche hierarchische Gesellschaft — eine Gesellschaft mit starren Klassenschranken — gibt es kein „Pathos der Distanz“ zu den niederen Klassen oder zu den niederen Instinkten im Menschen selbst, und ohne ein solches Pathos (das den radikalen Gegensatz zur demokratischen Kameraderie bildet) gibt es keine Kultur. Eine Aristokratie ist jedoch weder das Mittel, das zu einem gesellschaftlichen Organismus führt, noch ist sie dessen Funktion. Sie ist im Gegenteil der Endzweck, der Sinn und Grund einer jeden Gesellschaft, die wirklich lebt und frei ist von Korruption. Da das Wesen allen Lebens in Aneignung, Eroberung und Ausbeutung besteht — da das Leben selbst der Wille zur Macht ist —, wird der Verzicht auf Eroberung, wenn er nicht mehr bloß eine gelegentliche Höflichkeit zwischen Gleichen, sondern ein „moralisches Prinzip“ geworden ist, zu einer Verneinung des Lebens und zu einem sicheren Zeichen von Dekadenz.

Alle moralischen Systeme (der leitende Gedanke wird wiederholt) begannen als subjektive Werturteile, als Ausdruck einer persönlichen Vorliebe, sie bezeichneten erst später Handlungen auf eine vorgeblich objektive Art; alle moralischen Systeme spiegeln die Polarität von Herren und Sklaven in ihrer Gesellschaft wider, oder aber sie versuchen sie zu verbergen.

(1) *Die Moral der Herren und Herrscher* (die von ihnen geschaffene Moral) gründet auf dem Gegensatz von „gut“ und „schlecht“ („schlecht“ ist hier synonym mit

„niedrig“ und daher „verächtlich“).[1] Es ist kein Zufall, daß die Aristokraten von Athen sich selbst für aufrichtig, die gewöhnlichen Leute aber für Lügner hielten. Es ist eine werteschaffende Moral: Ihre Vorstellung von Güte entspringt einem Gefühl des Wohlseins im Genuß des Überflusses und der überströmenden Macht — der Macht nicht nur, nicht einmal in der Hauptsache, über andere, sondern über sich selbst. Die Regel dieser Herrenmoral ist das Gegenteil des Kantschen kategorischen Imperativs: Nicht eine abstrakte Vorstellung bestimmt die Haltung des Menschen, sondern sein persönliches Sein. In diesem Sinn ist er „Herr seiner vier Tugenden . . . des Mutes, der Einsicht, des Mitgefühls, der Einsamkeit“. Innerhalb dieser Moral besteht das Motiv eines Menschen, der anderen hilft, nicht im Mitleiden mit ihren Schwächen, sondern im Stolz auf seine eigene Kraft, und sein Wahlspruch ist das Wort der Wikinger: „Wer jung schon kein hartes Herz hat, dem wird es niemals hart.“ Im Mittelpunkt der Herrenmoral steht ein Akt der Ehrfurcht vor einem Ich, das sich selbst als Schöpfer und Richter von Werten erfährt; ein Ich, welches das „warme Herz“ und alle Zeichen von „désinteressement“ und „Selbstlosigkeit“ verachtet. Der vornehme Geist stellt sich auf die Seite alter Tradition und Überlieferung, mit der Würde und den Vorurteilen der Vergangenheit, gegen die „Zukunft“ und alle modernen Ideen von „Fortschritt“, gegen alle plebejische Schamlosigkeit von Hand und Auge. Er erkennt die angeborene „natürliche“ Würde des hohen Standes an und hat in seiner Anerkennung teil an ihr. Er kennt keine „Gnade“, keine „Geschenke von oben“ und kein

---

[1] „Man bemerke sofort, daß in dieser ersten Art Moral der Gegensatz ‚gut‘ und ‚*schlecht*‘ so viel bedeutet wie ‚vornehm‘ und ‚verächtlich‘: — der Gegensatz ‚gut‘ und ‚*böse*‘ ist andrer Herkunft“ (§ 260). Siehe auch unten, S. 328, Fußn. 1.

„oben".[1] Schließlich fördert die Herrenmoral ein feines Unterscheidungsvermögen in der Freundschaft und in jenen Gefühlen, die sich langsam entwickeln und lange andauern. Sie rechtfertigt willkürliches Verhalten gegen alle, die fremd, und alle, die minderwertig sind. Sie erachtet Pflicht als Vorzug und zwingt sie dem Ich, den Ebenbürtigen und sonst niemandem auf. Herkunft bestimmt Wert: „Liebe *als Passion* — es ist unsre europäische Spezialität —" ist eine aristokratische Tugend, denn sie stammt von den provenzalischen Ritter-Dichtern und Erfindern des *„gai saber"*, der „fröhlichen Wissenschaft", „denen Europa so vieles und beinahe sich selbst verdankt".

(2) *Die Sklavenmoral* ist die Antwort der Unterdrückten, der Leidenden und der Unfreien. Sie bedeutet nicht nur Verdächtigung der Tugenden der Starken und ihres Begriffs des Guten, sondern auch ein tiefes Mißtrauen gegen die ganze Existenz des Menschen, eingeschlossen seine Aussichten auf Glück. „Gut" wird in den Begriffen dieser Moral gleichgesetzt mit „ungefährlich", „gutmütig" und daher „dumm", während seine Antithese „Böse" vor allem „gefährlich" bedeutet und von feindlicher Macht und von jenem Schrecken zeugt, den keine Verachtung mehr erreicht. Im Gegensatz zur Herrenmoral geht es hier nicht um eine Moral des Überflusses, sondern der Nützlichkeit, Zweckmäßigkeit und der Not. Ihre Tugenden — Mitleiden, Fleiß, Geduld und „das warme Herz" — sollen das Leben erleichtern, denn das Leben wird hier nicht als Freude, sondern als Bürde empfunden; während die drei Hauptlaster der Sklavenmoral — sie ist immer einer gewissen beleidigenden Angriffslust, einer versteckten

[1] Siehe unten, S. 174.

Mißgunst, einer Handlung grober Selbstgerechtigkeit schuldig — den wesentlichen Charakter der Plebs konstituieren. Wie die aristokratische Haltung durch Hingabe, Treue und Verehrung gekennzeichnet wird, so ist die Sklavenmoral geprägt von weichlichem Mitleid (dem Mitleid derer, die mit ihresgleichen leiden) und einer instinktiven Sehnsucht nach Freiheit.

Eitelkeit ist der Versuch des Sklaven, bei anderen eine gute Meinung von sich selbst zu schaffen und diese Meinung nur zu teilen, wenn sie von den anderen mit dem Siegel der Billigung versehen wurde; weil es in der Natur des Herren liegt, Werte zu schaffen (nicht bereits gebilligte zu teilen), ist ihm die Eitelkeit kaum verständlich, und er neigt dazu, sie als Verhaltensmotiv zu ignorieren. Doch haben gewöhnliche Menschen aller Zeiten sich und ihren Wert nach Kriterien bemessen, die von anderen bestimmt wurden. Sogar jetzt, da die Mischung von Sklaven und Herren eine neue, demokratische Ordnung hervorgebracht hat und „der Herr" im Blut der Menschen sie drängt, ihren eigenen Wert unabhängig und frei von anderen zu bestimmen, warten sie immer noch auf die gute — oder schlechte — Meinung anderer (darunter der Kirche), um eine Autorität zu haben, der sie sich unterordnen können. Es ist „der Sklave" im Blut, der sich über jede gute Meinung, die andere über ihn hegen, freut, auch wenn er vorher die anderen zu ihrer guten Meinung bewegen mußte ...: „Eitelkeit ist ein wichtiger Atavismus." (Im VIII. Kapitel soll weiter ausgeführt werden, wie die meisten soziologischen Ansätze Nietzsches in eine individualpsychologische Sicht umschlagen.)

Wie entsteht die Moral der Mittelmäßigen? Eine aristokratische Gesellschaft wie die Venedigs oder der griechischen Polis wird unter den ungünstigsten Umständen geboren und setzt sich gegen diese durch. Sie überlebt dank ihrer Härte, Einförmigkeit und der Einfachheit ihres Lebensstils und wird absichtlich oder durch Notwendigkeit eine Einrichtung zur Züchtung von Menschen. (Ohne irgendeine Beweisführung betrachtet Nietzsche übrigens das „Rassenproblem“ als eine unausweichbare Gegebenheit: die Vererbung dominierender Stammeszüge akzeptiert er als ausgemachte wissenschaftliche Tatsache; Erziehung und „Bildung“ sieht er lediglich als Versuche, die unveränderliche Beschaffenheit des Charakters eines Menschen zu verdecken; all dies ist nicht mehr als eine Wiederholung von Schopenhauers Idee des „intelligiblen Charakters“.) Sobald einer solchen Gemeinschaft das Glück lächelt und benachbarte Feinde zu Freunden werden, erlahmt die lebensspendende Spannung sofort, und die Disziplin früherer Zeiten — welche die notwendige Bedingung für das Überleben war — verwandelt sich in Liebe zum Luxus und einen Geschmack für das Archaische. Nun wüten explosive und konkurrierende Egoismen, das tropische Wachstum und der Verfall des Lebens zerstören die alte Moral der Elite, die verehrungswürdigen Sinngehalte und die Ziele der Vergangenheit verblassen, Chaos und Zerstörung drohen wieder; doch was sie nun gefährden, ist nicht länger die ganze Gesellschaft, sondern der Einzelmensch. Jene feierlichen Beobachter und Eckensteher, die Moral-Philosophen, fangen an, eine neue Moral zu predigen. Sie bemerken, daß im allgemeinen nur der Durchschnittsmensch, der unheilbar Mittelmäßige, Verfall und Auflösung überlebt und daß er sich vermehrt. So predigen sie notgedrungen *seine* Moral, *seine* Wertskala und Lebensweise (was nicht einfach ist; sie dürfen nicht zugeben, daß sie Mittelmäßigkeit predigen, sondern müssen von allerlei Tugenden

und Selbstlosigkeiten reden, und dazu bedarf es einer gewissen Ironie).
Der wertbeladene Begriff des „Mittelmäßigen“ leitet nun über in eine — ziemlich mechanistische —Sprachtheorie, indem Mittelmäßigkeit als die Essenz einer möglichst leichten Verständigung begriffen wird. Angenommen, daß Worte Laute sind, die für Begriffe stehen, und daß Begriffe mehr oder weniger bestimmte bildliche Zeichen für häufig wiederholte, durchschnittliche Empfindungen und Erfahrungen sind, so folgt, daß Worte am besten und schnellsten funktionieren, wenn sie sich auf die gewöhnlichsten — das heißt mittelmäßigen — Empfindungen und Erfahrungen beziehen. Die Notwendigkeit für schnelles und unzweideutiges Verstehen ist dort am größten, wo es um das Überleben des Mittelmäßigen geht. In dieser Lage sind allerdings der Empfindsame, der Feinere und der Wählerische im Nachteil. Die Massen freilich haben, auch wenn ihre Grobheit und ihre Lust an der Strafe nahezu grenzenlos sind, ein großes Bedürfnis nach schutzbringender Verständigung, vor allem in Notlagen. Die Befriedigung dieses Bedürfnisses ist der stärkste Einzelfaktor, der sie prägt.
Am kontrastierenden Bild der Elite bemerken wir Nietzsches Genugtuung, ja Freude darüber, daß ihre Aufgabe wesentlich *schwerer* ist — die wenigen Auserlesenen in ihrer Isolierung finden Verständigung wie Überleben wesentlich problematischer. Sie wollen nicht mit ihren lärmenden plebejischen Zeitgenossen, in deren Gesellschaft sie zufällig geworfen wurden, von einem Tisch essen, und so stehen sie vor der Wahl zwischen Hungern und „Nachtisch-Ekel“. Ein Psychologe und „Seelen-Errater“ muß sich gegen so viel Verwundbarkeit und Zerstörung abhärten, denn er kann die Ent-

deckung nicht vermeiden, daß alle Geschichte ein Beinhaus der Großen ist. Wo die kultivierten Massen bewundern, *sieht* er, wie es mit der Wahrheit über menschliche Größe und vielleicht auch mit Gott steht, und so zieht er es vor zu schweigen, damit ihn seine Entdeckungen nicht an den Punkt führen, wo „die Großen" sich als ein Gegenstand des Mitleids und der Verachtung erweisen.

Wieder folgt eine Wendung ins Ästhetische, wo Wahrheit und künstlerische Leistung keineswegs identisch sind: Erfolg beim Kunstwerk liegt oft in der Maskierung der Wahrheit, daß es ja „das Werk" ist, das den Künstler und den Philosophen schafft, daß *sie* dessen „kleine schlechte Dichtungen" sind. „Das Werk" ist der schändliche Lückenbüßer des unvollkommenen Seins. Man betrachte die großen Dichter — Byron, Musset, Poe, Leopardi, Kleist, Gogol (und Goethe selbst[1]) —, ihre „Kindsköpfigkeit", Sinnlichkeit, die Unbeständigkeit ihrer Absichten und die Leichtfertigkeit ihres Vertrauens und Mißtrauens, die Art, wie sie ihr „Werk" benützen, um ihre inneren Fehler und ihren schwachen Glauben zu verbergen und wettzumachen. Was für eine Qual ist dies alles für den Psychologen, der ihr wahres Wesen erraten hat! Weder Mitleid noch Liebe kann ihnen helfen . . ., daß Liebe alles vermag, ist nur weibischer Aberglaube.

Der Übergang zu dem nun folgenden Argument ist assoziativ und willkürlich: Hat auch Jesus das geglaubt? Sein Martyrium war das des unschuldigen, doch stolzen Herzens, das Martyrium von einem, der

[1] Nietzsche nennt Goethe nicht, aber fügt mit einem sententiösen Zittern in der Stimme hinzu (§ 269): „... ich wage es nicht, größere Namen zu nennen, aber ich meine sie."

nur geliebt werden wollte von allen Menschen, der eine Hölle für jene erfand, die ihn nicht lieben wollten und „einen Gott erfinden mußte“ von unendlicher Liebe, der mit der Menschenliebe Mitleid haben würde, weil sie so elend und unwissend ist. Wahre Heiligkeit, die in Einsamkeit lebt, ist eine ganz andere Sache: Es ist die höchste Vergeistigung jenes Instinkts für Reinlichkeit, der einen Menschen eingestehen läßt, daß er bei aller Anständigkeit, Nützlichkeit und gutem Willen einen anderen „nicht riechen kann“. Und dieser Instinkt treibt die Seelen der Menschen aus Dunkelheit und Trübsinn in das glänzende Licht des Morgens, aber auch in die Gefahren der Einsamkeit.
Was bestimmt den geistigen Rang eines Menschen? Er muß *désinvolte* leben, jenseits von Gut und Böse und in der Reinlichkeit der Einsamkeit, die aus dem Wissen stammt, daß alle Gemeinsamkeit (später wird Nietzsche anfügen: und alle Sprache) zu guter Letzt gemein macht. Nicht Arbeit, sondern Glauben — d. h. nicht die Vergötzung seiner selbst, sondern eine bestimmte tiefe Ehrfurcht vor sich selbst — zeigt den wahren Rang eines Menschen; nicht die Meinungen, die er hat, sondern die Art, wie er sie vertritt; nicht eine leicht mitzuteilende Reihe fester „Wahrheiten“, sondern Ideen, die so fern von uns sind wie Sterne. Denn „die größten Ereignisse und Gedanken — aber die größten Gedanken sind die größten Ereignisse“ — brauchen so lange, bis sie uns erreichen, daß viele Generationen in Unkenntnis der größten Ereignisse ihrer eigenen Zeit leben. Auch die Jahrhunderte, die ein Geist braucht, um begriffen zu werden, geben einen Maßstab ab, nach dem Rang bemessen werden kann. Vor allem jedoch beruht der geistige Rang eines Menschen auf seiner Fähigkeit zu tiefem Leiden, denn es trennt ihn von anderen (man

denke an den Zynismus solch gebrochener Seelen wie Hamlet) und lehrt ihn den überlegenen Wert der Masken und der Selbstbeherrschung, die nötig ist, um das Mißverstehen zu begrüßen. (Wo man mißverstanden wird, dort leidet nur die Eitelkeit; wo man verstanden wird, ist das Herz der Leidtragende.)

Der Wert der Psychologen ist so problematisch wie der Wert von Verständnis und Wahrheit. Man denke an den Psychologen, dem das Enträtseln eines jeden Motivs zur Gewohnheit wurde und der daher nicht mehr imstande ist, wahre Größe zu erkennen; man denke an den Heiligen, der vom Mitleid mit allem, was menschlich, allzumenschlich ist, angesteckt wurde. Wenn daher jede Wahrheit ihren Entdecker hat und wenn manche Wahrheiten gefährlich und zerstörend und andere wieder erniedrigend sind, so kann es sein, daß Bücher geschrieben werden müssen, um Mißverständnisse zu fördern, und daß Einsiedler-Philosophen verbergen müssen, was sie in ihrem langen einsamen Zwiegespräch mit ihrer eigenen Seele geahnt haben. Es liegt etwas Verschlossenes und Zurückhaltendes in der Gegenwart solcher Einsiedler-Denker; ein modernder Hauch der Tiefe weht kalt jeden Vorübergehenden an. Jede Philosophie ist eine Vordergrund-Philosophie (sagt der Einsiedler-Philosoph), es ist immer etwas Willkürliches an dem Punkt, wo ein Philosoph in seiner Untersuchung haltgemacht hat, an seiner Entscheidung, dieses Argument zu verfolgen und nicht ein anderes. Und jede Philosophie verbirgt eine andere, nicht ausgesprochene Philosophie, denn jedes Wort ist eine Maske. Die Moral selbst ist eine Erfindung, welche die Seele eines Menschen appetitlicher erscheinen lassen soll.

Ein Philosoph ist jemand, der dauernd außerordentliche, ja widrige Dinge erlebt, der ständig von seinen ei-

genen Gedanken überrumpelt wird, als kämen sie von draußen, als seien es Blitze. „Wird man es mir glauben?“ fragt Nietzsche, „aber ich verlange, daß man es mir glaubt ... dank einem unbezwinglichen Mißtrauen gegen die *Möglichkeit* der Selbst-Erkenntnis ...“ „Ich habe immer nur schlecht an mich, über mich gedacht ... ohne Lust ‚zur Sache‘ ...“ Verrät dieses Bekenntnis „vielleicht ... die Spezies, zu der ich gehöre? — Aber nicht mir: wie es mir selbst erwünscht genug ist.“ (Auch aus dieser selbstbezogenen Abweisung spricht vor allem *das Persönliche* des Nietzscheschen Philosophierens zu uns.)
Das Buch endet mit einer Verwerfung der Mentalität des Schweren und einer Beschwörung des Ästhetisch-Leichten. Auch die Götter sind Philosophen, und sie teilen die Gabe des göttlichen Lachens, die das Zeichen des wahren Ranges eines Philosophen ist. Dem Einsiedler-Philosophen am nächsten steht der „Zweideutige und Versucher-Gott“ Dionysos, der Geber von Gaben und Bereicherer der Menschen (sie nur um das bereichernd, was schon in ihnen ist), der Bewahrer von Geheimnissen und *„das Genie ihres Herzens“*. Er lehrt die Menschen verstummen und mit ihrer stummen Oberfläche den Himmel widerspiegeln, nach den Körnern goldener Gedanken in Schlamm und Sand zu suchen; er macht die Menschen offener und empfindsamer und auch unsicherer und verwundbarer. Und der Einsiedler-Philosoph? Er ist des Gottes letzter Schüler (denn unsere Freunde behaupten, daß es keinen Gott, keine Götter gibt), zu ihm spricht der Gott frei und ohne Masken. Unter den vielen unheimlichen, furchterregenden Dingen, die Dionysos lehrt, ist seine Liebe zur Gattung „Mensch“: Ein angenehmes, tapferes, erfinderisches Tier erscheint ihm der Mensch, der seinesglei-

chen nicht hat auf der Erde. Doch der Mensch (so lehrt der schreckliche Gott) sollte „stärker, böser und tiefer; auch schöner" gemacht werden. Und wenn der Einsiedler-Philosoph, erschrocken über die Botschaft des Gottes, diese Worte wiederholt, lächelt der Versucher, als habe er ein artiges Kompliment übermittelt — doch gibt es nicht gute Gründe für den Glauben, daß die Götter viel von uns zu lernen haben?

PS. „Wieder die alte Geschichte! Wenn man sich sein Haus fertiggebaut hat, merkt man, unversehens etwas dabei gelernt zu haben, das man schlechterdings hätte wissen *müssen,* bevor man zu bauen — anfing. Das ewige leidige ‚Zu spät!' — Die Melancholie alles *Fertigen*! ..." (*Jenseits von Gut und Böse,* § 277).

VI Das erste Experiment: Moral gegen Leben

... denn an sich ist nichts weder gut noch böse; das Denken macht es erst dazu.

(*Hamlet* II, 2)

1

Es ist kaum zu bezweifeln, daß Nietzsche den Großteil des vorhergegangenen Kapitels mißbilligt hätte. Die Zusammenfassungen, Zusammenziehungen und entmetaphorisierten Argumente, aus denen es besteht, widerstreben dem Geist und der so häufig geäußerten Absicht seines Philosophierens. Der Leser, den er sich gewünscht hätte, würde über die Themen seiner „Aphorismen" nachdenken und sie variieren, anstatt zu versuchen, sie systematisch oder zumindest thematisch untereinander zu verbinden; er soll die besonderen Metaphern bewahren oder vielleicht weiterspinnen, aus denen Nietzsche seine einzelnen Argumente baut, statt sie in diskursive Prosa aufzulösen. Es gibt jedoch mehr als eine Art, Nietzsche zu lesen, und es bestehen gute Gründe, daß man ihn zuweilen unter Ausschluß der Metaphern und mit einem Blick auf die Zusammenhänge lesen sollte. Anstatt Nietzsche in seinem Mißtrauen gegen Gedanken und *Aussagen* zu folgen, kann der Leser nicht umhin, die Gründe für dieses Mißtrauen zu untersuchen.

In den letzten Betrachtungen von *Jenseits von Gut und Böse* (§ 296) spricht Nietzsche lebhaft von seiner Furcht, seine Gedanken würden durch die Niederschrift ihre Frische und Lebendigkeit verlieren und zu „so herzbrechend rechtschaffenen, so langweiligen" Wahrheiten reduziert werden; auf die Argumente des Buchs zurückblickend bedauert er, „immer nur Vögel, die sich müde flogen und verflogen", erhascht zu haben; was er habe malen und schreiben wollen mit den „fünfzig Gelbs und Brauns und Grüns und Rots...", seien nicht die Morgen der Gedanken gewesen, sondern ihre Nachmittage: „Wir verewigen, was nicht mehr lange leben und fliegen kann." Man kann diese Stelle (und viele ähnliche) nicht lesen, ohne die stilistische Intensität und das denkerische Pathos zu spüren, welche diese sprachbewußten und sprachkritischen Betrachtungen begleiten. Wenn des „Einsiedler-Philosophen" eigene Worte einer derart ironischen, ja abschätzigen Bewertung unterworfen worden sind, wie lassen sich dann unsere Worte über seine Worte, unsere Darstellung seiner Darstellung rechtfertigen? Nietzsche wird dem Kritiker seiner Kritik kaum eine wichtigere Rolle zuerkennen als die eines Präparators, der mit toten Vögeln hantiert.

Wie ist Nietzsches Insistenz auf „Frische und Lebendigkeit" zu erklären? Es ist charakteristisch für ihn, daß er jene Denkungsart unterschätzt oder ignoriert, die sich der Isolierung von Gedanken, der Absonderung von Bildern und Szenen, die sich *vereinzelten* Einsichten widersetzt und überall auf Kontinuitäten und Zusammenhänge drängt. Hingegen muß eine kritische Darstellung seiner Gedanken von der Überlegung ausgehen, daß die systematische Sicht nicht nur nicht irreführend ist, sondern daß eine solche Sicht einfach nicht vermieden werden kann. Solche Überlegungen beschränken sich nicht auf die Philosophie. Auch die Literatur hat es mit Kontinuität und Zusammenhang zu tun, und Nietzsche trotzt ihnen im literarischen Aspekt seines Werkes nicht weniger als im philosophischen; denn auch sie besteht ja darauf, daß (um mit Henry James zu sprechen) aus ihren Szenen und Einsichten „die vollen Implikationen gezogen werden".

Nietzsche ist geneigt, Kontinuität und Zusammenhang als langweilig, als einen Verrat an der genuinen Einsicht und authentischen Erfahrung anzusehen, als Anti-Leben. Dieser Überzeugung entspringen seine Angriffe auf alle Konvention, die Moral einbegriffen. So liegt für ihn die Bedeutung einer wahrhaft schöpferischen Moral, im Gegensatz zu jenem „laisser aller" (*Jenseits von Gut und Böse,* § 188), nicht darin, daß sie auf sichere Regeln zielt oder für alle gleichermaßen zugänglich und verbindlich ist — all dies dient der Mittelmäßigkeit und ihrem Überleben —, sondern daß ein moralisches Schema als Verkörperung „eines langen Zwanges" den Mechanismus bereitstellt, durch den individuelle Schöpfungskraft zuerst unterdrückt, dann in die Gegnerschaft zur überkommenen Konvention gezwungen und dadurch endlich befähigt werden soll, sich selbst zum Ausdruck zu bringen. Ähnlich steht es mit der Herrschaft des Gesetzes, die nie zu einem dauernden Zustand werden darf. Sobald das Gesetz nämlich aufhört, ein Mittel zu sein — ein Mittel zur Schaffung „größerer Macht-Einheiten" (*Zur Genealogie der Moral,* II § 11) —, und zu einem Zweck wird, muß es die Ausdehnung und Entwicklung des Ich, das Leben des „Lebens", gefährden. Anstelle der gesicherten Herrschaft des Gesetzes, die Mittelmaß hervorbringt, fordert Nietzsche die Herrschaft des Übermenschen, der hier als eine Verkörperung seines Protests gegen die etablierte rechtliche, moralische wie religiöse Konvention auftritt. Wiederum aber ist der Übermensch das

Geschöpf einer plötzlichen, katastrophenartigen Umkehrung von Werten, das Geschöpf nicht einer kohärenten Entwicklung, sondern eines Augenblicks der Spontaneität, die an Gnade erinnert. Ein naheliegendes Beispiel bieten seine Ansichten über die konventionelle Geschichtsschreibung. Sie bestehen teils aus Angriffen auf den zeitgenössischen Historizismus, teils aus Lob der großen charismatischen Führer der Vergangenheit, teils aus Verteidigungen seiner anscheinend anti-historischen Vorstellung von Originalität. All dies bildet ein gewiß brillantes Korrektiv zur akademischen Pedanterie und zur Trägheit des Geistes: „Daß ein einzelner" — dies ist noch zur Zeit seiner Wagnerbegeisterung geschrieben — „im Verlaufe eines gewöhnlichen Menschenlebens etwas durchaus Neues hinstellen könne, mag wohl alle die empören, welche auf die Allmählichkeit aller Entwicklung wie auf eine Art von Sitten-Gesetz schwören" (*Unzeitgemäße Betrachtungen,* IV § 1). Gewiß — aber ist das Originale notwendigerweise unzusammenhängend und anti-historisch? In *Morgenröte* gibt es mehr als eine Stelle, wo gezeigt wird, daß der historische Gesichtspunkt nicht immer das Zeichen eines falschen, unerschütterlichen Professionalismus ist, der sich weigert, irgend etwas Neues unter der Sonne anzuerkennen. Auch werden die einzelne Einsicht und die einzelne Lebenserfahrung — das vielgepriesene „Erlebnis" — nicht notwendigerweise verraten und mumifiziert, wenn sie auf eine konsequente Weise gesehen und eingereiht werden. „Wir Verewiger aller Dinge, die sich schreiben lassen", klagt Nietzsche und spielt auf eine Tautologie an, wo keine ist. Warum sollte alles, was sich schreiben läßt, ein schaler Ersatz für das sein, was wortlos ist und sich nicht schreiben läßt? Wir hingegen gehen davon aus, daß ein jedes bedeutende geistige Unternehmen (in der Philosophie wie auch in der Literatur) die Grenzen des Erfaßbaren verändert, den Bereich des Sagbaren konsequent erweitert. Der Schluß ist unabweisbar, daß Nietzsches eigene philosophische Leistung aus der Negation ihrer selbst erwächst.

Nietzsches quasi-nominalistische Betrachtungen sind nicht bloße literarische Tropen. Sie sind folgerichtig und zahlreich genug, um als Teil seiner wohlüberlegten Meinung und seiner didaktischen Strategie zu gelten. Sind diese Betrachtungen also, wie häufig gesagt wird, Vorwegnahmen der Sprachphilosophie unserer Tage, insbesondere des Werks von Ludwig Wittgenstein? Darauf werden wir zurückkommen. Hier sei betont, daß diese sprachbewußten und sprachkritischen Beobachtungen nur dann Sinn ergeben, wenn man sie vor dem Hintergrund eines schweigenden Kosmos oder einer Welt sprachloser Erfahrungen sieht: Jene Welt aber ist der wahre Grund all unserer Aussagen. Eine solche Charakterisierung und Bewertung der Sprache erinnert an gewisse Grundzüge des *Tractatus Logico-Philosophicus* von 1922. Sowohl Nietzsche wie der frühe Wittgenstein erkennen nur jene streng beschränkte (und beschränkende) Vorstellung an, derzufolge die Sprache auf ihre nennende, bezeichnende, „referentielle“ Funktion beschränkt ist. (Während Nietzsche diese Vorstellung lediglich mit ein paar skeptischen Bemerkungen untergräbt, ist Wittgensteins späteres Werk ausdrücklich darauf angelegt, sie durch eine reichere und vielseitigere Vorstellung von Sprache zu ersetzen.) Gerade diese „referentielle“ Funktion macht in Nietzsches Augen die Sprache hoffnungslos derivativ — abgeleitet von einer (vermutlich stummen) Mitte. Und, wie immer, läßt auch hier das Werturteil nicht auf sich warten; er kehrt das linguistische Argument zu einem moralischen um: Da die Sprache ein abgeleitetes Schema ist, das bloße Echo einer Welt, aus der sie ausgeschlossen ist, ist sie unauthentisch, fiktiv, lügnerisch. (Innerhalb dieses Arguments gibt es auch eine „wahre Welt".) Auch uns kann dieser — bei Nietzsche unvermeidliche — Übergang zum Werturteil als Brücke zu einer Moralphilosophie dienen, deren Angelpunkt das Konzept der Authentizität bildet. Denn die Ansicht von der Sprache, die hier zum erstenmal umrissen wird, besitzt ihr Gegenstück in der nicht-sprachlichen, „moralischen" Sphäre, die in *Jenseits von Gut und Böse* und den nun folgenden Büchern, in denen das Wesen der Moral betrachtet wird, entworfen wird. Stets kommen wir zu ein und demselben Schluß: Auf der Suche nach einem zusammenhängenden, übergreifenden Sinn müssen wir das voraussetzen, was die gesonderten Betrachtungen zu widerlegen suchen — einen Bereich des Unaussprechlichen.

2

Was die Radikalität (und übrigens auch den oft outrierten Ton) der moralphilosophischen Reflexionen bestimmt, sind sicher nicht immer Nietzsches Einsichten in das moralische Leben der Menschen, sondern auch gewisse didaktische Erwägungen. Seine Bedenken gegen die lehrhafte Meinung als solche, die er gelegentlich als Verschleierung eines unreinen Machtwillens oder als rachsüchtige Selbstbehauptung anprangert, widersprechen dem keineswegs — auch sie müssen als Aspekte einer grundsätzlich didaktischen Strategie verstanden werden. Wie Platon beginnt Nietzsche sein philosophisches Unternehmen als Erzieher; im Gegensatz zu Aristoteles ist er nur selten an wissenschaftlichem

Wissen an und für sich interessiert — auch an der wissenschaftlichen Erkenntnis interessieren ihn eher die Beweggründe als die Ergebnisse, zu denen sie führt. Den ersten Anstoß zum Philosophieren gibt ihm eine tiefe Unzufriedenheit mit der Art und Weise, wie sein eigenes akademisches Fach, die klassische Philologie betrieben wird und den Zielen, auf die sie zu seiner Zeit ausgerichtet ist. (Diese Kritik — dies muß hinzugefügt werden — stammt aus der Feder eines jungen und anerkannten Meisters der Zunft.) Von hier führt das kritische Argument folgerichtig zum Ausdruck einer umfassenderen Unzufriedenheit — nämlich mit der Universität, ihrem mangelhaften Beitrag zur Schaffung gültiger Ideale und zu einer Erneuerung des Lebens der Nation. Seine schärfsten Bemerkungen gelten der Art, wie der Universitätsbetrieb unwillkürlich dazu führt, daß Wissenschaft und Erkenntnis fragmentierend wirken und so zur Zersplitterung von Persönlichkeit und Erfahrung beitragen. Ein früher Kritiker[1] (1874) bemerkte, Nietzsche zähle zu jenen jugendlichen Männern, „die Deutschland noch immer" — gemeint ist wohl: auch nach den militärischen Erfolgen des Französisch-Preußischen Krieges von 1870/71 — „für eine große Universität halten und meinen, jeder Deutsche sei ein Privatdozent oder Professor der Geschichte...", woraus der Kritiker folgert, Nietzsche fehle der Kontakt mit dem wirklichen Leben der deutschen Nation.

Nietzsche würde wohl erwidern, daß er eben jene Entfremdung des praktischen Bereichs vom geistig-intellektuellen, eben jenen Bruch zwischen den trockentheoretischen Wissenschaftlern, den „Papiermen-

[1] Karl Hillebrand, zitiert bei W. Mauser, *Karl Hillebrand: Leben, Wirkung* (Dornbirn 1980), S. 172.

schen“, und dem barbarischen, erbärmlich mittelmäßigen Publikum kritisiert und zu heilen sucht. Seine kritischen Ansichten ähneln — wie schon angedeutet —, im Gegensatz zu den vorgeschlagenen Heilmitteln, häufig denen seines viktorianischen Zeitgenossen Matthew Arnold. In beiden Fällen ist die Entfernung von der „praktischen Welt“ mehr Schein als Wirklichkeit.

Auch wenn nach den ersten Büchern Nietzsches didaktische Strategie nicht mehr ausdrücklich auf konkrete Einrichtungen und Bedingungen des zeitgenössischen Lebens bezogen ist, wird sie doch keineswegs aufgegeben. Zu ihr gehören seine häufigen Proteste, daß die Menschen unbelehrbar seien. Sein ganzes Werk hindurch muß seine pädagogische Absicht als Modus seines philosophischen Bestrebens gesehen werden: Ja auch dort, wo seine philosophische Spekulation ihren höchsten metaphysischen Gipfel erreicht, ist sie Teil seines pädagogischen Programms. Und dieses Programm zielt schlechthin auf die Schaffung einer feineren und edleren — „höheren“ — Gattung Mensch.

Das erste Buch, das Nietzsche veröffentlichte, *Die Geburt der Tragödie* von 1872, endet mit einem Aufruf zur „Wiedergeburt des deutschen Mythus“, der eine Wiedergeburt der deutschen Kultur und einer geistig reicheren, edleren Vorstellung des Lebens heraufführen soll, als sie das moderne, dekadente Europa zu bieten hat. Es kann in der Geschichte der Menschheit kein „Ziel“ geben (so schreibt er in der zweiten *Unzeitgemäßen Betrachtung,* über die wir im vierten Kapitel sprachen und an der sich Karl Hillebrand gestoßen hatte); es kann zumindest kein wertvolles Ziel geben, das durch den bloßen Ablauf der Zeit zu erreichen wäre, und auch keine (Hegelsche) Vorstellung eines unausweichlichen Fortschritts des Geistes. Die Geschichte hat keine andere Bestimmung, als überall Anlässe für die Erzeugung von Größe zu schaffen, denn „das *Ziel der Menschheit* kann nicht am [chronologischen] Ende liegen, sondern nur *in ihren höchsten Exemplaren*" (*Unzeitgemäße Betrachtungen,* II §9). Neun Jahre später wird in *Zarathustra* der utopische Entwurf des Übermenschen als ein Ausdruck von Nietzsches Sorge um den „ganzen Menschen" geschaffen, dessen Feind die Zersplitterung des Wissens und die Erstarrung der Erfahrung sind.[1] Und auch die in seinen letzten Aufzeichnungen von 1884–1888 im Lichte eines umfassenden „Willens zur Macht" weiter entwickelte „Umwertung aller Werte" steht noch immer im Dienst derselben Idee: „...das Ziel der Menschheit kann nicht am Ende liegen, sondern nur in ihren höchsten Exemplaren..., *wie könnte man die Entwicklung der Menschheit opfern,* um einer höheren Art, als der Mensch ist, zum Dasein zu helfen?" (*Wille zur Macht,* §859). Ein solches Ideal erweckt in uns wenig Begeisterung. Wir wissen, um zu unserem Vergleich mit Marx zurückzukehren, kaum, was wir für das größere Übel halten sollen: das Gespenst der sozialen Ungerechtigkeit (ein Produkt der Ungleichheit der Vergangenheit) oder das der Mittelmäßigkeit (ein Produkt unserer egalitären Gegenwart). Nietzsche hegt keinen Zweifel: Seine Beteuerung, daß nur menschliche Größe und die sie fördernden Bedingungen wichtig sind, ist der „wichtigste Punkt seiner Philosophie der Geschichte und Theorie der Werte, der Zugang zu seiner ‚aristokratischen' Ethik und zu seiner Ablehnung des Sozialismus und der Demokratie"[2]. Ob

---

[1] Den Begriff des „Übermenschen" fand Nietzsche im *Faust II,* wie ja diese ganze Problematik sehr dem faustischen Wissens- und Erlebnisdrang verwandt ist.

[2] W. Kaufmann, *Nietzsche,* S. 149.

dies auch die umfassendste seiner philosophischen Ideen ist, soll vorläufig offenbleiben.
Dieser „Erhöhung des Menschen“ muß alles dienen und alles geopfert werden; dies ist Nietzsches „kategorischer Imperativ“ und übrigens auch seine Erwiderung auf Kants Ethik. Seine Ansicht von der Vergangenheit des Menschen (das heißt, ihrer großen „historischen“ Augenblicke im Gegensatz zu jeder rein chronologischen Entwicklung), seines gegenwärtigen Zustands (im Zeitalter der europäischen Dekadenz und im Augenblick seines Aufgehens in einem zerstörenden, doch vielleicht auch befreienden Nihilismus) und seiner zukünftigen Hoffnungen (von einer bio-psychologischen Vorstellung von Zucht aus gesehen) — alle diese Ansichten werden nicht bloß als Beschreibungen der *condition humaine* formuliert, sondern als Teile einer allumfassenden pädagogischen Absicht. Und die kurzen autobiographischen Enthüllungen — manche lakonisch, andere voll kaum verhülltem Pathos, einige maßlos und überheblich —, auch sie sind Erwiderungen auf die Frage: Wie kann dieser individuelle Mensch, dieser Einsiedler-Philosoph im Zeitalter der Dekadenz und auf der Schwelle zum Zeitalter des Nihilismus, zu jenem globalen Prozeß beitragen, der eines Tages zu einer radikalen Verbesserung der „Spezies Mensch“ führen soll?

3

Solche Darstellung von Nietzsches moralischem oder vielmehr existentiellem Vorhaben legt einige Fragen nahe. Welche Art von „Veredelung“ und „Erhöhung“ des Menschen hat er im Sinn? Was stellt er sich unter dem Begriff des menschlichen Adels vor? Das Ethos von

Jenseits von Gut und Böse und von *Zur Genealogie der Moral* ist bewußt archaisch. Hier, unter Hegels Flagge, ist seine Zusammenfassung: Auch Nietzsche sieht es als eine geschichtliche Tatsache an, daß

„die Worte ‚edel' und ‚niedrig', auch wenn sie dem moralischen Urteil einverleibt worden sind, ursprünglich nicht Begriffe des moralischen Gesetzes bezeichneten und auch keinem Kodex von Geboten und Verboten angehörten, der als allgemeingültig und verpflichtend, ja als eine übernatürliche Autorität anerkannt wird und in dem der sittliche Wert oder Unwert einer Handlung hauptsächlich nach ihrer Auswirkung auf andere gemessen wird. Die Worte wurden vielmehr auf das Ideal der persönlichen Existenz einer herrschenden Klasse zu einer bestimmten Zeit bezogen — auf ihr Ethos in jenem Sinne des Wortes, der nicht die Vorstellung eines abstrakt *rechten* Verhaltens, sondern diejenige der charakteristischen Art oder des Stils eines *anerkannten* Verhaltens bezeichnet. Was mit diesem Ethos übereinstimmt, ist edel; was von ihm abweicht oder ihm Abbruch tut, ist niedrig. Das edle Ich konstituiert sich nicht durch seine wohlwollenden Absichten anderen gegenüber — seine Absichten richten sich ausschließlich auf es selbst; und werden diesem Ich moralische Tugenden zugesprochen, so folgen diese nur gleichsam beiläufig aus der Tatsache, daß es die Vorrechte und die Funktion seines Standes in Haltung und Benehmen ausdrückt."[1]

Viele Elemente des hier beschriebenen Ethos gehören zweifelsohne dem militärischen Leben an, das Nietzsche häufig positiv bewertete, in der Hoffnung, die militärischen Tugenden könnten die Dekadenz des Zeitalters kurieren. Das Archaische eines solchen Vorhabens war ihm jedoch nicht weniger klar als uns. Auf die Fragen: Was sind die *neuen* Werte, wie sieht die Umwertung aus, die zu ihnen führen soll? gibt dieses Ethos keinerlei Antwort.

---

[1] Lionel Trilling, *Sincerity and Authenticity* (London 1972), S. 37.

Eines ist klar: Nietzsche will nicht die Reihe der „idealistischen Philosophen“ fortsetzen, die ihr Vertrauen auf den „guten Willen“ oder das „Mitleid“ oder auf irgendeine einzelne und absolute geistige Einstellung setzen. Seine Argumente sind nicht nur ihrem Sinn und ihrer Form nach anti-idealistisch: Indem er eine positive, schöpferische Moral ins Leben zu rufen sucht, die sich auf den „Willen zur Macht“ gründet (der ja selbst, wie wir sehen werden, mehr sein soll als eine bloß geistige Einstellung), kritisiert er jene Zweiteilung von „Geist“ und „Stoff“, auf der jeder Idealismus beruht. Diese neue Moral darf nicht abstrakt sein — mehr als das: Sie kann gar nicht generalisiert werden, da die Verallgemeinerung selbst, der Gleichmacher aller Unterschiede und aller Vortrefflichkeit, ihr Feind ist.[1] Ihre materielle Substanz — das heißt ihre Beziehung zur Macht — darf ihrem geistigen Gehalt nicht widersprechen, wie auch die neuen moralischen Werte nicht in einem Gegensatz zu den biologischen Werten stehen dürfen, nach denen der gesunde und starke Teil der Menschheit selbst lebt und die übrigen regieren soll. Nietzsche zögert nicht, das Argument bis an einen Punkt voranzutreiben, wo die konventionelle Moral — die er nun einfach als Selbstschutz der körperlich und seelisch „Schlechtweggekommenen“ sieht — so auf den Kopf gestellt wird, daß Recht (moralisches und juridisches Recht ebenso wie biologische Überlegenheit) mit Macht eins werden soll.

Es kann nicht geleugnet werden, daß dieses ganze Argument sich auf einer kärglichen Grundlage materieller

---

[1] Eine ähnliche Kritik kann man bei Wittgenstein finden, der das unrechtmäßige „Streben nach Verallgemeinerung“ bei den Philosophen mit der „verächtlichen Einstellung dem Einzelfall gegenüber“ gleichsetzt (*The Blue Book,* Oxford 1964, S. 18).

Fakten aufbaut. Die ethnologischen, historischen, soziologischen Ansichten, auf die Nietzsche seine moralischen Beobachtungen gründet, stammen meist aus willkürlichen Datensammlungen, zufälligen Eindrücken, Bruchteilen von fachlicher Information. Das biologische Wissen, das seinen Vorstellungen von Züchtung, die er später zu revidieren sucht, zugrunde liegt, ist rudimentär und mutet amateurhaft an; es geht über die darwinistischen Etiketten kaum hinaus, die damals im Schwange waren. (Sein 1869 gefaßter Plan für ein ernsthaftes Studium der Chemie wurde nicht verwirklicht.) Dieses Dilettantentum hinderte ihn jedoch nicht, seine Vermutungen mit der Vehemenz von Überzeugungen vorzutragen — jede Behauptung, sei sie nun auf Tatsachen bezogen oder spekulativ, wird mit einem Werturteil versehen, denn „um zu leben, muß man schätzen" (*KSA* XI § 181).

Natürlich muß man kein kompetenter Historiker, Soziologe oder Biologe sein, um über die moralische Natur des Menschen philosophieren zu können. Doch man kann nicht umhin zu fragen, warum Nietzsche innerhalb von ein paar Jahren sich bemüßigt fühlt, detaillierte, doch kaum zuverlässige Beobachtungen etwa über die Ideen von 1789 oder die Philosophie der englischen Utilitaristen, über die Mentalität der französischen Intelligenz oder die ererbten Charakterzüge von Befehl und Gehorsam anzustellen; warum er sich auf notorisch vage Begriffe wie „Instinkt" und „Intuition" einläßt und sich mit hundert anderen weitverstreuten Gegenständen beschäftigt. Auf diese Frage gibt es eine Antwort: Nietzsche will kein idealistischer Philosoph sein. Eben weil er nicht solche als künstlich empfundenen moralischen Probleme behandeln will wie das unverdiente Leiden des Gerechten oder die Konsequenzen aus dem Diebstahl eines Löffels Marmelade, sucht er unentwegt nach konkreten Fakten und wissenschaftlichen Daten. Diese sollen eine Theorie illustrieren; doch diese Theorie weist die Verallgemeinerung als unauthentisch zurück. Weil das Ideal des edlen Menschen *verwirklicht* werden soll, schwankt seine Moralphilosophie zwischen der Scylla widerspenstiger Fakten und der Charybdis einer allumfassenden Kosmologie. Er will ein praktischer Philosoph sein (daher seine Bewunderung für Emerson), doch zugleich lehnt er sich gegen die Tyrannei des Empirischen und „unseren zweifelhaften Geschmack für Fakten" auf. Nietzsche sieht also seine philosophische Aufgabe in einer Einstellung, welche die philosophische Tradition, der er verpflichtet ist, als antiphilosophisch bezeichnet. Der Dichter William Butler Yeats hat diese Einstellung klar formuliert:

God guard me from those thoughts men think
In the mind alone.
He that sings a lasting song
Thinks in the marrow bone.

(Gott schütz' mich vor den Gedanken der Menschen, / Die denken im Geist allein. / Nur wer im Mark seiner Knochen / Denkt, singt ein bleibendes Lied.)

Weder Nietzsche noch Yeats ahnten, daß aus dieser Furcht vor dem abstrakten Denken der Erzaberglaube unseres Zeitalters — der Glaube an „vitales Denken" — erwachsen würde.

Wir können nicht sicher sein, daß sich Nietzsche dieses Dilemmas einer auf Verwirklichung drängenden Philosophie bewußt ist: Nach einigen Seiten gehobenen journalistischen Klatsches (*Jenseits von Gut und Böse,* § 251) über die deutsche Einwanderungspolitik für Juden und die Vorzüge des Vorschlags, blaublütige Junker mit gescheiten jüdischen Mädchen zu verheiraten, hält er mitten im Satz inne (und unserem Gefühl nach keinen Augenblick zu früh), um sich zu entschuldigen: „... mir ... Gedanken über Dinge zu machen..., die mich nichts angehn: erstes Zeichen der politischen Infektion.“ Dies schreibt er, ohne klar zu machen, daß hinter der politischen Fragestellung ein methodologisches Problem ungelöst bleibt. Denn wie kann man (zum Beispiel) politische Probleme diskutieren ohne zumindest einen Anflug von „politischer Infektion“? Wie kann man (zum Beispiel) das „europäische Problem..., die Züchtung einer neuen über Europa regierenden Kaste“ auch als philosophisches Problem erwägen, ausgerüstet bloß mit ein paar ethnischen Anekdoten und Beobachtungen und einigen Klischees über Rasse? Aus der Verachtung idealistischer Utopien heraus sucht er unentwegt nach objektiven Entsprechungen für die in immer neuen Entwürfen skizzierte Umwertung und ist stets unzufrieden mit dem, was er findet. Eine enge Analogie besteht zwischen seinen sprachbewußten Betrachtungen und den normativ gehaltenen moralphilosophischen Maximen: Tausend diverse Aussagen ergeben wenig Sinn, wenn sie nicht auf einen wortlosen Kosmos authentischen „Seins“ oder „Werdens“[1] bezogen sind; tausend diverse Fakten ergeben wenig Sinn, wenn sie nicht auf eine zu guter Letzt nicht in Worte zu fassende höchste Vorstellung von moralischer Vornehmheit bezogen werden. Dies ist das „Pathos der Distanz“, von dem seine Philosophie betroffen ist *und aus dem sie ihre Substanz und ihre Berechtigung zieht*. Wenn dieses Pathos für Nietzsche in Anspruch genommen wird, so sollen damit nicht seine weltgeschichtlichen Verkündigungen, seine fragwürdige Biologie oder seine

[1] In diesem Zusammenhang sind die Begriffe austauschbar; im Spätwerk wird, wie wir sehen werden, das „Sein“ zugunsten des „Werdens“ verworfen.

Grobheiten über „die Engländer“, „die Deutschen“ oder „die Franzosen“ entschuldigt werden. (Was den Engländern an diesen ethnischen Philosophemen am meisten mißfällt, ist, daß ihnen ein Nationalcharakter zugeschrieben wird; was er über die Trink- und Eßgewohnheiten der Deutschen sagt, macht den Engländern schon weniger Verdruß; und mit all dem, was er über französische Weltgewandtheit und französischen Schliff sagt, stimmen sie überein.) Das „Pathos der Distanz“ samt seinem metaphysischen Grund zeitigt auch Betrachtungen von äußerster Einsicht wie jene Skizze des „höheren Menschen“ (*Jenseits von Gut und Böse,* § 262), die wohl zu den glänzendsten Vorwegnahmen der Fauna des zwanzigsten Jahrhunderts gehört:

„An diesen Wendepunkten der Geschichte zeigt sich nebeneinander und oft ineinander verwickelt und verstrickt ein herrliches vielfaches urwaldhaftes Heraufwachsen und Emporstreben, eine Art *tropisches* Tempo im Wetteifer des Wachstums und ein ungeheures Zugrundegehn und Sich-zugrunde-Richten, dank den wild gegeneinander gewendeten, gleichsam explodierenden Egoismen, welche ‚um Sonne und Licht‘ miteinander ringen und keine Grenze, keine Zügelung, keine Schonung mehr aus der bisherigen Moral zu entnehmen wissen. Diese Moral selbst war es, welche die Kraft ins Ungeheure aufgehäuft, die den Bogen auf so bedrohliche Weise gespannt hat — jetzt ist, jetzt wird sie ‚überlebt‘. Der gefährliche und unheimliche Punkt ist erreicht, wo das größere, vielfachere, umfänglichere Leben über die alte Moral *hinweglebt;* das ‚Individuum‘ steht da, genötigt zu einer eigenen Gesetzgebung, zu eigenen Künsten und Listen der Selbst-Erhaltung, Selbst-Erhöhung, Selbst-Erlösung. Lauter neue Wozus, lauter neue Womits, keine gemeinsamen Formeln mehr, Mißverständnis und Mißachtung miteinander im Bunde, der Verfall, Verderb und die höchsten Begierden schauerlich verknotet, das Genie der Rasse aus allen Füllhörnern des Guten und Schlimmen überquellend, ein verhängnisvolles Zugleich von Frühling und Herbst, voll neuer Reize und Schleier, die der jungen, noch unausgeschöpften, noch unermüdeten Verderbnis zu eigen sind. Wieder ist die Gefahr da, die Mutter der Moral, die große Gefahr, diesmal ins Individuum verlegt, in den Nächsten und Freund, auf die Gasse, ins eigne Kind, ins eigne Herz, in alles Eigenste und Geheimste von Wunsch und Wille: was werden jetzt die Moral-Philosophen zu predigen haben, die um diese Zeit heraufkommen? Sie entdecken, diese scharfen Beobachter und Eckensteher, daß es schnell zum Ende geht, daß alles um sie verdirbt und verderben macht, daß nichts bis übermorgen steht, *eine* Art Mensch ausgenommen, die unheilbar *Mittelmäßigen.* Die Mittelmäßigen allein haben Aussicht, sich fortzusetzen, sich fortzupflanzen — sie sind die Menschen der Zukunft, die einzig Überlebenden; ‚seid wie sie! werdet mittelmäßig!' heißt nunmehr die alleinige Moral, die noch Sinn hat, die noch Ohren findet. — Aber sie ist schwer zu predigen, diese Moral der Mittelmäßigkeit! — sie darf es ja niemals eingestehn, was sie ist und was sie will! sie muß von Maß und Würde und Pflicht und Nächstenliebe reden — sie wird Not haben, *die Ironie zu verbergen!* — "

„Déracinement" — das Gefühl, in der gemeinen Welt der Menschen nicht sehr sicher zuhause zu sein[1] — ist eine der Bedingungen sozialer Erkenntnis und Prophetie. In dieser Hinsicht ist die Einstellung Nietzsches der Heines (den er verehrte) auffallend ähnlich, wie auch der Einstellung der Juden im allgemeinen, mit denen er sich zuweilen identifizierte: Es ist eine Verbindung von Vertrautheit und kritischem Abstand, von Zustimmung und der Freiheit, „welche die Distanz verleiht". Sie wird unter erheblichen persönlichen Opfern erworben: „Ich weiß absolut nicht mehr, mit welchen Ansichten ich noch wohltue, mit welchen ich wehtue", schreibt er (an Overbeck, 23. Juni 1881). Aus dieser Distanz stellt er seine Fallen, spielt er seine Tricks aus und erreicht seine erstaunlichen Vorwegnahmen.

---

[1] Vgl. die Ausführungen zu diesem Thema in J. P. Stern, *Re-Interpretations: Seven Studies in Nineteenth Century German Literature* (London 1964).

Nietzsche will kein „idealistischer" Philosoph sein. Nichts ist so bezeichnend für seine Art zu denken wie sein Mangel an Interesse für die klassischen Probleme der Erkenntnistheorie und seine Gewohnheit, jedes erkenntnistheoretische Problem in ein moralisches und existentielles zu verwandeln. Die Kantsche Frage „Was kann ich zuverlässig wissen?" wird ersetzt durch „Was ist gut für mich zu wissen? Welche Art von Wissen wird meinen Willen und mein persönliches Dasein fördern, und welche Art von Wissen wird mir schaden? Was ist mein Gutes, meine ‚Werttafel'?"

Die idealistische Ethik des Wissens, wie sie die Naturwissenschaftler übernommen haben, soll umgekehrt werden. Nicht der Mensch soll der Wahrheit und Erkenntnis dienen, sondern Wahrheit und Erkenntnis sollen Diener des Menschen sein. Nicht die Erkenntnis und das Streben nach ihr sind absolut, sondern das „Leben" und das persönliche Sein derjenigen, die sich den Forderungen des Lebens stellen, — wenn dieses vielleicht auch letzten Endes nicht erkannt und definiert werden kann. Wissen wird vom Menschen gestaltet und verdorben. Es ist also durchaus vorstellbar — eine Situation, die sich Nietzsche mit Vergnügen ausmalt —, daß eine bestimmte Art von Person zu einer bestimmten Art von Erkenntnis berechtigt ist, nicht jedoch zu einer anderen. Was ist diese Berechtigung? Was ist es, das diese Person und nicht eine andere oder diese Nation, dieses Zeitalter und nicht andere zu metaphysischer Erkenntnis berechtigt? Warum ist die Frage nach dem Endzweck des Lebens der einen Kultur angemessen, der anderen aber verderblich?

Für Nietzsche gibt es im Grunde genommen nur eine Antwort auf diese Fragen: Der Wille zur Erkenntnis muß identisch sein mit dem Willen zur Macht, der das

Wesen des Menschen bedingt. Es gibt eine Berechtigung zu dem einen wie zu dem anderen, und das Maß des Wissens, das ein Mensch erwerben darf, soll der Willensstärke und Lebenskraft des Mannes (oder der Nation) entsprechen: „Ich will, ein für allemal, vieles *nicht* wissen. — Die Weisheit zieht auch der Erkenntnis Grenzen" (*Götzen-Dämmerung,* I § 5). Das Streben nach Erkenntnis soll nicht durch das bestimmt werden, was gewußt werden *kann* und was Spekulation, Experiment und Beobachtung liefern können (dies sind beiläufig *unsere* Kriterien für das Streben nach Erkenntnis), sondern durch eine „Gesundheitslehre des Lebens" (*Unzeitgemäße Betrachtungen,* II § 10) — eine Lehre, die jedoch, abgesehen von Lobpreisungen des „Lebens", des undefinierbaren, nicht dargelegt wird. Was Nietzsche formuliert, sind Rudimente einer Theorie der *existentiellen* Berechtigung (der wir uns bei der Betrachtung des dritten und letzten seiner moralischen Experimente zuwenden wollen).

Der Gedanke an eine persönliche Berechtigung zur Erkenntnis ist zwar parteiisch und unwissenschaftlich (insofern als seit Platons *Menon* alles wissenschaftliche im Gegensatz zum esoterischen Wissen als allen vernünftigen Menschen zugänglich angesehen wird), doch ist er nicht exzentrisch. In bewußtem Gegensatz zu wissenschaftlicher Objektivität und zum Postulat wertneutraler „Gesetze" betont Nietzsche die Einheit der kognitiven und moralischen Seiten des Menschen. Wie Goethe vor ihm fordert er, daß die Beschaffenheit der Erkenntnis, die ein Mensch erwirbt (und übrigens auch seine Kunst), von der Beschaffenheit seines moralisch-existentiellen Seins abhänge, und wiederum wie Goethe hofft Nietzsche, dies ohne den Appell an eine religiöse Autorität zu erreichen. Die relevante Analogie zu dieser

Art Postulat ist jedoch die Behauptung Christi, die bloße Gesetzeskenntnis der Pharisäer sei nicht genug — nur ein bestimmter moralischer Zustand berechtige zu Erkenntnis und Urteil („Wer unter euch ohne Sünde ist, der werfe den ersten Stein [auf die Sünderin]“, Jo. 8, 7). Das moralische Problem, welches sich in diesem Verbot stellt, ist ohne eine religiöse Autorität zweifellos unlösbar. Gerade weil er göttliche Autorität anruft — Joh. 8, 15 – 17 —, beansprucht Christus das Recht, den Urteilsspruch der Pharisäer zu rügen; dasselbe gilt auch für Nietzsches Argument. Nur indem er dem „Leben“ eine quasi-religiöse, transzendente Qualität verleiht und nur indem er den Menschen zu einem Gott macht, kann er ihn zum Maß und seine Erhöhung zum Ziel aller Dinge und allen Wissens machen — und doch betont Nietzsche immer wieder, daß es sein Ziel ist, ohne alle Götter und ohne das Transzendieren des menschlichen Loses auszukommen. Hier leuchtet das wiederkehrende Muster von Nietzsches Denken auf: In einem Erfahrungsbereich nach dem anderen ist dieses Denken von einem inneren Zwang bewegt, seine verschiedenen Betrachtungen konzentrisch um einen leeren Raum herum anzuordnen — um einen Raum, der ausgespart bleibt für eine Gnade von oben in einer Welt, in der es keine Gnade und auch kein „oben“ gibt.

Wenn jedoch Nietzsches Versuche, die Idee einer persönlichen Berechtigung zur Erkenntnis zu begründen, auch scheitern, so hat uns doch seine Beschreibung der beim Fehlen einer solchen „Gesundheitshygiene des Lebens“ entstehenden Situation viel zu sagen. Prophetisch beschreibt er die geistige Gleichgewichtsstörung jener Menschen, deren Erkenntnis ihre Fähigkeit zu existentieller Bewältigung übersteigt. Auf moralische Erkenntnis bezogen, ist uns die Tragödie dieser Gestörtheit vertraut: Ihr Name ist Hamlet. Nietzsche geht es jedoch gleichermaßen um wissenschaftliche Erkenntnis. Im *Zarathustra* geißelt er die papierene Imagination der Intellektuellen im allgemeinen und der Historiker im besonderen, die über gewaltige Quellen von Information verfügen, deren Gewichtigkeit in keinem Verhältnis zu dem steht, was sie als Menschen sind. In der *Genealogie der Moral* betont er die Verwandtschaft der „Wissenschaft" (d.h. wissenschaftlicher Erkenntnis, die das persönliche, „subjektive" Erkenntnisinteresse ausschließt) mit den „Feinden des Lebens", an ihrer Spitze die „asketischen Ideale". Die Hochschätzung eines unbeschränkten Strebens nach Wissen, das der Folgen nicht achtet, wird als Symptom eines Zeitalters der Dekadenz „entlarvt", als Symptom einer Art von Leben, das sich nicht gegen seine Feinde zu wehren weiß. Die modernen Männer der Naturwissenschaft leben eine zermürbende Existenz, da ihr Wissen in keiner Weise mit ihrer Welt oder ihrem persönlichen Sein zusammenstimmt (*Genealogie der Moral,* III § 23); und in einer späteren Aufzeichnung fügt er hinzu: „Daß Wissenschaft möglich ist in diesem Sinne, wie sie heute geübt wird, ist der Beweis dafür, daß alle elementaren Instinkte, Notwehr- und Schutzinstinkte des Lebens nicht mehr fungieren ..." (*KSA* XIII S. 388/89). Das Paradox ist allerdings verblüffend: Trotz geringer Kenntnis der zeitgenössischen Wissenschaft sieht Nietzsche ihr fatalstes Dilemma voraus, einschließlich der vielen Umweltfragen, die wir noch nicht gelöst haben. Was er hier enthüllt, ist eine Reihe von Problemen, die vom Dogma des absoluten Wertes jeder neuen Erkenntnis — des Erkenntisdranges an sich — verdeckt sind und in unserer Zeit eine ganz neue, von ihm vorausgeahnte Dimension angenommen haben.

Mit der Erfahrung des faschistischen Antiintellektualismus und der Herrschaft von Cliquen hinter uns empfinden wir freilich die Vorstellung *ungleicher* Berechtigung zum Wissen als schockierend undemokratisch: Wir bestehen auf einer freien Forschung, auf einer gerechten und gleichmäßigen Verteilung des Wissens wie aller anderen Dinge auch. Ein Kritiker ist nicht verpflichtet, Nietzsches völligen Mangel an Interesse in diesem und allen anderen Problemen von Gleichheit und Verteilung zu verteidigen (es zu erklären ist das Ziel des VIII. Kapitels). Hier geht es auch nicht um die politische Bedeutung von Nietzsches Anti-Egalitarismus, sondern um seine Naivität in der Politik. Das Wissen und die Wissenschaft, über die er spricht, begreift er als geistige Attribute individueller Personen; als den privaten Menschen betreffende Erscheinungen, deren soziale Bedeutung immer nur undifferenziert, in globaler Wertung hintangestellt wird. Daraus folgt, daß auch der Begriff von „Leben", mit dem er operiert, zwischen der privaten und der kosmischen Sphäre pendelt, aber die gesellschaftliche und politische Welt ausklammert — diese wird entweder vom individuellen Willen regiert oder durch den demokratischen Mob echter Herrschaft entzogen.

An diesem Punkt ist nun besondere Umsicht geboten (die politisch motivierte Kritiker wie Georg Lukács in den Wind schlagen): Nietzsche spricht keinem „Irrationalismus", keinem anti-wissenschaftlichen Dogma das Wort. Im Gegenteil: Eine beträchtliche Zahl von Bemerkungen, die in der *Fröhlichen Wissenschaft* von 1882 gipfeln, legen nahe, daß er die Unparteilichkeit und Genauigkeit der wissenschaftlichen Einstellung gegen die als obskurantistisch gewerteten Ansprüche der zeitgenössischen Religion auszuspielen bereit ist und dem

Fortschritt der Wissenschaft als einem neuen Zeitalter entgegensieht, das Nüchternheit und eine verstärkte Vitalität der Kultur und ein „höheres" Leben bringen wird. Darin liegt kein Widerspruch. Wissenschaft und das Streben nach Erkenntnis sind keine absoluten Werte. In Nietzsches Wertschema werden sie gebilligt, wenn sie die Sache des „Lebens" fördern, und abgelehnt, wenn sie dieser schaden — nicht insofern sie zur Wahrheit führen, sondern insofern sie zu jener großen, lebensstärkenden Illusion führen, die sich „Wahrheit" nennt. (Der Skeptiker Pontius Pilatus ist, so heißt es im *Antichrist*, § 46, der einzige *Gentleman* in den Evangelien.) Und wenn es Wahrheiten gibt, die das Leben zerstören, so dürfen auch sie nur als Teil jener kosmischen Ökonomie wirksam werden, durch die der stärkere Wille lebt und sich auf Kosten des schwächeren ausbreitet. Das Prinzip dieses Kosmos aber ist nicht das statische „Sein", sondern ein lebendiges „ewiges Werden".

Das Leben kann nicht definiert werden; es definieren hieße, es der Vernunft, seiner Dienerin, zu unterwerfen. Dieser Syllogismus — eine logische Zwickmühle — sollte höchst schlimme Folgen haben. Er wurde von Schopenhauer auf Nietzsche, von Nietzsche auf Alfred Rosenberg, auf Ernst Jünger in den zwanziger, Gottfried Benn in den dreißiger Jahren und auf eine Menge anderer einflußreicher Autoren vererbt. In einer von Nietzsche kaum vorausgeahnten historischen Situation erhält dieser Syllogismus den folgenden Inhalt: (1) Man nehme x an als den „intellegiblen Charakter", den „Willen" oder „Willen zur Macht" oder „Blut" oder als irgend etwas, was für das Sein des Menschen als *fundamental* postuliert wird; (2) man nehme y an als den Verstand oder die analytische Vernunft oder die Kritik oder als irgend etwas, was als degeneriert, schwächlich

oder heuchlerisch beschrieben wird, wobei die Bewertungen von x und y wohl arge Übertreibungen, nicht aber radikale Verfälschungen des Nietzscheschen Wertschemas sind; dann muß (3) jeder Versuch, x durch y zu definieren, scheitern, weil x die Basis oder Wurzel oder der „Urgrund“ von y ist (oder sein soll), und es ist offensichtlich unmöglich, das Fundamentale durch seine Ableitung, das Primäre durch das Sekundäre zu definieren.[1] (Der Fehlschluß des Arguments entsteht aus der Vorstellung einer falsch angewandten Dinglichkeit, und zwar so, als besäßen x und y einen größeren oder geringeren physischen Tiefgang.)
Das Leben kann nicht definiert werden, doch ist der Anspruch, der in seinem Namen erhoben wird, unumschränkt: Ohne Leben gibt es keine Erkenntnis, kein Wissen und auch keinen „Willen zur Macht“. Und so folgt, daß sie alle — Erkenntnis, Werte, der Wille und das persönliche Dasein des Menschen — als relativ zum Leben gesehen werden müssen. Das Argument scheint auf einen Kreisschluß hinauszulaufen: Die Ideale der wahrhaft edlen Menschen sind die, welche das Leben fördern und erhalten, während das Leben das ist, was den es fördernden und authentischen „höchsten“ Idealen, und somit den sie verwirklichenden Menschen, ihren Wert verleiht... Wie können wir diesem *circulus vitiosus* entkommen?

4

Nietzsche ist ein protestantischer Philosoph. Jenseits der Wahrheit liegt für ihn die Wahrhaftigkeit. Was uns zumindest einen Schritt in unserem Argument weiter-

---

[1] Siehe J.P. Stern, *Idylls and Realities* (London 1971), S. 209.

führt, ist die Erkenntnis, daß jene wesentliche „Relativität“ und jener Perspektivismus[1] seiner moralphilosophischen Erwägungen Zeichen eines Geistes sind, der versucht, jeder neuen Reihe von Umständen, die in den Blick kommt, so angemessen — so wahrhaftig — wie möglich zu begegnen, und der die Angestrengtheit dieser Relativität, dieses Perspektivismus zum höchsten Wert erhebt.

Gibt es keine absolute Antwort auf die Frage „Was ist der Wert der Werte?“ so weisen die zulässigen Teilantworten doch eine gewisse Familienähnlichkeit auf. Der Wert der Wahrheit ist nicht höher als der Wert der Illusion; der Wille — der einzige Schöpfer von Werten — ist nicht ein einzelnes Ding, sondern eine Reihe von Neigungen, die durch einen Fluß von Umständen bestimmt wird, die Singularität seines Namens ist nur eine sprachliche und daher praktische Konvenienz — eine nützliche Lüge; der Wert der esoterischen wie der exoterischen Erkenntnis hängt vom Rezipienten und von dem ab, was er daraus macht. Wir nehmen grob und ungenau wahr, in verzeichnenden Perspektiven, unsere Sprache vermag nicht einmal die Primärfarben, geschweige denn die Töne und Schattierungen unserer Erfahrung wiederzugeben. Die Wahrheit ist außerordentlich schwer zu erreichen, und ihr Wert ist abhängig von der Schwierigkeit der Suche nach ihr oder von dem Leiden, das diese Suche mit sich bringt. Das Gute ist nicht das Gute, wenn es nicht gegen überwältigende Hindernisse erprobt, erkämpft wird; wertlos ist der Wert, der von einem anderen behauptet wird; moralische Grundsätze sind keine Grundsätze, solange sie

---

[1] Siehe u.a. *KSA* XI S. 146; *Jenseits von Gut und Böse,* § 11: „... die Perspektiven-Optik des Lebens“; *Die fröhliche Wissenschaft,* § 353.

nicht verallgemeinert werden, und verlieren ihre Autorität in dem Augenblick, da dies geschieht; Mitleid ist in dieser Situation Schwäche, Stärke in einer anderen; Liebe ist eine aristokratische Tugend, anders gesehen ist sie eine dekadente romantische Krankheit; den einen schwächt die Historie, dem andern ist sie eine Quelle von Mythos und Kraft; Nihilismus ist letztes Ende der Dekadenz, oder die letzten ohnmächtigen Schauer des Winters vor Frühlingsanfang... Dieser scheinbaren oder teilweisen Widersprüche ist kein Ende, sie alle sind Beispiele von Nietzsches Überzeugung, daß der Mensch allein (nicht das Schicksal, ein Gott oder die Gesellschaft) Schöpfer aller Werte ist; daß das persönliche Dasein des Menschen bestimmen muß, was von Wert ist und nicht umgekehrt; und daß die Erkenntnisse, die der Mensch erreichen kann, nicht „subjektiv" sind (auch „das Subjekt" ist nichts als eine sprachliche, letzthin ungültige Konvention), sondern relativ und perspektivisch bedingt:

„Das *Perspektivische* also gibt den Charakter der ‚Scheinbarkeit' ab! Als ob eine Welt noch übrigbliebe, wenn man das Perspektivische abrechnet! Damit hätte man ja die *Relativität* abgerechnet!
Jedes Kraftzentrum hat für den ganzen *Rest* seine *Perspektive,* d.h. seine ganz bestimmte *Wertung,* seine Aktionsart, seine Widerstands-Art. Die ‚scheinbare Welt' reduziert sich also auf eine spezifische Art von Aktion auf die Welt, ausgehend von einem Zentrum.
Nun gibt es gar keine andre Art Aktion: und die ‚Welt' ist nur ein Wort für das Gesamtspiel dieser Aktionen. Die *Realität* besteht exakt in dieser Partikular-Aktion und -Reaktion jedes Einzelnen gegen das Ganze ... Es bleibt kein Schatten von *Recht* mehr übrig, hier von *Schein* zu reden ... Der Gegensatz der scheinbaren Welt und der wahren Welt reduziert sich auf den Gegensatz zwischen ‚Welt' und ‚Nichts'." (*Wille zur Macht,* § 567)

Und dieses „Nichts“ ist übrigens keine Heideggersche „Boa constrictor“ und kein „Nichtendes“, sondern eben — nichts.

5

Was aber ist das Leben? Auf keinen anderen Gegenstand hat Nietzsche sein literarisches Talent verschwenderischer angewandt. Hier kann nur eine knappe Auswahl seiner Ansichten geboten werden. Abgesehen davon, daß wir mit den Schriften seiner mittleren Periode (*Morgenröte* von 1881 und *Fröhliche Wissenschaft* von 1882) beginnen, folgen wir hier keiner Chronologie. Denn die Gewißheit, mit der er von der „Wissenschaft“ die Lösung des Rätsels „Leben“ erwartet, schwindet rasch, und die sich überstürzenden Einsichten von Nietzsches letzter Periode schließen sich zu keiner intellektuellen Entwicklung zusammen. Auch in den manchmal als „positivistisch“ bezeichneten mittleren Jahren seines Schaffens ist es Nietzsche mehr um die philosophische Verteidigung eines wissenschaftlichen Gesichtspunkts zu tun als um dessen konkrete Anwendung. Überall erscheint er als Möglichkeitsphilosoph, als Experimentator. Vor allem seine posthum veröffentlichen Bemerkungen müssen als eine Folge unvermindert energischer Experimente in Ideen und Worten gelesen werden, in denen Ernst und intellektuelle Abenteuerlust vereint sind.

„Leben“ ist die Ablehnung all dessen, was krank und dem Tode nahe ist; es ist grausam gegen alles, was in und um uns schwach und alt ist, ein unablässiger Kampf, der stets auf Kosten eines anderen Lebens ausgefochten wird; es hat keine Ehrfurcht vor dem Sterben und ist unentwegt mörderisch („Und doch sagt der alte

Moses: ‚Du sollst nicht töten!' "). Nicht um Unterscheidungen geht es diesem „Leben", sondern um Gegensätze.[1] Nicht nur jenseits von Gut und Böse liegt sein Reich, sondern auch jenseits aller intellektuellen Bejahung und Verneinung, jenseits aller Unterschiede von innen und außen, von Form und Materie, jenseits aller logischen Haarspalterei. Auch Vernunft und Logik gehören zu den fiktiven Vorgängen, mittels deren sich das Leben selbst erhält. Die instinktive Bejahung des Lebens bringt die Zerstörung der Moral mit sich, die nichts anderes ist als der „Instinkt, das Leben zu verneinen" (oder, wie der Teufel dem Helden von Thomas Manns *Doktor Faustus* erklärt: „Das Leben ist nicht heikel, und von Moral weiß es einen Dreck!").

Was ist Leben? Es heißt, anders sein und nach starken Vorlieben und Vorurteilen zu handeln, ungerecht und parteiisch und beschränkt zu sein; es ist voll von Gegensätzen, denn die „Übereinstimmung aller ist ein dem Leben feindliches Prinzip"; es beruht auf unmora-

[1] 1. Folgendes sind die Quellen für den Rest dieses Kapitels: „Ein andres Leben": *Wille zur Macht,* § 369; „Du sollst nicht töten": *Fröhliche Wissenschaft,* § 26; „Bejahung und Verneinung": *Wille zur Macht,* § 351; „Logische Pedanterie": *Unzeitgemäße Betrachtungen,* III § 4; „Instinkt zur Lebensverneinung": *Wille zur Macht,* § 343; „Starke Vorlieben": *Jenseits von Gut und Böse,* § 9; „Ungerecht und parteiisch und beschränkt": *Mus* XIV S. 269 – 70; „Lebensfeindliches Prinzip": *Mus* XIV S. 271; „Unmoralische Voraussetzungen": *Wille zur Macht,* § 461; „Gedeiht in Gefahr": *Wille zur Macht,* § 929, „Wunsch zu wachsen": *WKG* VIII/1, S. 153; „Tiefste Entmutigungen": *Mus* XIV S. 130; „Lebenskraft schwindet": *Wille zur Macht,* § 864; „Glück ist instinktiv": *Götzen-Dämmerung,* II § 11; „Werturteile müssen im Leben vorgenommen werden": *Götzen-Dämmerung,* II § 2, *Jenseits von Gut und Böse,* § 9; „Werturteile durch uns": *Götzen-Dämmerung,* V § 5; „Streiter erwachsen ungleich": *Wille zur Macht,* § 642; „Einzig jener Vorgang": *Wille zur Macht,* § 769; „Im Gegensatz zum Bewußtsein": *WKG* V/2, S. 401 – 2; „Auf der Seite des Lebens stehen": *Wille zur Macht,* § 5461; „Der Sieg steht nie im Zweifel": *Fröhliche Wissenschaft,* § 110; „Wert für das Leben, der schließlich entscheidet": *Wille zur Macht,* § 493; „Gegensätze können gedacht werden": *WKG* V/2, S. 401 – 2; „Anti-biologisch": *Wille zur Macht,* § 864 (Ende); „Falschheit und Ausbeutung": *Wille zur Macht,* § 968; „Die Rechtfertigung des Lebens muß gesucht werden": *Wille zur Macht,* § 1005.

lischen Voraussetzungen und gedeiht in der Gefahr; es ist nicht nur ein Verlangen, zu überleben, sondern ein Wunsch, zu wachsen; es wird ständig durch die größtmöglichen Hindernisse erprobt und muß sich selbst gegen die tiefsten Entmutigungen bewahren — in der Tat, es ist das Auf-die-Probe-Stellen des persönlichen Daseins. Es ist nicht Frieden; im Gegenteil, wo die Gegensätze von Menschen, Klassen und Nationen zum Ausgleich kommen und die Feinde des Lebens — die Kranken, die Irren, die Verbrecher und die Schlechtweggekommenen — verhätschelt werden, da schwindet das Mark des Lebens; es ist nicht das Glück, doch wo immer das Leben im Aufstieg ist, ist das Glück instinktiv; es ist nicht die Tugend, obwohl diese die einzige Lebensweise ist, welche die Menschen starken Willens sich selbst auferlegen; und sein Wert kann nicht bemessen werden, da alle Werturteile *im* Leben gefällt werden müssen („Draußen fehlt die Lebensluft", sagt Wittgenstein[1]). Es bedient sich der Menschen, um seine Werturteile durch sie zu vollziehen. Was hier nicht zurückgenommen wird, ist die „Welt der Gefahren und Siege", die Seinsweise der Anstrengung.

Leben ist die dauernde Form all der Vorgänge, in denen sich die Kraft als solche ausdrückt und in denen verschiedene „Streiter" *ungleich* wachsen; es ist der Versuch, soviel als es vermag zu umfassen und zu unterjochen, und es bezieht das Gefühl des Wohlseins einzig aus diesem Vorgang. Es steht im Gegensatz zum Bewußtsein: Ja, Bewußtsein ist im Grunde genommen nur bis zu dem Grad möglich, wo es das Wesen des Lebens mißversteht und mißdeutet — „die letzte Wahrheit vom

[1] „Es gibt kein draußen. Draußen fehlt die Lebensluft" *Philosophical Investigations* (Oxford 1953; dt. *Philosophische Untersuchungen,* in *Schriften I,* Frankfurt a.M. 1960), I § 103.

Fluß der Dinge verträgt die *Einverleibung* nicht, unsere Organe (zum Leben) sind auf den Irrtum eingerichtet... Leben ist die Bedingung des Erkennens. Irren ist die Bedingung des Lebens, und zwar im tiefsten Grunde Irren. Wissen um das Irren hebt es nicht auf." Daher ist „die Geschichte der Philosophie ... ein *heimliches Wüten* gegen die Voraussetzungen des Lebens, gegen die Wertgefühle des Lebens, gegen das Parteinehmen zugunsten des Lebens". Weil dauernde Feindschaft zwischen Leben und Bewußtsein die Regel ist in der Welt, in der wir leben, und weil in dem Ringen zwischen Leben und Erkenntnis der Sieg nie in Zweifel steht, ist „Wahrheit die Art von Irrtum, ohne welche eine bestimmte Art von lebendigem Wissen nicht leben könnte. Der Wert für das *Leben* entscheidet zuletzt." Ein Denken ohne Parteinahme — gegen das „Leben" — gibt es nicht.
Doch Nietzsche erkennt einen solchen Schluß als unhaltbar, denn er weiß (und dies ist seine innerste Erfahrung), daß „Gegensätze gedacht werden können"; und so experimentiert er auch mit der entgegengesetzten Idee, formuliert beinahe das Ethos des modernen Wissenschaftlers und löscht dadurch die meisten der Argumente aus, die angeführt worden sind:

„Das Leben hat mich nicht enttäuscht! Von Jahr zu Jahr finde ich es vielmehr wahrer, begehrenswerter und geheimnisvoller — von jenem Tage an, wo der große Befreier über mich kam, jener Gedanke, daß das Leben ein Experiment des Erkennenden sein dürfe — und nicht eine Pflicht, nicht ein Verhängnis, nicht eine Betrügerei! — Und die Erkenntnis selber: mag sie für andere etwas anderes sein, zum Beispiel ein Ruhebett oder der Weg zu einem Ruhebett, oder eine Unterhaltung, oder ein Müßiggang — für mich ist sie eine Welt der Gefahren und Siege, in der auch die heroischen Gefühle ihre Tanz- und Tummelplätze haben. *‚Das Leben ein Mittel der Erkennt-*

nis' — mit diesem Grundsatz im Herzen kann man nicht nur tapfer, sondern sogar fröhlich leben und fröhlich lachen!" (*Fröhliche Wissenschaft,* § 324)

Was ist das Leben? Gehört die Erhaltung der „Gattung ‚Mensch'" zu seinen Anliegen? Das müssen wir auf jeden Fall annehmen, wenn wir nicht folgern sollen, daß alle unsere moralischen und geistigen Werte hoffnungslos „anti-biologisch" sind. Müssen wir aber nicht gerade das folgern, wenn wir sehen, daß „im *großen Menschen* die spezifischen Eigenschaften des Lebens — Unrecht, Lüge, Ausbeutung am größten" sind; und daß „eine *Rechtfertigung des Lebens* selbst in seinem Furchtbarsten, Zweideutigsten und Lügenhaftesten" liegt? Doch hatte Nietzsche nicht fünf Jahre zuvor geschrieben: „Das Leben hat mich nicht enttäuscht! Jahr für Jahr finde ich es vielmehr wahrer, begehrenswerter..."? Was aber, angesichts dieser schier endlosen Reihe von Attributen, was ist dann *nicht* Leben? Eines jedenfalls ist es nicht: der Stillstand des ewigen Vorgangs des *Werdens,* also *das Sein.* Und sogar diese illusorische Lehre vom Sein beutet es aus, um die Vorstellung eines ewigen Flusses erträglich zu machen (*KSA* IX S. 503 f.), denn der Täuschungen, Chimären und Listen, die das Leben seinen eigenen, geheimnisvollen Zwecken dienstbar zu machen versteht, ist kein Ende.

Es kann kein Zweifel bestehen, daß Nietzsches Vorstellung vom Leben als einem kriegerischen Prozeß, obwohl im Ansatz Heraklit verpflichtet, wesentlich von Darwin und seinen Nachfolgern bestimmt ist.[1] Warum ist dann seine Einstellung dem Darwinismus gegenüber durchwegs feindlich? Warum nennt er ihn „wahr, aber tödlich" (*Unzeitgemäße Betrachtungen,* II § 9)?

[1] Zitate aus *The Descent of Man* (1871) und andere Verweise sind Benjamin Farringtons *What Darwin Really Said* (London 1966) entnommen.

Nietzsche wie Darwin ignorieren die Unterscheidung zwischen den vielen und dem Einen, wenn auch aus entgegengesetzten Gründen: Darwin zugunsten der vielen, Nietzsche zugunsten des Einen.
Seine Einwände gründen sich nicht auf irgendeine grundsätzliche empirische Untersuchung der Angaben Darwins. Sie sind philosophisch, d.h. sie setzen sich zum Teil mit Darwins methodologischen Prämissen, zum Teil mit einigen seiner ideologischen Folgerungen auseinander. Ein erster Gegenstand von Nietzsches Kritik ist Darwins Vorstellung von Fortschritt: Das Überleben der Tüchtigsten und die daraus folgende Höherentwicklung der Art stellt für Nietzsche keinerlei Erhöhung des Wertes und der Würde des Menschen dar. Auf die Frage: „Tüchtig wozu?" würde Darwin antworten, „zum Überleben". Doch dies ist für Nietzsche keine selbstverständliche Antwort. Er fragt statt dessen: Warum soll die Vorstellung eines bloßen Überlebens eine gültigere Teleologie bieten als zum Beispiel „das Verlangen des lebendigen Organismus", seine Kraft, das heißt seinen „Willen zur Macht", zu betätigen (*Wille zur Macht,* §647, 650)? Unter den methodologischen Voraussetzungen ist Gegenstand von Nietzsches Einwänden einmal Darwins axiomatische Vorstellung von der Allmählichkeit als einer grundsätzlichen wissenschaftlichen Norm und dann dessen Vorstellung von einem „Gesetz der Evolution", das in irgendeiner blinden, doch angeblich biologisch sinnvollen Weise die Geschichte der Menschheit bestimmen soll. Mit seiner Behauptung, „es gibt keine Übergangsformen" (§684/1), reduziert Nietzsche Darwins ungebrochene Entwicklungskette auf eine Reihe isolierter Phänomene, deren Anordnung einer willkürlichen Taxonomie folgt. Nicht „Wachstum und Vermehrung"

sind die hervorragenden „Charaktere" des Lebens, wie Nietzsche es sieht, sondern die individuellen Momente der Schöpfung — die spontan und vielleicht aus dem Nichts geschieht — und eine wahllose Tödlichkeit, die wir lieben müssen, da wir sie nicht ändern können. Ignoriert Darwin den Unterschied zwischen den biologischen und den moralischen Aspekten des menschlichen Lebens, so beharrt Nietzsche auf einer psychosomatischen Einheit, in der die wertvollsten Handlungen des Menschen und „der Wille zur Macht" selbst gründen. Während jedoch in Darwins Theorie das spekulative Postulat einer Kontinuität (welche den evolutionären Prozeß darstellt) es möglich macht, das Geistige und Moralische als Aspekte des Biologischen umzudeuten und (in Nietzsches Sinn) abzuwerten [„Darwin hat den Geist vergessen — das ist englisch!"; *Götzen-Dämmerung,* IX § 14], ist Nietzsches Ziel in etwa das Gegenteil: Die psychosomatische Einheit, die *er* postuliert, soll die christliche Vorstellung von der Seele und ihrer entkörperlichten Geistigkeit dadurch unglaubwürdig machen, daß die körperliche Natur des „Lebens" einer „Umwertung" unterzogen und ihr so all die Kraft und schöpferische Energie zugesprochen werden, die das Christentum (und andere „hinterweltliche" Religionen) einst erfolgreich in den Bereich des rein Geistigen investiert hatte.

Wo Darwin „Anpassung und Entwicklung der Art" rein durch die zahlenmäßige Übermacht erklärt, betont Nietzsche die ungeheuren Widersprüche gegen das Überleben komplexer menschlicher Strukturen — Strukturen, deren Wert an ihrer Komplexität und äußersten Verwundbarkeit zu messen ist. (*Wille zur Macht,* § 684/2). Er betont den katastrophischen Charakter — die Ordnungslosigkeit — des Menschen. Gibt es in der Schöpfung eine Absicht, dann liegt diese nicht in der Vervollkommnung einer natürlichen Ordnung, sondern in der Selbständigkeit und Eigengesetzlichkeit des sich selbst bestimmenden schöpferischen Individuums — was immer in Form einer rassischen oder stammesartigen Eigenschaft Dauer erhält, degeneriert aufgrund dieser Eigenschaft. Die Darwinsche Hypothese eines unabänderlichen Gesetzes des biologischen Fortschritts ist unmoralisch (im Sinne von Nietzsches „Übermoral"); der wahre Wert des Lebens liegt in der Zufälligkeit und Unbestimmbarkeit all dessen, was außergewöhnlich ist, was die Ausnahme bildet. Und doch fragt er weiter, noch immer innerhalb der Darwinschen Ideologie: Wenn der „Durchschnittsmensch" gezüchtet werden kann, warum dann nicht auch sein Feind, das Genie? In den frühen achtziger Jahren, der Zeit des *Zarathustra,* neigt Nietzsche zur Lamarckschen Theorie der Züchtung erworbener und angeblich vererbbarer moralischer und kultureller Eigenschaften. Was ihn dann schließlich gegen diese Vorstellung einnimmt, ist nicht der Verdacht, ein solches Erbe könne nicht von Dauer sein. Es ist vielmehr seine alte Überzeugung (*Unzeitgemäße Betrachtungen,* III § 5), daß der Abstand zwischen dem selbstbewußten, sich selbst bestimmenden Individuum und dem Rest der Menschheit größer ist als der Abstand, der die gewöhnliche Menschheit vom Reich der Tiere trennt; dies ist *sein* Axiom.

Quantität gefährdet in Nietzsches Sicht beinahe *per definitionem* Qualität. Wenn Darwin (in *The Descent of Man*) schreibt, das Opfer eines einzelnen Menschenlebens besitze keinerlei evolutionäre Bedeutung, während „ein Stamm, der viele Mitglieder enthielte, die stets bereit wären, einander zu helfen und sich selbst für das Gemeinwohl zu opfern, den meisten Stämmen überlegen wäre; und dies wäre natürliche Selektion", glaubt Nietzsche mit dem ganzen Pathos seines Philosophierens, daß solche moralisch-biologischen Betrachtungen, unabhängig von der Frage nach ihrer Wahrheit, „tödlich" wären — nämlich „tödlich" für jede Vorstellung davon, was *er* als die echte Erhöhung des Menschen ansieht:

„*Anti-Darwin.* Was mich beim Überblick über die großen Schicksale des Menschen am meisten überrascht, ist, immer das Gegenteil vor Augen zu sehen von Dem, was heute Darwin mit seiner Schule sieht oder sehen will: die Selektion zu Gunsten der Stärkeren, Besser-Weggekommenen, den Fortschritt der Gattung. Gerade das Gegenteil greift sich mit Händen: das Durchstreichen der Glücksfälle, die Unnützlichkeit der höher geratenen Typen, das unvermeidliche Herr-werden der mittleren, selbst der *unter-mittleren* Typen. Gesetzt, daß man uns nicht den Grund aufzeigt, warum der Mensch die Ausnahme unter den Kreaturen ist, neige ich zum Vorurteil, daß die Schule Darwins sich überall getäuscht hat. Jener Wille zur Macht, in dem ich den letzten Grund und Charakter aller Veränderung wiedererkenne, gibt uns das Mittel an die Hand, warum gerade die Selektion zu Gunsten der Ausnahmen und Glücksfälle nicht statt hat: die Stärksten und Glücklichsten sind schwach, wenn sie organisierte Herdeninstinkte, wenn sie die Furchtsamkeit der Schwachen, die Überzahl gegen sich haben. Mein Gesamtaspekt der Welt der Werte zeigt, daß in den obersten Werten, die über der Menschheit heute aufgehängt sind, nicht die Glücksfälle, die Selektions-Typen, die Oberhand haben: vielmehr die Typen der décadence — vielleicht gibt es nichts Interessanteres in der Welt, als dieses *unerwünschte* Schauspiel..." (*Wille zur Macht,* §685)

Überleben, Dauer, Zahlen, biologische Nützlichkeit — dies sind Erzfeinde der Vision Nietzsches von der Erhöhung des Menschen. Der einzige Wert, auf den er baut, ist in jenem hohen Menschentum verkörpert, das sich durch Katastrophen und Entbehrungen hindurch bewährt und in Einsamkeit und Vereinzelung, in der

Ausnahme sein wahres Element erkennt. Abgesehen davon, daß beide den Konfliktbegriff in den Mittelpunkt ihrer Lehre stellen, denken Darwin und Nietzsche aneinander vorbei: Das „Leben", das Nietzsche preist, hat nichts mit dem Leben gemeinsam, das sein viktorianischer Zeitgenosse zu erklären suchte, indem er der Biologie die zielbewußte Intelligenz eines Gottes verlieh.

VII Das zweite Experiment: Authentizität und der „Wille zur Macht“

Dies über alles: sei dir selber treu.

(*Hamlet* I, 3)

1

„Gegensätze“, sagt Nietzsche (*KSA* IX, 503–4), „können gedacht werden“, doch sie ergeben keine zusammenhängende Einsicht, da die Schlüsse, die man aus ihnen ziehen kann, kein Ende nehmen. Seine Überlegungen bieten uns eine Reihe farbiger Skizzen der moralischen Probleme, die ihn beschäftigen. Doch sie liefern keine Antwort auf jene Frage, die er gern verbannen möchte, die sich ihm aber stets neu aufdrängt — die Frage, ob „Leben“ als Ziel und Wert in sich selbst oder als Mittel zu einem Ziel betrachtet werden soll. In dieser Hinsicht bleibt „Leben“ inmitten all der zahllosen Szenen und Beschreibungen, die er ihm zuliebe schafft, undefiniert und undefinierbar. Wie Nietzsches religiöse Ansichten um eine abwesende Gottheit kreisen, wie seine Sprachtheorie die Elemente der Sprache in ihrem Bezug auf einen sprachlosen Mittelpunkt darstellt, so ist seine Vorstellung von moralischen Werten auf ein Zentrum mit Namen „Leben“ bezogen, dessen Rang und Bedeutung sich in einer schier endlosen Reihe von Fragen verflüchtigen.

Unbezweifelt bleibt, daß eine brennende moralische Sorge hinter Nietzsches Kritik der üblichen Moral von

„Gut und Böse“ sowie hinter seinen Versuchen steht, über diese Moral hinauszugehen, und daß hinter all den Widersprüchen und Paradoxen ein moralischer Sinn und damit auch ein gewisses moralisches Wertsystem auftauchen. Wenn „Leben“ — das Dasein des Menschen in der Zeit — kein solches System bietet, so müssen wir es in der wichtigsten Bedingung des Lebens, in dem jähen, alle Zusammenhänge sprengenden „Willen zur Macht“ suchen, dessen moralisches Korrelat die persönliche Authentizität des Menschen ist. Hier ist der Ort, wo Nietzsche sich nicht mit einer „fruchtbaren Intuition“[1] begnügt: Sein Ziel ist eine systematische Lehre.

Das Prinzip der Authentizität als moralischer Wert begleitet sein Werk von der Zeit der dritten *Unzeitgemäßen Betrachtung* von 1874 (über Schopenhauer) bis zu *Ecce homo* und den letzten Aufzeichnungen von 1888:

„Was sagt dein Gewissen? — ‚Du sollst der werden, der du bist.‘“[2]

Nietzsche nimmt diese Formulierung aus Pindars Zweiter Ode, spielt aber auch vielleicht halb ernst und halb ironisch auf die Stimme an, die Moses im brennenden Dornbusch hörte: „Ich bin der, der ich bin.“ Wie immer dem sei, die Bedeutung, die Nietzsche dieser Maxime mit ihrem charakteristischen Unterton entnimmt, ist klar und uns vollauf vertraut. Der einzige absolute Imperativ, dem der Mensch zu gehorchen hat, ist der Imperativ seines inneren Potentials: Was immer einem

---

[1] E. Heller, „The Modern German Mind: the Legacy of Nietzsche“ in *Literary Lectures presented at the Library of Congress* (Washington 1973), S. 404.

[2] *Fröhliche Wissenschaft*, § 270; vgl. auch *Zarathustra*, IV § 1 und den Untertitel von *Ecce homo* „Wie man wird, was man ist“. Nietzsche erwähnt die Pindarsche Maxime zuerst in einem Brief an Rohde, 3. Nov. 1867: vgl. auch Kaufmann, *Nietzsche*. S. 159.

Menschen zu werden gegeben ist, *das* soll ihm die Richtung weisen und das Ziel seines höchsten Strebens, seines Willens, sein. Authentizität ist die absichtliche Koinzidenz dessen, was ein Mensch ist, mit dem, was er zu werden vermag. (Und so gelingt Nietzsche die Quadratur des ontologischen Zirkels: In seiner Deutung von Pindars Satz wird „Sein“ zum gültigen Grund des „Werdens“.)
Wie auch an anderen Stellen verleiht Nietzsche hier einem klassischen Sinnspruch von ausgesuchter Dunkelheit eine Bedeutung, die sensationeller und origineller ist als die ursprüngliche. „Werde, was du bist, nachdem du nun gelernt hast, was du bist“, hatte Pindar geschrieben (Nietzsche unterschlägt das „Lernen“), doch ein paar Zeilen später fügt er, angesichts der Willkür, mit der die Götter die Macht verteilen, eine Warnung hinzu, die das Ich einschränkt: „man darf aber nicht wider Gott streiten“ (während Zarathustra seinen Freunden sagt [II § 2]: *„Wenn* es Götter gäbe, wie hielt ich's aus, kein Gott zu sein! *Also* gibt es keine Götter“). In dem Zusammenhang, in den Nietzsche den Pindarschen Satz stellt, wird dieser in eine moralische Maxime verwandelt. Dieser Maxime zufolge soll das Ich bestätigt und ihm Wert verliehen werden, und zwar durch den einfachen — doch betont anstrengenden — Vorgang einer unbegrenzten, durchaus rücksichtslosen Entfaltung und Verwirklichung alles dessen, was im Ich als Ziel und Gegenstand dieser Entfaltung schon je potentiell angelegt ist. Um es im Jargon von gestern auszudrükken: Der Satz wird zur Maxime der Lehre vom „absoluten *engagement*“.
Engagement wozu? Was ist das Ziel dieser Selbstverwirklichung? Dies sind Fragen, die Nietzsche nicht stellt; und wenn seine existentialistischen Jünger ant-

worten: „Es ist nicht wichtig; die Wahl irgendeines beliebigen Gegenstands oder einer absurden Aufgabe ist besser als gar keine Wahl“, dann mag Nietzsche nicht zustimmen, gibt uns aber auch keine Gründe zu einem Widerspruch. „Werde, der du bist“: Diese Verdoppelung des „Ich“ ist die Leere selbst. Sie bietet nicht nur keine Garantie für die moralische Qualität des „Ich“, das dergestalt bestätigt wird, sondern stellt die Intensität und Ernsthaftigkeit der Selbstverwirklichung, der Bindung an ein unbekanntes Ziel, als die oberste *moralische* Qualität und den Maßstab von Gut und Böse auf. Es ist freilich banal und wahr, daß Nietzsche an ein Engagement in Hinsicht auf ein wertvolles Ziel denkt: „... dein wahres Wesen liegt ... unermeßlich hoch über dir, oder wenigstens über dem, was du gewöhnlich als dein Ich nimmst“ (*Unzeitgemäße Betrachtungen,* III § 1), wobei zu verstehen ist, daß (aus Gründen, die im folgenden Kapitel deutlich werden sollen) das „gewöhnliche Ich“ dem gesellschaftlichen Ich gleichgesetzt wird und als solches unauthentisch ist. Ist es aber nicht ebenso möglich, daß das „wahre Ich“ unendlich tief unter dem „gewöhnlichen Ich“ liegt, da doch die Fälle nicht selten sind, wo man von Glück sprechen kann, wenn die Gesellschaft, ihre Konventionen und Gesetze eine Verwirklichung desselben verhindern? Und schließlich ist zu fragen: Wenn die Authentizität die oberste moralische Kategorie ist, — welche Kriterien bleiben dann noch für „hoch“ und „niedrig“? Nietzsche ironisiert die viktorianische Hoffnung, daß eine neue Moralität, die die transzendente christliche Sanktionierung verwirft, so ziemlich die gleiche bleiben werde wie die dem Christentum verpflichtete.[1] Doch die grundsätzliche metho-

[1] Siehe Bernard Williams: *Morality: an Introduction to Ethics* (Harmondsworth 1973), S. 97 und *Wille zur Macht,* § 243.

dologische Frage — wo die notwendigen Grenzen einer jeden erdenklichen Reform der Moral liegen — stellt er nicht. Allgemeiner gesehen: Das Verhältnis von Alt und Neu sieht er ausschließlich aus der Perspektive des Katastrophalen, der totalen Umwälzung. (Daß dieses Modell auch für die von ihm verpönte politische Revolution nicht zutrifft, steht auf einem anderen Blatt.)

„Dein wahres Wesen liegt ... unermeßlich hoch über dir ...“: Wie der Marxismus, so lebt auch Nietzsches Vorstellung von Authentizität von dem jüdischen und christlichen moralischen Kapital, das er verwirft. Seine vortreffliche Beschreibung der „großen Betrüger“ entlarvt die volle Zweideutigkeit der Lehre. Aus dem Zusammenhang genommen, liest sie sich wie eine der genauesten Schilderungen des religiösen oder politischen Demagogen, die wir besitzen, und trifft auf unser Jahrhundert noch mehr zu als auf das Nietzsches:

> „Bei allen großen Betrügern ist ein Vorgang bemerkenswert, dem sie ihre Macht verdanken. Im eigentlichen Akte des Betrugs, unter all den Vorbereitungen, dem Schauerlichen in Stimme, Ausdruck, Gebärden, inmitten der wirkungsvollen Szenerie überkommt sie der *Glaube an sich selbst*: dieser ist es, der dann so wundergleich und bezwingend zu den Umgebenden spricht ... Denn die Menschen glauben an die Wahrheit dessen, was ersichtlich stark geglaubt wird.“[1] (*Menschliches, Allzumenschliches,* I § 52)

Im Kontext der Lehre vom „wahren Ich“ müssen wir jedoch fragen: Auf welche Weise unterscheidet sich dieser „Glaube an sich selbst“ von dem Glauben, den Nietzsche im Zusammenhang von „Werde, der du bist“ proklamiert? Seine moralische *Absicht* — die Absicht, den Fanatismus und die Verstellungen eines falschen

[1] Vgl. J.P. Stern, *Hitler. Der Führer und das Volk* (München 1978), S. 74.

Glaubens zu entlarven, — steht in diesen und ähnlichen Skizzen nicht in Zweifel. In einem zentralen Argument des *Antichrist* (§ 53—4) warnt er uns, daß die Bereitschaft zum Märtyrertum nichts mit der Wahrheit einer Sache zu tun hat, daß Männer wie Savonarola, Luther, Rousseau, Robespierre und Saint-Simon nichts Besseres sind als „kranke Geister“, „Epileptiker des Begriffs“; daß starke Überzeugungen ein Kerker des Geistes sind und daß „das Bedürfnis nach Glauben ein Carlylismus“ ist; denn es bedeutet, daß man sich nicht selbst gehört, sondern eines anderen Menschen Mittel zum Zweck ist. Und in derselben Überlegung (§ 54), in der er uns mitteilt, daß er das Aussehen, den bösen Blick des Fanatikers nicht leiden kann, bedauert er: „... die Menschheit sieht Gebärden lieber, als daß sie *Gründe* hört ...“ Doch welchen *Grund* gibt es für die Annahme, daß die Alternative zum Glauben, „die große Leidenschaft“ (*Antichrist,* § 54), die Nietzsche mit der totalen Person identifiziert, notwendigerweise gut ist? Warum ist einer, der infam *ist*, besser als einer, der den Infamen *spielt*? Er bietet uns kein Argument, um aus dem verbalen Unterschied zwischen „Überzeugungen“ und der „großen Leidenschaft“ einen substantiellen zu machen. Er gibt uns kein Mittel zur Hand, um den Fanatismus — Musterbeispiel von *mauvaise foi* — von seinem eigenen Glauben an den unbedingten Wert der Selbstverwirklichung und des Selbstwerdens, das heißt von seinem Glauben an den Übermenschen, zu unterscheiden. Wir aber können nicht umhin, dieser zweifelhaften Lehre zu mißtrauen. Wir können kaum vergessen, daß das feierliche Bekenntnis dieses verdoppelten Ich — das Pathos der persönlichen Authentizität — der wichtigste Glaubenssatz von Faschismus und Nationalsozialismus war. Kein Mensch kam der vollen

Verwirklichung selbstgeschaffener „Werte“ näher als A. Hitler.
Doch auch diese Aussage verlangt einen Zusatz. Die faschistischen Ideologen waren keine obskuren Exzentriker, ihre Glaubensinhalte keine obskuren oder exzentrischen Phantasien. Auch sind die Ideen Nietzsches, auf die sie sich stützten, nicht so „unzeitgemäß“, wie er es gerne sah. Mit dem Schwinden einer religiös sanktionierten Moral und ihrer Nachfolgerin, der Moral der Pflicht, stellt Nietzsches Konzept der Authentizität — „sei dir selbst treu“ — eine Vollendung der säkularen Suche nach Werten dar, die nach der Jahrhundertwende in den Mittelpunkt der intellektuellen und politischen Geschichte des Westens rückt.[1] Nur weil diese Suche so im Mittelpunkt des zeitgenössischen Fühlens und Denkens stand, konnten die totalitären Regime behaupten, sie erfüllten die „authentischen“ Bestrebungen der Intellektuellen und „des Volkes“ in gleichem Maße. Ihre Behauptung war keineswegs so falsch, wie wir gerne annehmen.

2

„Der Wille zur Macht“, der einzige Ansatz zum System, den Nietzsche nicht aufgeben wird, ist als das Mittelstück eines riesigen philosophischen Panoramas gedacht; seiner Ausarbeitung widmete er den Hauptteil der letzten vier Jahre seines aktiven Lebens. Er stellt es als ein Prinzip dar, das in der ganzen Natur wirkt und überall sich zu erkennen gibt. In Übereinstimmung mit diesem „Willen“ wächst ein Ich — er nennt es häufig

[1] Siehe Lionel Trillings letzten großen Essay, *Sincerity and Authenticity* (London 1972).

ein „Zentrum der Stärke“ — über seine Grenzen hinaus; sich über andere behauptend, sucht es sich *ihren* Willensbereich zu unterwerfen und anzueignen.

Bevor wir einigen seiner Verästelungen folgen, mag es nützlich sein, sich die einfache, allgemein verständliche Basis des Prinzips ins Bewußtsein zu rufen. Es ist genau das, was Goethes Zeitgenosse Dr. Samuel Johnson in bezug auf seinen „Lieblingsgegenstand der Subordination“ und im Gegensatz zu „allem Unsinn“ der liberalen Parteigänger verkündet: „Es ist ein hanebüchener Unsinn, zu behaupten, die Menschen seien von Natur aus gleich, können doch zwei Menschen keine halbe Stunde beisammen sein, ohne daß nicht der eine sich als unverkennbar überlegen erweist.“[1] Johnsons „sich erweisen“ deutet auf das Dynamische, das im Nietzscheschen Prinzip enthalten ist.

Der Wille zur Macht ist jenes tätige Prinzip, durch das der Mensch, „das schwächste, klügste Wesen“ (*Wille zur Macht,* I § 856) zum Herrn der Erde wird, doch ist es nicht identisch mit dem Leben. Wenn für Schopenhauer der „Wille zum Leben“ das fundamentale Prinzip des Daseins war, so bestreitet Nietzsche diese Ansicht mit dem Argument, daß dort, wo kein „Leben“ ist, auch kein „Wille“ sein kann (*Zarathustra,* II §12). (Der Appell an eine logische Unmöglichkeit — dies überrascht gewiß nicht — ist bei Nietzsche nur selten zu finden.) „Leben“ erscheint demnach als ein formloses, rudimentäres Ding, das den „Willen zur Macht“ braucht, um Richtung und Intention zu erhalten. So wird der Wille zur Macht zum Antrieb von *diversen* Tätigkeiten, das Prinzip, das alle menschlichen Beziehungen und allen menschlichen Umgang mit der Natur durchdringt. Sei-

[1] 15. Februar 1766, siehe J. Boswells *Dr. Samuel Johnson — Leben und Meinungen* (Zürich 1981), S. 190.

ne Verwirklichung im Lauf der Geschichte, im Aufstieg und Fall weltlicher und geistlicher Einrichtungen, gibt dem Menschen den Horizont, der nötig ist, das Leben selbst zu erhalten. Der Begriff soll aber ebenso als das Motiv hinter aller individuellen kulturellen, künstlerischen und religiösen Tätigkeit gesehen werden. Er ist die Kraft hinter all unseren Werturteilen, hinter dem „Perspektivismus" unserer Auslegung der Welt und hinter den großen Errungenschaften der Philosophie: „Dem Werden den Charakter des Seins *aufzuprägen* — das ist der höchste Wille zur Macht" (*Wille zur Macht,* §617, Anfang). Der „Wille zur Macht" ist nicht auf die menschliche Welt beschränkt, sondern soll wie die „Reflektivität" der Leibniz'schen Monaden das Prinzip und das Unterscheidungskriterium allen Lebens schlechthin sein (wenngleich die Aufzeichnungen, in denen Nietzsche dafür wissenschaftliche Grundlagen zu sichern sucht, jenen schon erwähnten peinlichen Dilettantismus aufweisen)[1]. Er ist der Antrieb hinter dem Erschaffen, Erwerben und Ordnen von Erkenntnis und liegt hinter aller Schöpfungskraft selbst. Auch die Logik, eingeschlossen das Gesetz vom Widerspruch, und unsere „Formen der Erkenntnis"[2] sind Erscheinungen dessen, was je und je die in einer bestimmten Zeit siegreiche Form des Wollens ist, denn wir werden nicht von einem „Willen zur Wahrheit", sondern vom „Willen zur

[1] Siehe „Der Wille zur Macht in der Natur": als Kapitel im Entwurf zu *Der Wille zur Macht* gedacht.

[2] *Mus* XIV S. 58 (oben erwähnt) widerspricht allerdings ausdrücklich dieser Behauptung; in Kap. 5 von H. Marcuses, *Der eindimensionale Mensch* (Neuwied 1967) wird die Nietzschesche Bemerkung *ad absurdum* geführt mit der apodiktischen Behauptung, die „nacharistotelische Logik" sei das Instrument, mit dessen Hilfe sich die moderne technologisch-totalitäre Gesellschaft am Leben erhalte. Dazu wäre zu sagen: (1) daß die moderne technologische Gesellschaft alles andere als „totalitär" ist; (2) daß Marcuse mit keinem Wort andeutet, welche andere Logik er als „befreiende" Alternative empfiehlt.

Denkbarkeit alles Seienden“ (*Zarathustra,* II § 12) motiviert. In einer Überlegung, die für gewöhnlich an das Ende des *Willens zur Macht* (§ 1067) gestellt wird und einen dithyrambischen Satz abschließt, dessen Länge und rigorose Syntax seinen Gegenstand in all seinem Reichtum und seiner Vielfalt repräsentieren soll, schreibt Nietzsche:

„... diese meine *dionysische* Welt des Ewig-sich-selber-Schaffens, des Ewig-sich-selber-Zerstörens, diese Geheimnis-Welt der doppelten Wollüste, dies mein ‚Jenseits von Gut und Böse‘, ohne Ziel, wenn nicht im Glück des Kreises ein Ziel liegt, ohne Willen, wenn nicht ein Ring zu sich selber guten Willen hat, — wollt ihr einen *Namen* für diese Welt? Eure Lösung für alle ihre Rätsel? Ein Licht auch für euch, ihr Verborgensten, Stärksten, Unerschrockensten, Mitternächtlichsten? *Diese Welt ist der Wille zur Macht — und nichts außerdem!* Und auch ihr selber seid dieser Wille zur Macht — und nichts außerdem!“

„Und nichts außerdem?“ Es ist gewiß richtig, daß in dem Augenblick, in dem wir menschliches Verhalten im Lichte dieses einzigartigen Prinzips zu betrachten suchen, sich vor uns ein ganzer Fächer von erhellenden Einsichten öffnet. Wir erkennen, daß „der Wille zur Macht“ an jeder politischen Aktivität Anteil hat und (wenn wir den Eingeständnissen unserer Wissenschaftler glauben dürfen) auch an aller Forschung in den Wissenschaften; er beeinflußt alle unsere Empfindungen und Gefühle in ihrer ganzen Breite und ist in jedem sozialen und familiären Zusammenhang gegenwärtig. Man kann sich kaum eine menschliche Situation vorstellen, in der er nicht zugegen ist: in jedem Streit zwischen zwei Freunden über eine feststellbare Tatsache; in jedem Wettbewerb, in der Selbstbehauptung, die jeder erotischen Begegnung innewohnt, und im Geschlechtsakt selbst; so sind auch die Funktionen des Lehrers, des Seelsorgers, des Vorgesetzten undenkbar ohne die Ausübung von Macht, doch auch die Rollen des Wohltäters und Almosenspenders jeglicher Art, des Menschen, „der gerne überrascht“, der „gerne vergibt“, des überlegenen Causeurs nach der Art Dr. Johnsons, des Menschen, der uns durch sein Unglück beschämt, und natürlich auch dessen, der uns durch sein Glück, seine Leistung beschämt. Auch an der „über-moralischen“ Natur all dieser Erkenntnisse kann kein Zweifel bestehen. Das Prinzip, nach Nietzsches Forderung als eine Kritik unserer gewohnten Vorstellungen von Gut und Böse angewandt, macht es uns möglich, zwischen verschiedenen Handlungen gemäß der Stärke oder Schwäche des an diesen Handlungen beteiligten Willens zu unterscheiden. Die Kriterien für Gut und Böse, die wir aufgrund dieses Postulats aufstellen, hält Nietzsche für *wahrer* als die Kriterien jeder konventionellen Moral. Wie dem auch sein mag, auch diese höhere oder „Über-Moral“ ist nur als Schema für die Unterscheidung von Gut und Böse sinnvoll. Und wenn wir nun fragen, was *nicht* als dieser „Wille zur Macht“ bezeichnet werden soll, was in diesem Schema ein „Nicht-Wert“ ist, so lautet die Antwort (wie die Antwort auf die Frage, was *nicht* „Leben“ ist): alle Formen eines passiven Widerstandes gegen die expansive Natur des Willens, das heißt, alle Formen von Dekadenz, Müdigkeit und Verzweiflung. Im menschlichen Bereich nennt Nietzsche diesen Widerstand „Ressentiment“, womit er eine reaktive, ängstlich-schwächliche Rachsucht meint, deren endlose, „ewig“ sich wiederholenden Episoden die menschliche Geschichte ausmachen.

Die aufschlußreichen Einsichten, welche das Prinzip des „Willens zur Macht“ verbürgt, anzuerkennen heißt allerdings nicht, daß wir es als umfassendes Erklärungsprinzip des Daseins in der Welt annehmen müssen. Denn wenn dies wirklich die monistische Erklärung ist, als die es Nietzsche hinstellt, woher kommt dann die schiere Mannigfaltigkeit der Welt und ihrer Erscheinungen, in denen sich dieser Wille „objektiviert“, diese Vielfalt, die Nietzsche so musterhaft zu beschreiben weiß? Kann uns die Behauptung wirklich überzeugen, daß Lieben, Sorgen, Lehren, Suchen und Nachdenken eines Menschen in seinem „Willen zur Macht“ allein nicht nur ihren Grund haben, sondern „nichts außerdem“ sind? Gewiß mag es angehen, den „Willen zur Macht“ als eine Geisteshaltung anzusehen, die auf die Unterwerfung eines jeden Gegenstandes außerhalb meines Ich gerichtet ist; wenn aber jeder Gegenstand, jedes Objekt meiner Erfahrung, als das Erzeugnis dieses Willens gesehen werden soll, dann sind wir unversehens in der Falle eines solipsistischen Universums gelandet, wie sie der von Nietzsche kritisierte Idealismus impliziert. Es liegt eine Willkürlichkeit in der Annahme, der Mensch sei unfähig, eine Sache zu verfechten, die nicht ein Teil seines Ich ist — es gäbe in der Tat kein Ding in der Welt außer mir; und dies ist übrigens eine Folgerung, die Nietzsche nicht zu akzeptieren bereit wäre. Wieder sind wir an dem Punkt angelangt, wo sein Argument zu Konsequenzen führt, die seinen philosophischen Absichten widersprechen.

Wir verharren nicht auf diesem logischen Punkt, sondern wenden uns noch einmal Nietzsches bevorzugter Denkweise zu: der historischen. Auch hier versagt der Monismus. Wenn es in der jüngsten Vergangenheit etwas gibt, was der Verkörperung des „Willens zur Macht“ nahekommt, dann ist es Hitlers Leben und politische Laufbahn; und dies trifft auch zu, wenn wir (wozu es gute Gründe gibt) annehmen, Nietzsches Vorstellungskraft reiche für dieses Stück Geschichte nicht aus. Die höchst indirekten, zuweilen absurden und nahezu immer ahistorischen Ausflüchte, auf die marxistische und freudsche Interpreten zurückgreifen, wenn sie versuchen, die wichtigste Antriebskraft in der Politik jenes Zeitalters im allgemeinen und Hitlers im besonderen, zu erklären, lassen wenig Zweifel daran, daß Nietzsches Identifizierung des Willens zur Macht als zentrales politisches Motiv wesentlich unmittelbarer und überzeugender ist. Es ist kennzeichnend für die liberalen Politiker der zwanziger und dreißiger Jahre, daß sie die Nietzschesche Hauptthese vom Streben nach Macht über andere — ja, nach zerstörerischer Gewalt — nicht ernst zu nehmen wußten. Indem sie den „Willen zur Macht“ immer als ein Derivat oder einen Archaismus ansahen, ließen sie sich verleiten, die bloße Intensität des machtpolitischen Kampfes in Gesellschaften, deren rechtliche und verfassungsmäßige Ordnungen sie als altmodisch oder primitiv ansahen, zu unterschätzen. Nietzsches Beschreibungen sind gewiß oft zweideutig — was er schreibt, sind nicht immer Warnungen, er hegt zuweilen eine gewisse Sympathie für die tyrannischen Ungeheuer, in denen er den „Willen zur Macht“ verkörpert sieht —, doch jedenfalls bieten sie eine bessere Einsicht in die Politik der modernen Diktatoren, als die meisten ihrer Zeitgenossen sie besaßen. Doch wie weit führt diese Einsicht?

Es ist in den Diktatoren jenes Zeitalters ein Zerstörungstrieb am Werk, der jede vorstellbare Behauptung oder Ausdehnung des Ich, jeden „Willen zur Macht“ zu überschreiten scheint, bis zu einem „Willen ins Nichts“ (*Wille zur Macht*, § 55), der völlig negativ ist. Ist dieser „Wille ins Nichts“, den Nietzsche in dem Augenblick entstehen sieht, da „alles Dasein den Sinn“ verloren hat, eine Verlängerung des „Willens zur Macht“? Und daher durch diesen selbst erlösbar? Oder ist auch er ein unabhängiges Prinzip, wie etwa der „Todestrieb“ der Freudschen Lehre der zwanziger Jahre? Mit anderen Worten: Sind wir berechtigt anzunehmen, daß Dekadenz und Nihilismus aufeinanderfolgende Stufen des „Willens zur Macht“ auf dem Weg zu einer „höheren Menschheit“ sind? Diese Frage, die Nietzsche offenläßt, ist von beträchtlicher Bedeutung für seine Vorhersage der europäischen Geschichte.

Er entwirft den „Willen zur Macht“ als den Erben der westlichen Dekadenz, doch nur wenn er tatsächlich das allumfassende *monistische* Prinzip des Daseins ist, kann dieser Wille als eine Erlösung vom Nihilismus gesehen werden. Gerade weil sie ihn als einen solchen Monismus sahen — als Krankheit und Heilung zugleich —, nahmen zahllose deutsche Intellektuelle den Nationalsozialismus an; als die Ideologie, welche die größte Entfaltung des „Willens“ versprach.

Wir wissen, daß diese Erwartung trügerisch war, daß der Vernichtungswille als unabhängiges Prinzip wirken kann, das nicht durch sich selbst zu erlösen ist. Und es scheint uns, daß Nietzsche das nicht deutlich genug wußte. Man kann ihm nicht vorwerfen, daß ihm die vollen Konsequenzen der Willensentfaltung gleichgültig waren, sondern daß er, ohne Einsicht in die Zerstörungskraft als etwas Unerlösbares, jene Konsequenzen nicht deutlich genug vorherzusehen vermochte. Dies ist vermutlich der Grund, warum in seinen „Prophezeiungen“ so häufig ein Ton von Genugtuung über eine zu verwirklichende Absicht mitschwingt. Er sagt wohl die Zukunft voraus — nicht immer freilich als ein echter Prophet, sondern manchmal als einer ihrer Komplizen.

3

Es gibt allerdings mehr als einen Versuch, Nietzsches „Willen zur Macht“ für die traditionelle Moralphilosophie zu retten; zum Beispiel durch die Behauptung, das Prinzip sei als „der Wille zur Überwindung des Ich“ konzipiert.[1] Dies würde dann Nietzsche fest in dieselbe Tradition stellen wie Paulus, Spinoza und Schopenhauer, obwohl dann kaum zu ersehen wäre, was an seinen moralischen Ideen so originell oder so berüchtigt ist. Gewiß: Nietzsches Vorstellung des „Willens zur Macht“ nimmt nicht immer die Form eines Herren-Sklaven-Verhältnisses an, auch „Opferung und Dienste und Liebesblicke“ (*Zarathustra,* II § 12) gehören zu seinen Verwirklichungen. Auch muß die „Macht“, die des Willens Ziel ist, nicht auf so barbarische Weise verstanden werden, wie es bei den italienischen und französischen Faschisten und bei den deutschen Nationalsozialisten der Fall war (der intellektuelle Überbau jener politischen Bewegungen — so scheint mir — ist ohne Nietzsches Ideen so wenig vorstellbar wie jene Bewegungen ohne ihren Überbau). Und schließlich ist auch aus Nietzsches Ausführungen ersichtlich, daß dieser „Wille“ nicht unbedingt die physische oder psychische Vernichtung oder den Eingriff in einen anderen Willen bedeutet, da sich Nietzsche zuweilen damit begnügt, ihn mit einem „Gefühl von Wachstum und Macht“ zu identifizieren, das keiner Bestätigung durch offene Gewaltsamkeit bedarf. Das Prinzip enthält tatsächlich ein Element der Selbst-Überwindung, doch nur wo Willkürlichkeit, Gier und ähnliches seiner vollen Ausübung im Wege stehen: „Verschneidung, Ausrottung ... : Die radikalen Mittel sind nur den Degenerierten unentbehr-

[1] Kaufmann, *Nietzsche,* S. 200, S. 248 u.ö.

lich“, denn sie sind zu schwachen Willens, um Mäßigung walten zu lassen (*Götzen-Dämmerung,* V §2). Doch wenn Nietzsche schreibt, „daß es *Kraft* gibt in der Milde und Stille“ (*KSA* IX S. 357), (während „die Deutschen meinen, daß die *Kraft* sich in Härte und Grausamkeit offenbaren müsse“), so bietet er keine Alternative zu dem destruktiven Element im „Willen zur Macht“, sondern deutet nur darauf hin, daß das Prinzip der Eroberung und Selbstbehauptung so wenig auf grobe Gewaltanwendung beschränkt ist, wie auf „das Schauerliche in Stimme, Ausdruck und Gebärde“ des falschen Propheten.

Nietzsche (wie Freud nach ihm) erwägt häufig die Möglichkeiten und Bedingungen einer Sublimierung des „Willens“ (den er zuweilen gleichsetzt mit „Trieben“ oder „Instinkten“) und dessen Verwandlung in künstlerisches oder wissenschaftliches Schöpfertum. Vorausgesetzt, daß der Vorgang der Sublimierung nicht eine Schwächung des ursprünglichen „Triebes“ mit sich bringt, und vorausgesetzt, daß es genug zu sublimieren gibt, sieht Nietzsche diesen Vorgang positiv. Doch sein Endziel ist wiederum eine Erhöhung des Ich, worunter er eine Zunahme seines Willens zur Macht und somit seiner Fähigkeit zur Eroberung versteht. Es gibt einen „Willen zur Wahrheit“, einen „Willen zum Wissen“ und einen Willen, der zur Schaffung von Werten nötig ist. Doch gelten sie Nietzsche alle als dekadent, wenn sie nicht der Vergrößerung des Ich untergeordnet werden. Der Zweck aller Selbst-Überwindung, die nicht dekadent ist, ist die Rechtfertigung der gebieterischen Moral; jedes jüdische oder christliche „du sollst“ soll in ein „ich will“ umgesetzt werden. Selbst-Überwindung im Dienst eines moralischen oder geistigen Gesetzes (wie in der christlichen oder der Kantschen Moral) oder im Dienste des Gemeinwohls wird abgelehnt und damit auch die Idee einer Selbst-Überwindung um ihrer selbst willen: Wo immer ein niedrigeres Ich zugunsten eines höheren überwunden wird, „wo es Untergang gibt und Blätterfallen, siehe, da opfert sich Leben — um Macht!“ (*Zarathustra,* II § 12).

Wenn Nietzsche den „Willen zur Macht“ als das höchste Gut bezeichnet, dann tut er dies gewiß nicht in irgendeiner wertfreien Sphäre „jenseits von Gut und Böse“; auch der „Amoralismus“, den er aufzubauen meint, orientiert sich an Werten, die erstrebenswert, an „Unwerten“, die zu verwerfen sind —, auch dieses Schema erreicht einen gewissen Grad der Allgemeingültigkeit und Gesetzmäßigkeit. Aus dem „Willen zur Macht“ konstruiert er das Prinzip einer moralischen Lehre zur Erhöhung eines auserwählten Ich, das als Mittel zur Erhöhung eines ähnlich auserwählten Teils der Menschheit dienen soll. Nur interessiert Nietzsche sich nicht dafür, wie der Übergang vom einzelnen Ich zum auserwählten Teil der Menschheit zustande kommen soll, welche Regeln für diesen Übergang gelten und ob solche Regeln nicht notwendigerweise das Ich und die Kriterien seiner Wahl beeinflussen werden. Auch hier kommen wir zu dem recht unergiebigen Schluß, daß Nietzsche Fragen der Verteilung, wie aller Quantifikation, nicht die Würde philosophischer Probleme zuerkennt.

4

Doch der schwerwiegendste Einwand gegen jedes Schema oder System, das sich auf das Prinzip des „Willens zur Macht“ gründet, besteht in der Allgemeingültigkeit, die dafür — von Nietzsche selbst — in Anspruch genommen wird. Auf diese Weise wird dem Prinzip das *semper et ubique* — die transzendierende Allgemeinheit — einer platonischen Idee verliehen, und Nietzsches Denken verliert all das, was seine charakteristische Finesse und Anpassungsfähigkeit — seinen „Existentialismus“ — ausmacht. Dieser Verlust, der eintritt, sobald der „Wille zur Macht“ als universelles Schema verstanden und angewandt wird, hat seine genaue Entsprechung in der platonisierenden Tendenz, der Marx’ „Gesetz der Universalgeschichte“ verfällt (d. h. seine Lehre vom Klassenkampf und von der Determinierung des politischen und kulturellen „Überbaus“ einer jeden erdenklichen Gesellschaft durch die betreffende ökonomische „Basis“). Sowohl Marx wie Nietzsche entwerfen Schemata, die „Geschichte“ und alle in ihr verwirklichten Werte „erzeugen“ und somit relativieren sollen, und diese Relativierung aller Werte soll als eindeutige Widerlegung aller platonischen, unveränderlichen „Werttafeln“ gelten. Da sie jedoch selbst außerhalb jeder Geschichte stehen, sind diese Schemata selbst ahistorisch, d. h. es wird für sie jene Gültigkeit und Relevanz in Anspruch genommen, die sie ursprünglich in Frage stellen und widerlegen sollten: Tatsächlich widerlegen sie ihre eigene Kritik. Merkwürdigerweise ist dies ein Einwand, den weder Nietzsche noch (wenn ich recht sehe) Marx erheben.

5

Hier, wenn irgendwo, liegt Nietzsches positives System der Metaphysik. Es entsteht an dem Punkt, wo der „Wille zur Macht“ (sein größtes einzelnes Denkexperiment) mit Werturteilen (das beständige charakteristische Merkmal seines Denkens) identifiziert wird.

Unter zahlreichen Seinsweisen zeichnet sich das Dasein des Menschen in dieser, seiner einzigen Welt dadurch aus, daß es unvermeidlich Werturteile mit sich bringt: Dasein ist das Errichten von Werttafeln und das Fällen von Urteilen, in denen jene Werte verwirklicht werden.[1] Sie sind Erzeugnisse des menschlichen Wollens: Manifestationen seines „Willens zur Macht“, werden sie vom Herrn geschaffen und von den Sklaven befolgt. Was immer wertvoll ist (weil vom stärksten Willen gesetzt), ist wahr. Es gibt keine andere Wahrheit; oder vielmehr, wenn *diese* Wahrheit illusorisch ist, dann ist sie es wenigstens nicht doppelt, wie jene Wahrheiten, von denen behauptet wird, sie seien tiefer oder höher oder wertvoller als die „Welt der bloßen Erscheinungen“ und die Erzeugnisse des Willens zur Macht. Diese Welt der Erscheinungen *ist* die „wirkliche“ oder „wahre“ Welt, und eine größere, höhere, transzendente „Wahrheit“ gibt es nicht. Wenn es aber keine andere Wahrheit gibt als die, die sich auf die Dinge in der Welt bezieht (die immer „in Beziehung“ stehen), wie können wir dann wissen, daß der Gedanke und das System eines umgreifenden „Willens“ *wahr* sind? Wie kann der einzelne Mensch, der ja immer nur *einen* spezifischen „Willen zur Macht“ ausübt, diesen „Willen“ in seiner metaphysischen Totalität erkennen?

Eine ähnliche Problematik hatte Schopenhauer Nietzsche hinterlassen.[2] Schopenhauer hatte sie so zu lösen versucht, daß er im Menschen eine Einheit, eine „Koinzidenz“ von erkennendem Subjekt mit erkanntem Objekt behauptete und diese Einheit für mystisch und allumfassend erklärte. Für solche Ausflüchte ist Nietzsche

---

[1] Siehe Eugen Fink, *Nietzsches Philosophie* (Stuttgart 1960), S. 127-8.

[2] Siehe *Die Welt als Wille und Vorstellung*, Bd. I § 18.

zu ehrlich. Was seine Hoffnungen auf ein umgreifendes System vereitelt, ihn jedoch davor bewahrt, in einem monströsen, undurchführbaren Prinzip steckenzubleiben, ist seine intellektuelle Redlichkeit, die ihn hart an den Rand der Selbstzerstörung führt; denn in dem Augenblick, da ihn die Einsicht dazu zwingt, das „System“ in Frage zu stellen und hinter sich zu lassen, ist er bereit, dies ohne Zögern zu tun.

Denn (so fragt er weiter) was bleibt schließlich an dem „System“ wahr, wenn die Hypothese vom Willen zur Macht nicht mehr genügt (*KSA* IX S. 85—86), weil sie sich als bloße Metapher erweist, „die irreführen kann“ (*KSA* XIII S. 394), eine bloße Verdinglichung (*Mus* XVI S. 61) grundsätzlich *verschiedener* Erscheinungen, die man besser gesondert betrachtete; *oder* wenn der Schluß unvermeidlich wird, daß das Streben nach Erkenntnis sein eigenes Telos entwickelt, so daß sich sogar „das Leben selbst“ als ein „Experiment des Erkennenden“ (*Fröhliche Wissenschaft*, § 324) erweist? Ist Erkenntnis einer der Träger des „Willens zur Macht“ oder der Wille zur Macht einer der Gegenstände der Erkenntnis? Keine der Antworten, die Nietzsche auf diese Fragen gibt, bleibt ohne Widerspruch.

Die Lehre vom „Willen zur Macht“, wie sie aus den letzten Aufzeichnungen Nietzsches hervorgeht, kann nicht innerhalb irgendeines nicht-katastrophischen, eudämonistischen Schemas untergebracht werden. Ob ihre Vorstellung von Macht subtil oder gewaltsam, konkret oder abstrakt ist: Es bleibt eine Lehre von Eroberung und Unterwerfung. Diese Lehre enthält alles andere als Nachgiebigkeit gegen sich selbst und gegen andere. Im Gegenteil: Wo sie am konsequentesten ist, deuten Nietzsches Überlegungen in die entgegengesetzte Richtung, weg von jeder Bequemlichkeit und jedem Trost. Und die kargen Werte, denen seine Billigung zukommen soll, können keineswegs als ein „Streben und Vervollkommnen zur Transzendierung und Vollendung des Ich“[1] bezeichnet werden — es sei denn zu einer Vollendung zum Tod.

[1] Kaufmann, *Nietzsche,* S. 248.

VIII Diskontinuitäten

Der Teufel Angewöhnung, der allen Sinn verschlingt ...
(*Hamlet* III, 4)

Keines der beiden Experimente, die wir bis jetzt betrachtet haben, erfüllt die Erwartungen Nietzsches oder seines kritischen Lesers; weder „Leben" noch „Wille zur Macht" bieten jenes umgreifende Prinzip und moralisch-existentielle Schema, nach dem die Menschheit beurteilt und erhöht werden könnte. Es gibt eine dritte Möglichkeit. Doch bevor wir uns ihr zuwenden, müssen wir auf eine andere Frage eingehen.

Mehr als einmal haben wir das Fragmentarische und „Aphoristische" in Nietzsches Denken kommentiert; seine Ungeduld mit jedem System (auch dem eigenen) und aller Ideologie und sein schneller Überdruß an aller Weitläufigkeit und Pedanterie im Argumentieren sind der Preis, den er für die Vielseitigkeit und Lebendigkeit seiner philosophischen Vorstellungskraft entrichten muß. Können wir über diese Zeichen seiner Ungeduld hinaussehen? In diesem Kapitel geht es uns um eine *wesentliche* Beschränkung des Nietzscheschen Denkens.

Eine Anzahl scheinbar unzusammenhängender Beobachtungen weist uns den Weg. Als Hans von Bülow Nietzsches „Manfred-Meditation" (am 24. Juli 1872) zurücksandte, bezeichnete er sie als die unmusikalischste und unangenehmste Komposition, die er seit langer Zeit gesehen habe, und fügte noch hinzu: „Ist es mit Bewußtsein, daß Sie allen Regeln der Tonverbindung, von der höhern Syntax bis zur gewöhnlichen Rechtschreibung ununterbrochen Hohn sprechen?" Wo in dieser extravaganten wagnerianischen Phantasie (so hätte Bülow fragen können) ist das apollinische Element? Diese Formulierung bezieht sich auf eine der beiden zentralen Kategorien der *Geburt der Tragödie*, die am Anfang jenes Jahres erschienen war: Und auch in diesem Werk (wie wir sehen werden) dominiert der dionysisch-katastrophische Impuls über das apollinische Prinzip der zusammenhängenden Form, auch wenn es Nietzsches Absicht war, beiden Seinsweisen des Kunstwerks den gleichen Rang zuzuerkennen. Ein weiteres Beispiel: Während Nietzsche als Autor gewiß nicht die „Regeln der Komposition" vernachlässigt, so sind seine theoretischen Bemerkungen über die Sprache wie auch seine Sicht der Literatur im wesentlichen atomistisch. Wenn Sinn und Wert irgendwo gefunden werden können (so argumentiert er), dann in den einzelnen, abgesonderten Elementen, in den Metaphern und in unterschiedlichen Augenblicken der Wahrheit. So wie die größte Schwäche seiner Bücher in ihrer Struktur liegt, so beschränken sich für gewöhnlich seine Bemerkungen über die Bücher anderer (nach der *Geburt der Tragödie*) auf brillante Aperçus und einzelne Impressionen. Die Kategorie des Einzelnen und Individuellen hat in jedem Argument die Oberhand, auch wo sie irrelevant erscheint. Sowohl „Leben" wie der „Wille zur Macht" wurden (wie wir sahen) als Prinzipien eingeführt, die sich nur auf das Dasein und die Moral individueller Personen beziehen — wo immer das Ethos von *Gruppen* untersucht wird, sieht Nietzsche es als Ausdruck der Herrschaft eines charismatischen Führers.

Eine durchgehende Tendenz wird sichtbar: Nietzsche ist stets für den einzelnen gegen die Herde, für das Genie gegen Gleichheit und Gerechtigkeit, für die Gnade gegen das moralische Verdienst; er bevorzugt die Inspiration gegenüber der Herrschaft der Regeln und professioneller Könnerschaft und das Heroische gegenüber allem, was „menschlich, allzumenschlich" ist. Die katastrophenartige — nicht schrittweise — Erkenntnis, die unvorbereitete Einsicht und die plötzliche Überzeugung, die blitzartige Inspiration — dies sind für Nietzsche die authentischen Weisen, oder jedenfalls die authentischen Quellen, von Erkenntnis und Erfahrung. Und auch wenn er in der „positivistischen" Periode der *Fröhlichen Wissenschaft* (1881) ein Wissen preist, das langsam reift, und Überzeugungen, die gründlich überlegt werden, so beweist die Form selbst, in der er dies tut, daß dies nicht *seine* Arbeitsweise ist. Die Methode, die er bevorzugt (obwohl er sie nicht immer befolgt), ist der Weg der „kleinen einzelnen Fragen und Versuche" (*Morgenröte*, §547), denn sie allein befriedigen (seiner Überzeugung nach) die anspruchsvollen Forderungen des modernen wissenschaftlichen Zeitalters. Er polemisiert gegen die Historiker (in der dritten und vierten seiner *Unzeitgemäßen Betrachtungen*), weil sie große Männer unter einer Lawine von Fakten begraben, weil sie echte Einsichten durch endlose Zusammenhänge und Ausführlichkeiten ersetzen und weil sie leugnen, daß es Genies gibt, die sich anders entwickeln als sie selbst — also nicht langsam, schrittweise, langweilig. „Meine Art, Historisches zu berichten", schreibt er in einer Aufzeichnung aus dem Jahre 1879, „ist eigentlich, *eigene* Erlebnisse bei Gelegenheit vergangener Zeiten und Menschen zu erzählen. Nichts Zusammenhängendes — einzelnes ist mir aufgegangen, anderes nicht. Unsere Literaturhistoriker sind langweilig, weil sie sich zwingen, über alles zu reden und zu urteilen, auch wo sie nichts *erlebt* haben“ (*KSA* VIII S. 532). Das einzelne Erlebnis ist alles.

Der Bemerkungen dieser Art ist kein Ende, und sie alle deuten auf eine überall zu findende Grenze von Nietzsches Denken hin: Es ist seine konsequente Geringschätzung der Welt, wo „zwei oder drei versammelt sind“, seine Voreingenommenheit gegen das, was hier *die Sphäre der Gesellschaftlichkeit*[1] genannt werden soll. Und wird diese Sphäre so beständig ignoriert, wie Nietzsche es tut, dann wird ein wichtiger Teil unserer Welt anders, als er ist, irreführend dargestellt.

Irreführend ist hier, daß er in seinem Philosophieren nichts Positives über alle jene menschlichen Anstrengungen — im Gesellschaftlichen, in Kunst und Religion, ja selbst in den Naturwissenschaften — zu sagen weiß, in denen einzelne, besondere Einsichten und Erfahrungen und Begegnungen, also einzelne *Situationen*, durch Regeln, Gesetze und Institutionen, also durch *Strukturen*, verfestigt und gewiß gemacht werden, die dann ihrerseits zu neuen Vergesellschaftungen und Zusammenstellungen führen, die neue Situationen zeitigen: Das Mißtrauen, mit dem ihn Vorgänge dieser Art erfüllen, macht ihn nicht einsichtiger, sondern trübt ihm die Einsicht durch Voreingenommenheit.

Es gibt Ganzheiten, die unleugbar mehr sind als ihre Teile; Strukturen, die Festigkeit schaffen oder aber Verknöcherung; Wiederholungen, die Rhythmus hervorbringen oder aber Langeweile. Durch Zusammenhänge ergeben sich Bedeutungen, die einzelne Worte nicht besitzen. Systeme füllen leere Räume in der Erfahrung und nicht immer mit Lügen. Die Verknüpfung, die von Worten zu Taten und von Taten zu Veränderungen in

[1] Im Original „association“; gemeint ist die Sphäre der Gesellschaft und „natürlichen“ Gesellschaftsfähigkeit des Menschen (Anm. d. Hrsg.).

der Welt um uns führt, ist nahezu immer unsicher, diese Unsicherheit hat manchmal ihre Vorteile. Und Syllogismen funktionieren ohne Rücksicht auf die Absichten, die in ihre Prämissen gelegt wurden: „Die Logik ist unerbittlich" (so heißt es einmal bei Kafka), das heißt sie funktioniert ohne Rücksicht auf das persönliche Sein des Menschen.

Nietzsche jedoch glaubt — und dieser Glaube bestimmt seine Wahl von Reflexion, Betrachtung und Aphorismus als seine bevorzugten literarischen Mittel —, daß der Teil größer oder zumindest wahrer, weniger irreführend ist als das Ganze.

So scheint es denn zuweilen, als betrachte er alle festen Schlußfolgerungen und Kontinuitäten, die dem assoziativen Vorgang zugrunde liegen, als abgetrennt vom spezifisch *menschlichen* Sein, als indifferent dem Diktat des menschlichen Willens gegenüber und daher als etwas Unmenschliches. Wir können hier allerdings nicht sicher urteilen; denn über den Status der Logik sagt Nietzsche nur wenig. Wir wissen aber, daß er das Streben des Menschen nach Festigkeit und Gewißheit stets als einen Hemmschuh für die menschliche Erfahrung sieht: als ein unauthentisches Bestreben, als eine Furcht vor den Härten der Einsamkeit, einen Verlust von Unabhängigkeit und Mut — als Versagen angesichts eines Heldentums, das in der Vereinzelung erprobt wird.

Tradition, Dogma, ja selbst die Formulierung von Einsichten im Medium der Sprache konstituieren in seinen Augen eine zweite Ordnung der Erfahrung, eine unechte, minderwertige „Wirklichkeit". Institutionalisierung als das einzige Mittel des Menschen gegen die Willkürlichkeit bedeutet ihm wenig. Nirgendwo ist dies deutlicher als in seiner völligen Verwerfung der christlichen Kirche in der Welt, als ob sich das Wort Christi (das er nicht völlig ablehnt) ausbreiten könne, ohne daß „zwei oder drei in seinem Namen versammelt sind“, ja als ob die Ausbreitung selbst von Übel wäre. Und wenn Nietzsche in traditionell romantischer Art zuweilen gegen „den Staat“ polemisiert und „die Nation“ verherrlicht (*Zarathustra,* I § 12), dann tut er dies aus dem simplen und vorhersehbaren Grund, daß er den Staat als ein abstraktes, institutionelles Ungeheuer betrachtet, während er in der Nation eine „natürliche“ Ausdehnung des privaten Ich sieht. Ihn aufgrund solcher Ansichten entweder für die Nationalisten oder die politischen Liberalen in Anspruch zu nehmen, ist gleich abwegig.

Und doch darf nicht verschwiegen werden, daß sich aus dieser Betonung des „Plötzlichen“ und des vereinzelten, heroischen „Erlebnisses“ beträchtliche politische Folgerungen ergeben sollten. Es ist ein Teil unserer Geschichte, daß diese ganze affektive Rhetorik (wie sie ja bei Nietzsche selbst in zahlreichen Metaphern von ungezügelter Gewaltsamkeit, Blitzschlägen, vulkanischen Ausbrüchen und dergleichen Finessen durchexerziert wird) für die Ideologie des italienischen und deutschen Faschismus wesentlich wurde und daß sie mit Hilfe von Männern wie Gabriele d'Annunzio und Dietrich Eckart[1] eines Tages aus der literarisch-philosophischen Sphäre in politische Phantasie und von da in praktische Politik umgesetzt wurde. Ist es sinnvoll, Nietzsche für diesen Vorgang verantwortlich zu machen? Von der Verantwortung für die Endphasen dieses Vorgangs müssen wir ihn gewiß freisprechen. Abgesehen davon aber erhebt sich noch einmal die Frage: Kann ein Mangel an Voraussicht und antizipierender

[1] In den meisten anderen Zusammenhängen dürften die beiden Männer nicht im gleichen Atemzug erwähnt werden. Vorweggenommen wird übrigens diese Rhetorik bei Nestroy.

Vorstellungskraft tadelnswert sein? Mag diese Frage auch unsererseits offenbleiben, Nietzsches Antwort ist jedenfalls klar. Hätte er einen Philosophen in einer ähnlichen Situation, unter einer ähnlichen Anklage angetroffen, er hätte ihn gewiß nicht freigesprochen. Es gab wohl nie einen Denker, der eher bereit war, das Versagen der Vorstellungskraft mit einem moralisch-existentiellen Versagen gleichzusetzen.

„Alle menschlichen Fehler sind Ungeduld, ein vorzeitiges Abbrechen des Methodischen." Dieser Aphorismus Kafkas[1] ist wie im Blick auf Nietzsche geschrieben, und Nietzsche hätte wohl das Urteil angenommen, das er enthält. Denn des experimentellen Denkens letzter Schluß scheint unabweisbar, daß Nietzsche nicht genügend an die eigenen Einsichten und Voraussagen glaubt, um sich ernsthaft wegen der Bedingungen zu sorgen, unter denen sie einmal verwirklicht werden sollen. Ohne jene Einsichten Nietzsches jedoch (dies sei hinzugefügt) stünde uns diese Kritik kaum zur Verfügung, denn sie ist ja nur Um- und Anwendung dessen, was er lehrt.

In der Dialektik, die aller menschlichen Existenz zugrunde liegt, bevorzugt Nietzsche immer das Einmalige gegenüber der Wiederholung und das Genie gegenüber dem, was „recht und billig" ist. Wir können die Frage, ob sich dieser Standpunkt überhaupt durchhalten läßt, für einen Augenblick beiseite lassen. Was Nietzsches Polemik untergräbt und seine Einsicht beschränkt, ist die Tatsache, daß er in der Gegenüberstellung des Einen und der Vielfalt das Vorhandensein einer echten Dialektik, eines unausweichlichen menschlichen Problems, kaum zugibt. Doch auch wenn dieses Problem

[1] In „Betrachtungen über Sünde, Leid, Hoffnung und den wahren Weg".

unausweichlich ist, so ist es nicht unlösbar — in der Tat hängt alles zivilisierte Leben davon ab, daß wir es fortwährend, in zahllosen Zusammenhängen und unter immer neuen Bedingungen lösen müssen. Nietzsche aber drückt sich häufig so aus, als genüge schon dies, die Zivilisation selbst suspekt und *per definitionem* dekadent zu machen. Er liebt „die kurzen Gewohnheiten" und haßt die Tyrannei der „dauernden" (*Fröhliche Wissenschaft,* IV § 295). Er sieht die Hölle bevölkert von „Höflings, Anwalts, Zolleinnehmers... Krämers... und all jenen, deren Überschuß im *Warten* besteht — warten, bis jemand kommt und spricht" (*KSA* IX S. 649), und er bemerkt, daß das Leben in den großen Städten von Leuten bestimmt wird, die in derlei Beschäftigungen ihre größte Befriedigung finden. Wir verstehen seinen Standpunkt und stimmen ihm ohne Zögern und ganz selbstverständlich zu — wer bekennt nicht eine Abneigung gegenüber Zollbeamten und Krämern? Und doch, mit einem Leben, wie Nietzsche es führte — außerhalb der beruhigenden Umarmung der Routine —, wüßten wir wenig anzufangen.

Die Zeichen von Nietzsches Weigerung, sich mit dieser Problematik der menschlichen Erlebniswelt auseinanderzusetzen, sind überall zu finden. Er schreibt Glänzendes über Goethe und zeigt für das Wesen des Goetheschen Genius und seine großzügige Menschlichkeit ein tieferes Verständnis als viele Literaturhistoriker. Für Goethes Liebe zu Sitte und Gewohnheit, für jenen Teil des poetischen Genies, der den Alltag heiligt und ihm dadurch dauernden Wert verleiht, scheint er kein unmittelbares Verständnis zu haben. In *Die Fröhliche Wissenschaft,* dem glücklichsten und ausgeglichensten seiner Bücher, gibt es eine Stelle (IV § 334), die vom Gegenteil zeugt. Sie liest sich fast wie eine Paraphrase eines Goetheschen Gedichts[1], denn sie zeigt in feinen Einzelheiten den Wert einer stufenweisen Erkenntnis, geduldigen Kennenlernens und wachsender Gewohnheit, die (wie Nietzsche bestätigt) zum „lieben lernen" gehören; „nicht nur in der Musik". Doch auch diese Erkenntnis gehört dem Augenblick an, verändert seine Denkungsart nicht: Er schreibt wie jemand, der der glühenden Überzeugung ist, er müsse „lieben lernen", dessen Wille jedoch seinen Absichten entgegensteht.

Vor allem anderen ist es die Kunst, in der Nietzsche den Feind von Gewohnheit und leerer Wiederholung sieht. Der ästhetischen Tätigkeit wird eine zentrale Rolle in der menschlichen Existenz zugewiesen; denn er sieht in ihr eine Erfahrungsweise, die mehr als jede andere der Sphäre der Gesellschaftlichkeit enthoben ist und vom Schein der Einzigartigkeit lebt. Auch ein Teil seiner politischen Bemerkungen, darunter der frühe Aufsatz *Der Griechische Staat*, muß unter diesem Gesichtspunkt verstanden werden: als Versuche, die politische Tätigkeit zu heroisieren, indem sie als die höchste, apollinische Form des Ästhetischen gedeutet und der politische Führer mit dem Künstler in menschlichem „Material" identifiziert wird (*Wille zur Macht*, § 975). (Und wenn Männer wie Mussolini diese Bemerkungen aufgriffen, dann war dies, jedenfalls im Ansatz, kein Mißverständnis.)

Andererseits haben wir an zahlreichen Stellen gesehen, daß Nietzsches Geringschätzung des „gesellschaftlichen" Modus ihn nicht daran hindert, in riesige und zuweilen fragwürdige Verallgemeinerungen zu verfallen. Diese werden gedacht als Vervielfachungen individuel-

---

[1] Siehe z.B. Goethes „Die Metamorphose der Pflanzen" (1788), Zeile 70–71: „O gedenke denn auch, wie aus dem Keim der Bekanntschaft / Nach und nach in uns holde Gewohnheit entspross..."

ler Fälle, nicht auf der Ebene abstrakter Begriffe. Nicht immer sind sie Zeichen seiner Ungeduld; sie entspringen seinem innersten Vertrauen, daß der einzelne Fall, den *er* kennt, anführt und verallgemeinert, der exemplarische ist — eine Art erkenntnistheoretischer *amor fati*. Die Tatsache, daß er nur gelegentlich in Begriffen zu formulieren sucht (während er sich häufig mit metaphorischen und metonymischen Hinweisen begnügt), ist ein Teil seiner Anziehungskraft für andere Autoren und Künstler und eine Quelle seines Einflusses als „Philosoph des Lebens". Dies bezeichnet aber auch eine Schranke seiner Kritik, wenn er begrifflichen Problemen gegenübersteht. Als Beispiel diene seine wichtigste Überlegung zur Kausalität: Unsere Vorstellung von „Ursache" wird als „unser Machtgefühl vom sogenannten Wollen" gedeutet, unser Begriff von „Wirkung" als „der Aberglaube, daß dies Machtgefühl die Macht selbst sei, welche bewegt..." (*Wille zur Macht*, § 689); in ähnlicher Weise kritisiert er „unsere *Unfähigkeit*, ein Geschehen anders *interpretieren* zu können denn als ein Geschehen aus *Absichten* ... es ist der Glaube, daß alles Geschehen ein Tun sei, daß alles Tun einen Täter voraussetze..." (*Wille zur Macht*, § 550). Hier verwandelt sich begriffliche Kritik in psychologischen Argwohn — dies ist es, was er die „Methode meines bösen Blicks" nennt. So aufschlußreich dieses Verfahren auch sein mag, so bedeutet es doch auch, daß eine Kritik des Begriffs Kausalität in Fällen, wo dieses Konzept offensichtlich nicht auf unser „Machtgefühl" bezogen werden kann, nicht zur Wirkung kommt. Die nächste Frage, wieso die kausalen Argumente, wenn sie sämtlich Anthropomorphismen sind, überhaupt funktionieren — z. B. in den Naturwissenschaften —, wird nicht gestellt. Und dasselbe trifft auch auf seine zuweilen brillanten, doch unvollständigen analytischen Bemerkungen über die Sprache zu. Wenn wir nämlich zu der abschließenden Frage jener Überlegung zur Kausalität gelangen, die eben zitiert wurde — „Ist eine Absicht die Ursache eines Geschehens?" —, so sollten wir erwarten, Nietzsche führe die Untersuchung weiter und suche die Antwort in einer Kritik der mannigfaltigen Beschaffenheit der Sprache, bei deren Gebrauch wir Wörtern (eingeschlossen diejenigen, die Absichten ausdrücken) die Funktion von Taten geben.[1] Nietzsche läßt es jedoch bei der Frage bewenden.

Nietzsches Vernachlässigung der gesellschaftlichen Sphäre bildet nicht nur die wichtigste, sondern auch die beunruhigendste Beschränkung seines philosophischen Denkens. Sein Desinteresse wird durch keine Dialektik von Fragen und hypothetischen Antworten, durch keine spekulativen Versuche durchbrochen. In dieser Einstellung aber ist er keineswegs originell, in keiner Weise das „einmalige Geschehnis und die Ausnahme" in der Kultur seines Landes; hierin gehört er in eine deutsche Tradition, die auf Martin Luther und dessen geistige Vorfahren zurückgeht.

Wann immer soziale Einsichten legitim in Urteile über persönlichen Wert und persönliche Würde übertragen werden können, entfaltet sich Nietzsches volles kritisches Verständnis:

„Die Maschine ist unpersönlich, sie entzieht dem Stück Arbeit seinen Stolz, sein individuell *Gutes* und *Fehlerhaftes*, was an jeder Nicht-Maschinenarbeit klebt, — also sein bißchen Humanität. Früher war alles Kaufen von Handwerkern ein *Auszeichnen von Personen*, mit deren Abzeichen man sich umgab: der Hausrat und die Kleidung wurde dergestalt zur Sym-

[1] Vgl. Ludwig Wittgenstein, *Philosophical Investigations*, I § 241, 546.

bolik gegenseitiger Wertschätzung und persönlicher Zusammengehörigkeit, während wir jetzt nur inmitten anonymen und unpersönlichen Sklaventums zu leben scheinen. — Man muß die Erleichterung der Arbeit nicht zu teuer kaufen." *(Menschliches, Allzumenschliches,* II/2 § 288)

Doch gibt es Aspekte des gesellschaftlichen Lebens (wie das Recht, die Politik, die Wirtschaft), die eine eigene Dialektik besitzen und auf die daher unmittelbare, persönliche Werturteile gar nicht oder nur oberflächlich zutreffen. Nietzsches Überlegungen über diese Gegenstände erweisen die Diskontinuität seines Denkens als einen schweren Mangel, und hier muß sein Einfluß als regressiv bezeichnet werden. Nicht die Tatsache, daß er keine systematische Kritik erarbeitet hat (denn dies war nie seine Absicht), ist Gegenstand unsrer Kritik, sondern daß die Ansicht von Gesellschaft *und* Individuum, die sich aus seinen Betrachtungen über die gesellschaftliche Moral ergibt, auf einen Individualismus hinausläuft, der den Dingen in der Welt nicht Rechnung trägt.

Bezeichnenderweise ist nahezu die einzige Regierungsform, die ihn interessiert, die Herrschaft, die ein Führer oder eine Oligarchie aufgrund uneingeschränkter Macht ausüben. Da er aber nicht untersucht, wie autokratisch regierte Gesellschaften durch Sitte und Herkommen sich formieren und aufrechterhalten — da er nicht fragt, wieviel hier und in jeder Gesellschaft vom Alten im Neuen überleben muß —, kann er das Zustandekommen einer Befehlsherrschaft nur mit der Hilfe katastrophenähnlicher „natürlicher" Faktoren erklären. Und da für ihn in diesem Zusammenhang „natürlich" eine nicht reduzierbare Kategorie ist (*Wille zur Macht,* § 916), ist das Gesellschaftskonzept, das aus seinen Reflexionen entsteht, nicht ein aus sich erklärbares funktionales System, sondern ein System, das kraft seiner Beziehung zu etwas außerhalb seiner selbst funktioniert (die Verwandtschaft mit den das eigene System transzendierenden Machtpolitikern des totalitären Staates ist offensichtlich). Manchmal ist jene äußere Macht die Natur, manchmal ist es das Schicksal, manchmal spricht Nietzsche — metaphorisch — von einem gegenwärtigen Gott oder von einem *deus absconditus* — doch immer meint er im Grunde genommen das Gegenteil, nämlich ein in sich geschlossenes System menschlicher Herrschaft. Denn sein ausdrückliches Ziel, vor allem im *Zarathustra*, ist es ja, die Menschen selbständig und selbstbestimmungsfähig zu machen, zufrieden mit ihrem irdischen Los und frei von allem Bedürfnis nach Göttern. Doch die Vorkehrungen im gesellschaftlichen und politischen Leben, die der Einsetzung einer solchen autonomen Menschheit vorausgehen müssen, interessieren ihn nicht. Der „Wille zur Macht“, gedacht als die herrschende Kraft in einem solchen System, wird zu einer „natürlichen“ Kraft hypostasiert, welche in die menschliche Gesellschaft von außen eingreift.

Historische Veränderungen werden in Nietzsches Sicht von großen Männern bewirkt, die ihren Willen dem „natürlichen“ Kreislauf ganzer Kulturen (bestehend aus Geburt — Blütezeit — Niedergang) aufzwingen, und diese Kreisläufe sind analog zum Pflanzenleben konzipiert. Hier fehlen alle Übergänge. Zwischen den beiden Polen individueller Psychologie und kosmischer oder millennarischer Spekulation — zwischen dem Übermenschen und der Lehre von der „ewigen Wiederkehr des Gleichen“ — scheint eine Leere zu bestehen; oder vielmehr nicht eine Leere, sondern das merkwürdig unwirkliche Bild einer Gesellschaft, die zugleich

starr und dabei doch provisorisch ist und völlig transzendiert werden muß. Um ein Beispiel aus seinen letzten Betrachtungen über „die moderne Zeit — die Zeit des Niedergangs des Instinkts" zu nehmen: Es ist ein Zeichen dieses Niedergangs, schreibt Nietzsche (*Götzen-Dämmerung*, IX § 40), daß man erlaubt hat, „daß es eine Arbeiter-Frage gibt", und zwar aus dem folgenden Grund: „Man hat den Arbeiter militärtüchtig gemacht, man hat ihm das Koalitions-Recht, das politische Stimmrecht gegeben: was Wunder, wenn der Arbeiter seine Existenz heute bereits als Notstand ... empfindet?" Es findet sich hier keine Andeutung, daß der Status des „man", wer immer dies sein mag, oder „des Arbeiters" wohl als (von wem?) vorherbestimmt zu gelten hat; kein Verständnis dafür, daß diese Gesellschaft, die als ein riesiger, zerfallender Organismus gesehen wird, durch etwas anderes bewegt wird als durch jene als selbstverständlich erwähnten Kräfte des „Instinkts"; und keine Andeutung, daß es keineswegs selbstverständlich ist, der einen sozialen Klasse Instinkte zuzuschreiben und einer anderen nicht.
Nietzsches Bereitschaft, der Mode des „Sozialdarwinismus" zu folgen und sich auf dessen Erklärung aller gesellschaftlichen Veränderung als Ergebnis des Kampfes auf Leben und Tod zu berufen — wieder liegt die Analogie zu den faschistischen Ideologien nahe —, verquickt sich hier mit der heraklitischen Erklärung allen Seins aus dem „Kampf der Geschlechter" (*Geburt der Tragödie*, § 1). Und beide zusammen — der Sozialdarwinismus und die vorsokratische Lehre — führen ihn zu einer Vorstellung von der Gesellschaft als einem starren Organismus, der aller stufenweisen Veränderung unfähig ist. Was dieses Bild so unwirklich macht, ist der Eindruck, der erweckt wird, als ob Gesellschaf-

ten aus dem Zustand völliger Stabilität (die er stets mit lebloser Trägheit identifiziert) durch eine plötzliche Katastrophe oder durch den Willensentschluß autoritärer Herrschaft zu völliger Neuformierung übergingen. Doch so — und dies wissen wir — verändern sich Gesellschaften nicht.

Noch einmal ist zu betonen, daß es Nietzsche nie um ein aus Forschungsmaterial aufgebautes Bild dieser oder jener wirklichen oder utopischen Gesellschaft geht; dafür sind seine Entwürfe nie detailliert genug. Was er bietet, sind bestimmte moralische und ethische Mahnungen — hier eine aus jeder Phase seines Philosophierens: „Ich weiß keinen besseren Lebenszweck, als am Großen und Unmöglichen ... zugrunde zu gehen" (*Unzeitgemäße Betrachtungen*, II § 9). „Tausend Ziele gab es bisher, denn tausend Völker gab es. Nur die Fessel der tausend Nacken fehlt noch, es fehlt das *eine* Ziel" (*Zarathustra*, I § 15). „Ich lehre: daß es höhere und niedere Menschen gibt und daß ein Einzelner ganzen Jahrtausenden unter Umständen ihre Existenz rechtfertigen kann" (*Wille zur Macht*, § 997). — Und aus solchen Mahnungen und Invektiven läßt er uns auf die Gesellschaft schließen, gegen die sie gerichtet sind. Das Ethos, das angegriffen wird, ist immer das des Marktplatzes — es ist *per definitionem* unheroisch und dekadent.

Wenn Nietzsche den heroischen individuellen Menschen anspricht, als stünde dieser völlig außerhalb jeder gesellschaftlichen Bindung, dann tut er dies auf Kosten der wichtigsten Erkenntnisse der Sozialphilosophie seiner Zeit. Frühe Soziologen, unter ihnen Marx und Durkheim, aber auch Max Weber, haben gezeigt, daß das individuelle Ich in jedem lebendigen und sinnvollen Bezug *schon als Ich* bereits in ein System gesellschaftlicher und moralischer Konventionen verflochten ist, daß es ohne eine Beziehung zu diesem System nichts ist, daß, wie E. H. Carr einmal bemerkte, Robinson Crusoe ein Engländer aus dem Kaufmannsstand und Sohn der Stadt York ist. Die Erkenntnis, daß ein jeder Akt sozialer Reform oder Revolution in seiner Beziehung zur „vollen und ausdrücklichen Verwirklichung der Vorstellung von Gesellschaft als eines bestimmten Umstands, als der Hauptbedingung des individuellen Lebens“[1] verstanden werden muß, ist ein Gemeinplatz. Doch diese Erkenntnis ist kein Teil von Nietzsches geistigem Horizont. Er polemisiert nicht gegen eine der wichtigsten Erkenntnisse seines Zeitalters: Er scheint sich ihrer nicht bewußt zu sein. Was er als einen Aspekt der Dekadenz seiner Welt angreift, müssen wir als einen wesentlichen Bestandteil der menschlichen Existenz erkennen.

Aber stimmt es wirklich, daß die Beziehung zwischen gesellschaftlicher Konvention und dem individuellen Willen zur Macht bei Nietzsche immer nur einseitig und voreingenommen untersucht wird? Schließlich ist es doch Nietzsche, der die „Genealogie der Moral“ vom klerikalen Gebot und Tabu zu moralischen Lehrsätzen nicht nur behauptet, sondern in überzeugenden Einzelheiten darstellt, der an einer berühmten Stelle in *Morgenröte* (§ 9) den Ursprung der „jeweiligen Moral“ aus den „mores“ der Zeit herleitet, der in der *Genealogie der Moral* die Quelle von Schuldgefühlen und die Ätiologie des „schlechten Gewissens“ beschreibt und auf den sadistischen Ursprung vieler sozialer und geistiger Ideale verweist... Ist es nicht vielmehr so, daß

[1] Lionel Trilling, *The Opposing Self* (London 1955), S. 176.

wir zwar vordergründig behaupten, seine soziale Erfahrung — oder zumindest sein Interesse an der Gesellschaft — sei unzureichend, uns aber in Wahrheit an seinen Ansichten stoßen und ihn kritisieren, weil er nicht die unseren teilt? Erwarten wir von ihm nicht, er solle sich zu einer anderen, konkurrierenden gesellschaftlichen Moral bekennen? Ist unser Argument hinsichtlich der „Sphäre der Gesellschaftlichkeit" stichhaltig, so folgt daraus, daß Nietzsches Vorstellungen über die Moral in einem wichtigen Sinn mangelhaft und undurchführbar sind. Der Vergleich mit einem Schema, das wohl weniger originell, doch realistischer ist — dem ähnlicher, was wir als das Wesen unserer moralischen Erfahrung erkennen —, wird uns helfen, den Mangel seines Schemas zu konkretisieren.
In ihrem Aufsatz „Three Strands of Morality" (Drei Stränge der Moral) beschreibt Dorothy Emmet[1] die Grundsituationen, aus denen unser moralisches Verhalten erwächst, sie nennt diese „Sitte, Gegenseitigkeit und Gnade". (1.) Viele Entscheidungen, die zu unserem täglichen Leben gehören, treffen wir unkritisch und ohne Überlegung. Es mag eine banale Einsicht sein (die Nietzsche zweifelsohne ignoriert), daß „das Leben" (in keiner sehr erhabenen Bedeutung des Wortes) zum Stillstand käme, wenn man sich nicht auf selbstverständliche, ohne darüber nachzudenken vollzogene Handlungen des täglichen Umgangs verlassen könnte, die trotzdem Teil des moralischen Lebens, das heißt unserer Erfahrung von besser und schlechter, Gut und Böse sind. Auch eine Kommune kalifornischer Blumenkinder muß entweder eine Reihe von *mores* für sich selbst entwerfen oder (was wahrscheinlicher ist) aus der

[1] In *Essays in Honour of W. J. M. Mackenzie*, ed. B. Chapman and A. Potter (Manchester 1944), S. 69–80.

Gesellschaft mitbringen, die sie verlassen hat. (2.) An jedem Punkt, wo diese *mores* in Frage gestellt werden und aufhören, selbstverständlich zu sein, muß (so schreibt Dorothy Emmet) eine „Überlegung über die buntgemischte Reihe von Sitten, die jenen ersten Strang ausmachen“, einsetzen, und die Richtschnur eines solchen Überlegens wird nun ein Sinn für Unparteilichkeit oder, auf einer umfassenderen Ebene, für „Gegenseitigkeit“ sein. Dies ist die unpersönliche Moralität von Regeln und Regulierungen und Gesetzen, von denen Platon im *Protagoras* spricht: „Aus Furcht, daß unsere Rasse ganz zerstört würde, sandte Zeus den Hermes, um Gerechtigkeit und Ehrfurcht den Menschen zu bringen, damit es Ordner von Städten gäbe und Bindungen, die sie in Freundschaft zusammenbringen.“ (3.) Und schließlich ist da die Moral der Gnade, „die nicht berechnend ist, so gerecht und vernünftig jene Berechnungen auch sein mögen“, und die „für das Streben nach einem ungreifbaren, idealen Guten“ steht, das nicht in einer Reihe von Regeln erfaßt und auch nicht von Rechts wegen erwartet werden kann. „Eine höchst persönliche Verhaltensweise“ einschließend, ist es die „Moral von Heiligen und Helden“, doch auch weniger ungewöhnliche Menschen haben an ihr teil.

Das Verhältnis Nietzsches zu einem derartigen Schema liegt auf der Hand. Der ersten, der Moral, die durch Herkommen und Sitte beherrscht wird, gesteht er keinerlei positiven Wert zu. Soweit er Sitte und Herkommen unter die Rubrik „Instinkt“ einordnen kann, wird er ihre „lebensstärkenden“ Eigenschaften betonen und sie in einen scharfen Gegensatz zur zweiten Art von Moral, der Moral der Gesetze, stellen; im übrigen aber greift er jene Moral als trägen, gedankenlosen (*Menschliches, Allzumenschliches,* I § 97) und unauthentischen

(*Morgenröte*, § 455) Konformismus an. „Dike", die *zweite* Art von Moral, wird er wegen ihrer Rationalisierungen, ihrer unheroischen Verteidigung der „Schwachen und Schlechtweggekommenen" und ihres Eingriffs in die „natürlichen" Wirkungen des „Willens zur Macht" verdammen. Hier, in seinen Angriffen auf die Moral der Institutionen und Gesetze, findet Nietzsches Argwohn gegen alles, was der Stabilität förderlich ist — vor allem auf Kosten der konkreten persönlichen Wahl —, ein geneigtes Ohr bei jenen protestierenden Minderheiten in unserer Mitte, deren Überleben durch jene Regeln der Gegenseitigkeit verbürgt wird, die sie verachten.

Für Nietzsche bleibt daher nur einer der drei Stränge, die völlig persönliche und „authentische" *Moral der Gnade*, die keine Regeln kennt, keinen Präzedenzfällen folgt und keine Folgen ihrer großzügigen Entscheidungen fürchtet. Dies soll die Moral des Übermenschen werden, die aus einem vollen Herzen und klaren Sinn und einer Liebe zur Erde strömt. Da es für Nietzsche so etwas wie Gnade aber nicht gibt, sollten wir besser von einer „Moral als ob aus Gnade" sprechen, die in seinem Schema die Funktionen aller drei Arten erfüllen muß. Es braucht keine langen Beweise, um zu zeigen, daß das Leben in der Welt, wie wir sie kennen, wäre es *ausschließlich* von der „Moral der Gnade" regiert — einer „Gnade", die in Nietzsches Utopie zur Hingabe des einzelnen Menschen wird —, mit Sicherheit der Anarchie verfallen und zusammenbrechen müßte.

Es ist kein Zufall, daß Nietzsches Verwerfung der Herrschaft des Gesetzes dem Antilegalismus der Evangelien ähnelt. Die Absicht wie auch die tatsächliche Wirkung von Gesetzen (so argumentiert er) ist nicht die Verteidigung des Lebens und die Beseitigung der Willkür, sondern die Schaffung von Verfehlungen und damit des schlechten Gewissens; daher sieht er in der Abschaffung des Gesetzes eine Vorbedingung für die Beseitigung der Verfehlung (*Morgenröte*, § 68): Dieses Argument sieht gewiß wie ein christliches Paradox aus, und Nietzsche ist sich dieser Verwandtschaft vollauf bewußt. Doch in all diesem Psychologisieren gibt es keine Einsicht, daß die Parabeln von Christi Mißachtung der „Gesetze" der Natur (bei der Hochzeit von Kana) und der Gesetze des Rechts (in dem Lohn, den auch der zuletzt gedungene Knecht erhält, Matth. 21) keinen Sinn haben, wenn sie nicht in eine feste natürliche und gesetzliche Ordnung und in Gegensatz zu dieser gestellt werden.

Es fehlt die Einsicht, daß es ohne Gesetz keine Befreiung vom Gesetz geben kann.

Kontinuität wird als der Kern jeder Moral anerkannt (*Jenseits von Gut und Böse*, § 188), ausgenommen, wie es scheint, jenes umgreifende Schema, das Nietzsche nach 1884 beschäftigt. Nietzsches ausführliche Gedanken darüber, was diese neuen Werte sein, ob sie unter einer ethischen Maxime zusammengefaßt werden oder Teil einer ästhetischen Um-Deutung der Welt sein und zu welchen neuen Zielen sie die Menschheit führen sollen — all diese Gedanken sind als Beiträge zu jener „Umwertung aller Werte" gedacht, die uns nur in Fragmenten und Ansätzen vorliegt. Die Antwort auf die Frage, warum er zu keinem Abschluß kommt, liegt vielleicht (abgesehen von seiner Krankheit) auch in der Methode seines Denkens.

Vor der Entscheidung, was auf die neuen „Werttafeln" geschrieben werden soll, steht die Antwort auf die Frage, ob solche *neuen* Tafeln überhaupt geschrieben und verwirklicht werden können. Verwirklichung heißt hier

Bekehrung. Das Problem, das hier aufgeworfen wird, gehört nicht in die Psychologie der individuellen Bekehrung (die Nietzsche lang und gerne erörtert), sondern in die Logik des Bekehrungsvorgangs (die ihn nicht interessiert). Ist es möglich für einen Menschen, eine Wertordnung abzulehnen und sich dann — unbefangen, freien Geistes — für eine andere zu entscheiden? Nietzsche scheint anzunehmen, daß die Freiheit eines Menschen zu moralischer Wahl keine Grenzen kennt. Doch es ist klar, daß jeder Entscheidung ein Augenblick der Unentschiedenheit voraufgehen muß: Solch ein Augenblick ist wohl bei mancherlei praktischer Wahl und bei wissenschaftlichen Versuchen denkbar, kann es ihn aber in der Ethik geben? Kein Mensch, außer dem Verrückten und dem Verbrecher, befindet sich je in einem moralischen Vakuum. Und wäre ihm dies auch möglich, was könnte ihn dann dazu bewegen, dieses Vakuum zu verlassen? Nicht die alten Werte, denn die sollen verworfen werden (es soll ja eine radikale „Umwertung" sein), auch noch nicht die neuen, denn über sie ist noch nicht entschieden worden...[1] Dem Schema Nietzsches fehlt die Einsicht, daß jedes neue Schema notwendigerweise von dem existierenden alten Schema abhängt (ja von ihm genährt wird) und daß dieser Stand der Dinge nicht durch die Gemeinheit der Menschheit verursacht ist, sondern dem Vorgang jeder moralischen Reform und Bekehrung innewohnt. Auch der christlichen? Zuweilen schreibt Nietzsche, als sei seine „Umwertung" eine Offenbarung, freilich ohne einen offenbarenden Gott; dann wieder erinnern seine Argumente an jene berüchtigten Theologen, die sich zu der Überzeugung bekannten, das Neue Testament sei

---

[1] Siehe C.S. Lewis' Aufsatz „On Ethics", in *Christian Reflections* (London 1967), besonders S. 48–52.

nicht dem Volk Israel, sondern einer neuen Rasse von Menschen geoffenbart worden... Gewiß fehlt es der christlichen Bekehrung nicht an dramatischen Momenten, doch Saulus, und das sieht Nietzsche nicht, war eben nicht irgendwer.

Dies also ist Nietzsches Horizont, *eine* Grenze seines Bewußtseins. Warum vermag er nicht außerhalb von ihr zu denken und zu experimentieren? Warum ignoriert er den „gesellschaftlichen" Teil unsrer Welt? Die Frage scheint schnell beantwortet: Weil er auf eine besonders radikale, kompromißlose Art jene Strömungen zeitgenössischer Kultur und sozialen Denkens angreift, die sein Ideal für die Menschheit unerreichbar machen. Und solche Angriffe gehören — wenn auch auf einem anderen geistigen Niveau — zur Vorkriegsgeschichte des Deutschen Reichs. An diesem Punkt fallen die verschiedenen Aspekte einer Sphäre der Gesellschaftlichkeit auseinander: Nietzsche reagiert gegen die politischen Ideen der Französischen Revolution, gegen die Gesellschaftsideen Rousseaus *und* der englischen politischen Ökonomen, gegen die im Entstehen begriffene internationale sozialistische Bewegung und ihren Glauben an den Fortschritt ebenso, wie er gegen Schopenhauers und Hegels sozialphilosophische Gedanken und auch gegen Kants Idealismus reagiert, den er als ein systematisches Untergraben jenes Vertrauens, das der Mensch zu seinen Sinnen und zur Erde, ihrem Gegenstand, hat, „entlarvt".

Eine Antwort dieser Art ist freilich nicht nur naheliegend, sondern auch unzulänglich. Nietzsches Philosophieren und dessen Grenzen können nicht als „Reaktionen" erklärt werden. Dessen wahre und nicht reduzierbare Grundlage ist sein Bild vom Menschen als

„ohne Nachtmahl, ungebeichtet, ohne Ölung" (*Hamlet* I, 5), und daher als ein heroisches Wesen, hinausgehalten in die Leere des Kreislaufs unendlicher Wiederholungen. Nietzsche liebt die Welt nicht — er liebt die Erde, will aber nicht, daß sie dauert. Seine tiefste und beständigste Sorge gilt nicht gesellschaftlichen Werten welcher Art auch immer, sie dient nicht der Blut- und Eisen-Ideologie des Willensakrobaten, auch verachtet er „die Gassen der Leid-Stadt, /wo ... aus der Gußform des Leeren der Ausguß / prahlt"[1], und er verachtet unsere politischen Klügeleien und Absicherungen. Der Wert, der am Ende seiner moralischen Argumente bleibt, ist das Gegenteil einer jeden traditionellen Utopie. Es ist das Heldentum der Entbehrung: Ein eigenartiger „Wert", mögen wir denken, doch Teil jener zusammenhanglosen, katastrophenartigen Erfahrungen, die wir als seine charakteristische Haltung und Erfahrung erkennen. Und hier (wir denken an unseren früheren Vergleich mit Marx[2]) liegt der Grund für unser Gefühl, daß Nietzsche unsere Welt vorwegnimmt — die uns vertraute geistige Landschaft von Kratern und Gerüsten —, unsere Welt der Zerstörung und des Unfertigen.

---

[1] 1. Rainer Maria Rilke, „Die zehnte Duineser Elegie".
[2] Siehe oben S. 89.

IX Das dritte Experiment: Theologie ohne Gott

Dies war ehedem paradox, aber nun bestätigt es die Zeit.
(*Hamlet* III, 1)

1

Wir kehren zu der Frage zurück, die unsere Erörterung über den „Willen zur Macht" abschloß: Welches Prinzip oder Schema wird eine zulängliche Beschreibung und Norm des Daseins des Menschen in der Welt liefern und zugleich sein Höchstes entwickeln? Was ist „das Höchste" im Menschen? Wenn die Experimente, die in den Kapiteln VI und VII beschrieben wurden, auch keine endgültige Antwort ergaben, so verwiesen sie doch auf die Bedingungen, die eine solche zu erfüllen hätte.

An erster Stelle (so dürfen wir annehmen) wird ein solches Schema auf Nietzsches Verständnis seines eigenen protestantischen Christentums bezogen sein; denn es muß sich mit der religiösen Situation seines Zeitalters auseinandersetzen, das für ihn ein Zeitalter „des Todes Gottes" ist, und mit der Moralität dieses Zeitalters, die für ihn die Moralität der Dekadenz ist. Es wird einem religiösen Schema wohl sehr ähnlich sein (und einige von Nietzsches Jüngern werden es als ein solches auffassen), doch seine Religiosität wird voll von Paradoxen sein und Ungewißheit eher als einen festen Glauben zur Schau stellen. Es wird keinen Anspruch auf ewige Gültigkeit erheben und statt dessen seine eigene Historizität und Ironie unterstreichen — „die Ironie, die dem historischen Zugang zu einem Faktum der moralischen Kultur innewohnt"[1]. Ausschließlich auf die private Sphäre bezogen, wird es weder der Politik noch irgendeiner anderen institutionellen Sicherung, welche die Menschen zwischen sich und dem drohenden Untergang aufrichten, einen Wert zuerkennen. Obwohl es keine moralischen Absolutheiten oder konkreten Imperative enthalten wird („Du sollst dieses tun, du sollst jenes lassen!"), wird es doch einer Handlungsweise den Vorzug vor anderen einräumen müssen. Und schließlich, obwohl es ein Schema sein muß, also *eine Verallgemeinerung,* wird es sich der Sprache der „kleinen unscheinbaren Wahrheiten" (*Menschliches, Allzumenschliches,* I § 3) bedienen und wird versuchen, der Einsicht Rechnung zu tragen, daß „jede Handlung, die getan worden ist, auf eine ganz einzige und unwiederbringliche Art getan wurde" (*Fröhliche Wissenschaft,* IV § 335).

Sieht das alles nicht jenem „Hirngespinste" ungemein ähnlich, das Nietzsche in jeder umfassenden Philosophie impliziert sieht?[2] Und wenn wir überdies bedenken, welchen Reichtum an Einsichten und wie viele lebendige Farben Nietzsche seinen *einzelnen* Überlegungen verleiht, warum sollen wir da ein „Schema" suchen, uns um ein „System" bemühen, jenen „bloßen Leichnam"[3] lebendig anschaulicher Gedankengänge?

Die Nietzsches eigenen Gedankengängen am nächsten liegende Antwort[4] auf die Frage ist die historische: Wir

---

[1] Lionel Trilling, zitiert von John Thompson in *New York Review of Books,* 11. Dezember 1975.

[2] Siehe *KSA* XI S. 644, oben zitiert, S. 89; auch Jaspers, *Nietzsche.*

[3] Siehe Hegels Einleitung zur *Phänomenologie des Geistes.*

[4] Die aus dem Denkprozeß selbst entspringende Antwort wird oben, S. 156; erörtert.

suchen in seinem Werk das Korrelat zu der Erbschaft, die er dem neuen Jahrhundert hinterlassen hat. Zu dieser Erbschaft gehört einerseits seine ästhetische Deutung der Welt, die in unserem letzten Kapitel dargestellt werden soll. Andererseits entspringt Nietzsches eminenter Einfluß auf unser Jahrhundert aus einer Reihe von moralisch-existentiellen Überlegungen und Entscheidungen, die, obwohl mit jener Ästhetisierung der Welt unvereinbar, ein klar umrissenes und letzthin einheitliches Schema bilden.

Die Voraussetzung, auf der dieses Schema ruht, nimmt unsere tiefe Enttäuschung über die industrielle Welt und ihre Werte vorweg:

„... Was ich bekämpfe, ist der *ökonomische* Optimismus: wie als ob mit den wachsenden Unkosten aller auch der Nutzen aller notwendig wachsen müßte. Das Gegenteil scheint mir der Fall: *die Unkosten Aller summieren sich zu einem Gesamt-Verlust:* der Mensch wird *geringer*: — so daß man nicht mehr weiß, *wozu* überhaupt dieser ungeheure Prozeß gedient hat. Ein Wozu? Ein *neues* Wozu? — *das* ist es, was die Menschheit nötig hat." (*Wille zur Macht,* § 866)

Wenn der Mensch vor der Inauthentizität und Dekadenz gerettet werden soll, die er „das zivilisierte Leben" nennt, so muß sein „neues Wozu" in Relation zu der äußersten Schwierigkeit seiner Erlangung bestimmt werden, es muß an der Grenze des Erreichbaren liegen; während umgekehrt alles, was nicht um so außerordentlich hohen Preis erworben wird, auf keinen Fall die wahre Sache sein kann. Wir können dies Nietzsches Moralität „der Anstrengung", seinen „teuren Kauf" oder, in einer Wendung aus *Zarathustra,* die Moralität des „Geistes der Schwere" nennen — ein Wort, mit dem eine ganze Skala physischer und geistiger Bedeutungen und Assoziationen heraufbeschworen wird, von

„Gewicht", „Gewichtigkeit" und „Schwerfälligkeit" über „Widerspenstigkeit" zu „Härte" und „Schwierigkeit". Der Wert eines Menschen liegt demnach in seiner Bereitschaft, auf sich zu nehmen, was immer für ihn die anstrengendsten und unbequemsten moralischen und existentiellen Aufgaben sind, ohne Rücksicht auf ihren konventionellen moralischen Wert. Das „Wozu", das erlösende Heil des modernen Menschen (wie „Gnade" in einem früheren Argument ist der Begriff des rechtfertigenden und somit erlösenden Heils unangemessen und doch zugleich unvermeidbar) muß um den höchsten, teuersten Preis erworben werden, den er sich vorzustellen vermag; ja vielleicht liegt dieser Preis jenseits dessen, was ein Mensch unter Aufwand seines ganzen Wesens und seiner Existenz bezahlen kann. Die Struktur jeder echten Theologie wird hier verkehrt: Statt daß eine relative persönliche Anstrengung durch ein absolutes Ziel „gerechtfertigt" wird, wird eine existentielle Anstrengung absolut gesetzt, um ein relatives Ziel zu rechtfertigen. Die christliche Theologie wird ersetzt durch die Buß-Theologie eines gottlosen Alls.

Dies ist also Nietzsches *experimentum in corpore vili,* die eine Moralität, die ins Innerste trifft. Sie wird in allen seinen Schriften formuliert, ergänzt, variiert. Und doch gibt er ihr weder einen besonderen Namen, noch sagt er ausdrücklich, wie konsistent die Haltung ist, die hinter diesen Formulierungen steht. Als erstes Beispiel sei etwa der Aufsatz über Geschichte von 1874 genannt, den Nietzsche mit knapp Dreißig schrieb. Nach der (schon angeführten) Erklärung: „das *Ziel der Menschheit* kann nicht am Ende liegen, sondern nur *in ihren höchsten Exemplaren*", fährt er mit einer Ermahnung an seine Zeitgenossen fort:

„... daß du dir selbst einen Zweck ... vorsetzest, ein hohes und edles ‚Dazu'... — ich weiß keinen besseren Lebenszweck, als am Großen und Unmöglichen ... zugrunde zu gehen!" (*Unzeitgemäße Betrachtungen,* II § 9)

— als sei es die Unmöglichkeit, die dieses „Ideal" groß macht. Im Wagner-Aufsatz, der zwei Jahre später entstand, lobt er die kulturelle und pädagogische Funktion Bayreuths und empfiehlt seine tragischen Meisterwerke denjenigen, die „sich im Kampf um Gerechtigkeit und Liebe zum Tode reif machen" (*Unzeitgemäße Betrachtungen,* IV § 4), als ob allein der Tod ihrer Sache Wert verleihen könnte. Wir fragen: Geht es hier um mehr als um jugendliche romantische Rhetorik? Die selbstzerstörerische Angestrengtheit dieser eigenartigen Moralität ändert sich nie. Wenn Nietzsche 1878 schreibt, sein Leben solle seine „Ansichten über Moral und Kunst (die das Härteste sind, was mir der Wahrheitssinn bis jetzt abgerungen hat!)" widerspiegeln[1], und ein Jahr später wieder mit Bezug auf den Schluß von *Menschliches, Allzumenschliches*:

„so teuer und schwer erkauft, daß vielleicht um diesen Preis niemand es geschrieben haben würde ..."[2],

wenn er im Vorwort zu diesem Buch von 1886 verkündet:

„da nahm ich — dergestalt Partei *gegen* mich und *für* alles, was gerade mir wehe tat und hart fiel ...",

wenn er in *Jenseits von Gut und Böse* (1886) schreibt:

„Etwas dürfte wahr sein: ob es gleich im höchsten Grade schädlich und gefährlich wäre; ja es könnte selbst zur Grundbeschaffenheit des Daseins gehören, daß man an seiner völligen Erkenntnis zugrunde ginge — so daß sich die Stärke

[1] An Seydlitz, 11. Juni 1878.
[2] An Peter Gast, 5. Oktober 1879.

> eines Geistes danach bemäße, wieviel er von der ‚Wahrheit' gerade noch aushielte, deutlicher, bis zu welchem Grade er sie verdünnt, verhüllt, versüßt, verdumpft, verfälscht *nötig hätte*" (§ 39),

wenn er darauf besteht, man müsse die Hauptleistung des *Zarathustra* darin sehen, daß er:

> „den *Sieg* über ‚den Geist der Schwere' darstelle, in Hinsicht darauf, *wie* schwer die Probleme, um die es sich handelt, darzustellen sind ..."[1],

wenn er im *Willen zur Macht* (1887–1888) die „Tugend" als „Lust am Widerstand" definiert und anfügt:

> „Ich schätze die *Macht* eines *Willens* danach, wieviel von Widerstand, Schmerz, Tortur er aushält und sich zum Vorteil umzuwandeln weiß ..." (§ 382),

wenn er immer wieder auf der Notwendigkeit besteht, alle Formen des positiven Glaubens und alle tröstenden Meinungen zu zerstören, wobei er den Wert der Skepsis und Verzweiflung im Kampf gegen den lebendigen Tod der Konformität betont und sich selbst anspornt:

> „Ich muß das schwierigste Ideal des Philosophen aufstellen!" (*Wille zur Macht*, § 421)

und dann dieses „Ideal" in seiner vollen Selbstzerstörung definiert:

> „Philosophie, wie ich sie bisher verstanden und gelebt habe, ist das freiwillige Aufsuchen auch der verabscheuten und verruchten Seiten des Daseins ...; (§ 1041)

und wenn er schließlich im *Antichrist* (1888) jede Vorstellung einer prästabilierten Harmonie zwischen Wahr-

[1] An Peter Gast, August 1883.

heit und Glück (ja bloßer Nützlichkeit) rundweg verwirft und behauptet:

„Die Erfahrung aller strengen, aller tief gearteten Geister lehrt *das Umgekehrte.* Man hat jeden Schrittbreit Wahrheit sich abringen müssen, man hat fast alles dagegen preisgeben müssen, woran sonst das Herz, woran unsre Liebe, unser Vertrauen zum Leben hängt. Es bedarf Größe der Seele dazu: der Dienst der Wahrheit ist der härteste Dienst. — Was heißt denn *rechtschaffen* sein in geistigen Dingen? Daß man streng gegen sein Herz ist, daß man die ‚schönen Gefühle' verachtet, daß man sich aus jedem Ja und Nein ein Gewissen macht! — Der Glaube macht selig: *folglich* lügt er ..." (§ 50),

so werden wir in keinem Zweifel gelassen, daß „die experimentelle Philosophie, die ich lebe" — anders als die erwähnten und von ihm ausdrücklich so benannten „moralischen Experimente" —, Nietzsches intimstes persönliches Anliegen ist und jeden Abschnitt seines schöpferischen Lebens durchdringt. Ihr vollster Ausdruck findet sich im *Zarathustra,* dem Buch, auf das er seine größten Hoffnungen setzte.

Wer ist Zarathustra? Warum wählt Nietzsche den alten persischen Propheten Zoroaster für die Rolle Christi in dieser merkwürdigen Parodie der Evangelien? Weil Zarathustra der Gründer der ersten dualistischen arischen Religion ist, die wir kennen. — Zarathustra hat zuerst im Kampf des Guten und des Bösen das eigentliche Rad im Getriebe der Dinge gesehen. — Und weil er der Prophet sein soll, der das Ende der Herrschaft von Gut und Böse verkündet. Nach zehn Jahren in seiner Bergeinsamkeit beschließt Zarathustra, zu den Menschen herniederzusteigen:

„Als er aber in die Wälder kam, stand auf einmal ein Greis vor ihm, der seine heilige Hütte verlassen hatte, um Wurzeln im Walde zu suchen ...
‚Und was macht der Heilige im Walde?' fragte Zarathustra.

Der Heilige antwortete: ‚Ich mache Lieder und singe sie, und wenn ich Lieder mache, lache, weine und brumme ich: also lobe ich Gott.
Mit Singen, Weinen, Lachen und Brummen lobe ich den Gott, der mein Gott ist. Doch was bringst du uns zum Geschenke?‘
Als Zarathustra diese Worte gehört hatte, grüßte er den Heiligen und sprach: ‚Was hätte ich euch zu geben! Aber laßt mich schnell davon, daß ich euch nichts nehme!‘ — Und so trennten sie sich voneinander, der Greis und der Mann, lachend, gleichwie zwei Knaben lachen.
Als Zarathustra aber allein war, sprach er also zu seinem Herzen: ‚Sollte es denn möglich sein! Dieser alte Heilige hat in seinem Walde noch nichts davon gehört, daß *Gott tot* ist!‘“ —

Diesen „Tod“ des christlichen Gottes setzt Nietzsche mit dem tatsächlichen Ende der Moralität von Gut und Böse und aller Formen des Idealismus gleich. Es ist für ihn das wichtigste Ereignis der modernen Geschichte und der zeitgenössischen Welt; wir unsererseits erkennen darin eine persönliche Erfahrung, die jeden wichtigen Gedanken Nietzsches mitbestimmt (ohne deshalb der Grund aller seiner Gedanken zu sein). Bevor wir uns aber dem *Zarathustra* zuwenden und das Pathos seiner Botschaft zu erklären versuchen, müssen wir auf Nietzsches Kritik des Christentums und seine Einstellung zu Christus eingehen. Daß seine religiösen Betrachtungen nicht neutral, keine bloßen Konstatierungen sind, braucht nicht mehr betont zu werden. In diesem Zusammenhang mehr noch als an anderen Stellen beutet er bewußt (*Götzen-Dämmerung*, § 2-3) die performative Funktion der „prophetischen“ Aussage aus. Das heißt, es ist nicht nur seine Absicht, das Ende der Religion anzukündigen, sondern dieses Ende durch seine Rhetorik auch noch zu beschleunigen: „Was fällt, das soll man auch noch stoßen!“ (*Zarathustra*, III § 1). Aussagen dieser Art meinen, was sie sagen. Und auch wenn

der „Mord Gottes“ (*Fröhliche Wissenschaft,* § 125) nie als *fait accompli* abgetan ist, auch wenn er immer wieder zum Leichenbegängnis zurückkehren muß, kann doch nicht bezweifelt werden, daß Nietzsche, „der Prophet eines neuen Zeitalters“, eine der wichtigsten Quellen des europäischen Atheismus ist.
Nirgendwo sind die Klischees über Nietzsche schwerer zu vermeiden — die *platte* atheistische Karikatur einerseits, das modische Klischee vom „Anti-Christ“, der „im Innersten eigentlich passionierter Christ“ ist andererseits. Der Eindruck muß vermieden werden, als sei Nietzsches Philosophieren nicht mehr als eine Reihe von Kompensierungen für den Verlust seines Glaubens an den christlichen Gott; und doch ist es unmöglich, sich vorzustellen, wie seine Betrachtungen aussähen, hätte er „nur keine bösen Träume“.

2

Was für Gebräuche sonst?

(*Hamlet* V, I)

Für Schopenhauer ist die Mitte des neunzehnten Jahrhunderts „eine Zeit, wo die Religion fast ganz erstorben ist ...“ und wo „Gott ... in der neueren Philosophie ... ein leerer Name [ist], den man beibehält, um bequem und unangefochtener sein Wesen treiben zu können“, eine jüdisch-christliche Firma, deren Aktien fallen.[1] Heinrich Heines Rhetorik ist dramatischer, aber ebenso respektlos: „Es ist der alte Jehova selbst, der sich zum Tode bereitet ... Hört Ihr das Glöckchen klingeln?

---

[1] *Neue Paralipomena,* § 383, S. 240 und § 318; S. 237 in *Ges. Werke,* Hrsg. Grisebach (Leipzig o. J.).

Kniet nieder — Man bringt die Sakramente einem sterbenden Gotte."[1] Dies (eher als Plutarchs Wort „Der große Pan ist tot"[2]) sind die Vorgänger jener unheimlichen und notorischen Phrase, die Nietzsche zum erstenmal in Paragraph 108 des dritten Buchs der *Fröhlichen Wissenschaft* (Frühling 1882) und dann wieder vier Jahre später im Eingang des fünften und letzten Abschnitts dieses Buches gebraucht: „Das größte neuere Ereignis — daß ‚Gott tot ist', daß der Glaube an den christlichen Gott unglaubwürdig geworden ist — beginnt bereits seine ersten Schatten über Europa zu werfen." In den Büchern der frühen achtziger Jahre stellt er es als einfaches Faktum des modernen Lebens dar —

> „Ehemals suchte man zu beweisen, daß es keinen Gott gebe, — heute zeigt man, wie der Glaube, daß es einen Gott gebe, *entstehen* konnte und wodurch dieser Glaube seine Schwere und Wichtigkeit erhalten hat: dadurch wird ein Gegenbeweis, daß es keinen Gott gebe, überflüssig." (*Morgenröte,* § 95)

— und sieht den Folgen mit Vergnügen entgegen. Sein anti-religiöses und atheistisches Argument gründet sich auf der Ansicht, die in zahllosen Betrachtungen in den Büchern der mittleren Periode ausgesprochen und erläutert wird, daß der Glaube an Gott zu einer Verarmung des menschlichen Lebens führt; daß der kompensatorische Glaube an den Himmel (das christliche „Hinterweltlertum") Wert und Würde des physischen Daseins mindert; daß der Glaube an die persönliche Unsterblichkeit, von seiner unerträglichen Gleichma-

[1] *Zur Geschichte der Religion und Philosophie* in Deutschland (1852), Schluß des 2. Buches.

[2] Das Nietzsche auch aus Pascal (*Pensées,* ed. Brunschwick, Nr. 695) gekannt haben mag; siehe Martin Heidegger, „Nietzsches Wort ‚Gott ist tot'", in *Holzwege* (Frankfurt 1950), S. 198.

cherei einmal abgesehen (*Antichrist,* § 43), die Ernsthaftigkeit der menschlichen Erfahrung von der unwiderruflichen Beschaffenheit der Zeit mindert, indem er die Zeit zu jener unechten Dauerhaftigkeit mythologisiert, die „Ewigkeit" genannt wird; daß das Christentum eine Verunglimpfung des Lebens der Sinne predigt, die auf eine radikale Entwertung der Erde als einer Feindin alles Geistigen, als eines bloßen Tals im Schatten des Todes hinausläuft und zu einer fanatischen Verachtung alles Vitalen im Menschen, zu einer Verachtung dessen führt, was „wirklich ist in der Welt". Alles, was Nietzsche angreift, ist in einer von Kafkas „Betrachtungen" konzentriert: „Es gibt nichts anderes als eine geistige Welt; was wir sinnliche Welt nennen, ist das Böse in der geistigen..."

In Erwiderung auf diese Anschuldigungen wäre auf die radikal manichäische Richtung von Nietzsches Argumenten zu verweisen, wodurch er (wie Pascal und zuweilen Luther) das Weltfeindliche am Christentum polemisch übertreibt. Von einer Anerkennung der frohen, positiven Botschaft des Glaubens, von dem Christus sagte: „Denn mein Joch ist sanft, und meine Last ist leicht" (Matth. 11,30), ist bei Nietzsche nichts zu finden. Er sagt so gut wie nichts über die *pietas loci,* die (wie Hölderlins Gedichte zeigen) ein wesentlicher Teil der Evangelien wie des christlichen Weltbilds ist. Er scheint sich der Inspiration, des überwältigenden Reichtums an Themen nicht bewußt zu sein, die jede Form der westlichen Kunst nicht nur dem christlichen Glauben, sondern auch der Kirche verdankt, in der dieser Glaube seine historische Existenz hat. (Dies ist besonders ironisch, wenn man bedenkt, daß er in der *Geburt der Tragödie* eine beredte Darstellung des Verhältnisses von Kunst und religiösem Kultus innerhalb der vorsokratischen Kultur bringt; wogegen es keineswegs ironisch, sondern nur ungeschlacht ist, wenn in demselben Werk der germanische Charakter der Bachschen Musik betont und ihre christliche Substanz ignoriert wird; *Geburt der Tragödie*, § 19.) Und Nietzsche hat nichts über die positive Bedeutung der Menschwerdung Christi (1 Joh. 4, 9) als einer Rechtfertigung unserer Sterblichkeit zu sagen. Eine Theologie, welche von der Gegenwart Gottes in der Welt ausgeht, paßt nicht in das manichäische Bild, das er entwirft, und wird daher durchgängig ignoriert.

Auf diese Einwände würde Nietzsche zweifelsohne erwidern, sie seien unzutreffend, denn *seine* Bemerkungen beträfen nicht die säkularen Möglichkeiten des christlichen Glaubens, sondern dessen tatsächlichen Verfall. So verstanden muß die Provokation, die seine Kritik bietet, sehr ernst genommen werden. Sie lautet, daß *zu seiner Zeit* der Glaube an Gott entbehrlich ist, weil die Anwesenheit oder Abwesenheit von Glauben im Leben, das die Menschen führen, keinen Unterschied macht; schlimmer noch:

> „*Was* heißt es ‚Welt'? Daß man Soldat, daß man Richter, daß man Patriot ist; daß man sich wehrt; daß man auf seine Ehre hält; daß man seinen Vorteil will; daß man *stolz* ist ... Jede Praktik jedes Augenblicks, jeder Instinkt, jede zur *Tat* werdende Wertschätzung ist heute antichristlich ..." (*Antichrist*, § 38)

Können wir heute leugnen, daß dies eine überzeugende Deutung der Zeichen der Zeit, Nietzsches Zeit und der unseren, ist? Und ebenso überzeugend ist, so scheint mir, seine Erklärung des religiösen Verfalls. Er übergeht die viktorianischen Gemeinplätze vom Konflikt zwischen Glauben und Wissenschaft und schöpft aus der radikalen Verurteilung des Christentums eine paradoxe Anerkennung seiner historischen Bedeutung. Dies ist die dialektische Spannung, von der *Die Genealogie der Moral* (Juli 1887) durchdrungen ist. Denn hier wird an einer Reihe von episodischen Beispielen die Vermutung erhärtet, „Wissenschaft“ — das Corpus sicheren und genauen Wissens, dessen Ansammlung Menschen ihr Leben widmen —, weit davon entfernt, Gegner des Glaubens und der religiösen Haltung zu sein, verdanke ihren Ursprung und ihre Entwicklung christlichem Denken und christlichen Idealen. Nietzsche ignoriert sowohl die pure Lust des Forschers an der Abstraktion als Motiv wie auch die Bedeutung des Systems als Ziel wissenschaftlicher Arbeit und hebt die Wahrhaftigkeit als die grundlegende Geisteshaltung heraus, die jedes kompromißlose Streben nach Erkenntnis auszeichnet: Diese Wahrhaftigkeit aber (hier die Umkehrung der Argumentation) wird durch den christlichen Glauben und seine einzigartige Moral gefördert. Wenn Wahrhaftigkeit daher als eine wesentlich christliche Tugend erkannt wird, muß der Verfall der Religion als die radikale Folge ihrer eigenen — nämlich religiös inspirierten — Moral gesehen werden: „Alle großen Dinge“ — doch dürfen wir uns nicht vorstellen, Nietzsche sehe das Christentum stets als „groß“ an — „Alle großen Dinge gehen durch sich selbst zugrunde, durch einen Akt der Selbstaufhebung“ (*Genealogie der Moral,* III § 27)[1]. Und Nietzsche weiß zugleich auch, daß sein eigenes ungestümes Streben nach „Wahrheiten“ — viele davon miteinander unvereinbar, manche sogar dem „Leben“ schädlich — das Gegenteil eines „gesunden

---

[1] Hier zitiert Nietzsche sich selbst, *Fröhliche Wissenschaft* § 357 und § 344 (in *Genealogie der Moral,* II § 24), um die Kontinuität seines Denkens zu unterstreichen. Vgl. auch Jaspers, *Nietzsche und das Christentum* (Hameln o.J. [1947]), S. 9 und 55.

Instinkts“ oder eines „natürlichen Triebes“ ist; daß ein solches Streben auch nichts mit der tragischen Kultur der vorsokratischen Ära zu tun hat, in der er die Konzentration des griechischen Lebensgefühls sieht, sondern daß auch dieses Streben in seinem Ursprung christlich ist. Kein Zufall, daß christliches Denken voll von platonischen Relikten ist: Die christliche Wahrhaftigkeit ist nicht wesentlich verschieden von dem Geist, der die westliche Philosophie seit Sokrates erfüllt hat, jenes dekadenten Protochristen und ersten Märtyrers für die Sache der eigenen, fragwürdigen Überzeugung (*Götzen-Dämmerung,* II).

Was aber ist der *Wert* der Wahrhaftigkeit? Es ist an ihr nichts Unbedingtes. Wie die Wissenschaft selbst ist sie nie wertfrei (*Zur Genealogie der Moral,* III § 24), da sie stets im Dienst irgendeines „unbewußten Imperativs“ und letzten — verborgenen — Ziels steht. Der „Wille zur Wahrheit“, der das Christentum (und die westliche Philosophie) durchdringt, steht im Dienst asketischer Ideale — Ideale, die das Leben zu verleumden und zu unterdrücken suchen, um einem kränklichen und degenerierten Willen gegenüber einer gesunden Behauptung des Lebens zur Macht zu verhelfen, während sie zugleich auch die Kunst und „alle anderen Formen von Illusion“ und des „Willens zur Täuschung“ bekämpfen. Die ganze westliche Geschichte hindurch waren Religion und Philosophie Waffen in den Händen der Schlechtweggekommenen, der Neidischen und Übelwollenden, der Unglücklichen und der Selbsthasser — all derer, die sich vor dem Leben fürchteten und ein „Anders-sein, ein Anderswo-sein“ wünschten (§ 13): Menschen, die aufgrund dessen, was sie sind, die Wahrhaftigkeit gegen das Leben wenden und sie so zu einem Un-Wert machen.

Ist dies jedoch ein überzeugender Schluß? Nietzsches Argumente sind (wie wir gesehen haben) immer dort am schwächsten, wo er „Arten des Werdens" nicht nur als Erklärungen, sondern auch als Grundlagen für Werturteile verwendet. Denn auch wenn es zuträfe, daß die christliche Priesterschaft sich aus „den Schlechtweggekommenen" und Speichelleckern zusammensetzt, (was er anderswo, *Morgenröte,* § 60, wieder bestreitet), ja selbst wenn es erwiesen wäre, daß Menschen ohne religiöse Überzeugungen ein „besseres" Leben führen, wäre die Folgerung, daß dies den Glauben an Gott illusorisch und somit die Religion wertlos mache, immer noch ungerechtfertigt. (Anderswo werden Illusionen, wie wir gesehen haben, vielmehr als wertbildend gepriesen.)

Nietzsches Atheismus ist an diesem Punkt „fixiert" und dogmatisch: Abgesehen von der fragwürdigen Schlußfolgerung bietet er uns nur die Behauptung. Er leugnet Gott und Christus — er versucht nicht, sie zu widerlegen; und er nimmt axiomatisch an, daß der Sinn des Lebens woanders gesucht werden muß. Wenn er aber sagt, Gott existiere nicht, er sei „tot", nur weil die Menschen nicht an Gott glauben, dann ist er einmal mehr in jener solipsistisch-idealistischen Falle verfangen, in die ihn seine Doktrin vom „Willen zur Macht" gelockt hatte. Die Dialektik einer Wechselbeziehung (wie wir sie zum Beispiel bei Angelus Silesius finden) gibt es bei Nietzsche nicht.

Wozu ist also das Leben da? Was ist sein Sinn? Es ist die Aufgabe von Priestern und Philosophen, diese ewigen Fragen zu beantworten (und daher sind andere Menschen bereit, sie mit einträglichen Ämtern zu versorgen). Bisher war ihre Antwort nihilistisch. Indem sie die Transzendenz hervorhoben, leugneten sie den Wert

der Erde, bestätigten sie den Tod des Lebens und verliehen Wert dem Nichts. Denn es ist eine List der Natur und eine der „Voraussetzungen des Lebens“, daß der Mensch „lieber *das Nichts* wollen, als *nicht* wollen“ will. (Dieses Wortspiel, mit dem Nietzsche den letzten Abschnitt der *Genealogie der Moral* beginnt und endet, wird bei Thomas Mann in der Novelle „Mario und der Zauberer“ zitiert und bis in das Spätwerk, den *Doktor Faustus,* ausführlich variiert.)
Die Aufgabe des neuen Zeitalters — des Zeitalters, das auf den „Untergang des Christentums als Dogma ... und als Moral“ an der „christlichen Wahrhaftigkeit“ folgt — ist die Bewahrung der geistigen Energie, welche vergangene Zeitalter in die Transzendenz investiert hatten, und die Verwendung dieser Energie für die Aufgaben einer als immanent erkannten menschlichen Welt. (Eine lyrische Fassung dieser Rechtfertigung des Daseins wird in Rilkes *Duineser Elegien* entworfen.) Von nun an soll der Sinn des Lebens nicht bei „den Hinterweltlern“, sondern im Menschen und in der Erde gesucht werden, die er bewohnt. Und wenn dies geschieht, was wird dann aus jenem „Willen zur Wahrheit“, der einst die christliche Moralität geschaffen hatte und sie nun zerstört? Die Aufgabe der Zukunft ist es, eine Philosophie zu schaffen, die nicht länger im Dienst asketischer Ideale steht; eine Antwort zu geben auf die Frage, „Wozu ist das Leben da?“, die sich vereinen läßt mit einem „Willen zur Wahrheit“, der dem Menschen eine Quelle der Kraft ist. Nietzsches Antwort scheint klar: „Laßt uns Menschen schaffen, denen die Wahrheit nützt“ (*KSA* X S. 464). *Wie aber schafft man Menschen?*
Nietzsche nimmt die Warnung der griechischen Tragödie nicht an — wir erinnern uns an seine sonderbare

Deutung Pindars —, er fürchtet die Hybris nicht (*Genealogie der Moral,* II § 9). Sein schwerster Vorwurf gegen den christlichen Glauben (der Grund seiner Beschuldigung, dieser Glaube sei gegen das Leben und gegen die Erde gewendet) ist, daß das Christentum den Menschen nicht als Herrn der Schöpfung anerkennt. Falsch an dem christlichen Moralschema und der christlichen Kosmologie ist, daß sie die Freiheit, Autorität und die Erkenntnis des Menschen von einer fremden, außenstehenden Autorität ableiten und (zumindest für Nietzsche) auf diese Weise unerträglich machen. Deshalb, so argumentiert er, könne der Mensch nicht die höchste Steigerung seiner Kräfte erlangen, bevor er nicht in sich selbst den Glauben an das Göttliche zerstört hat. Nur dann wird das Leben einen Sinn für ihn haben und die Erde ihre Schätze öffnen, nur dann werden Menschen und Dinge ihre wahre Substanz und ihr Gewicht erhalten und von der Last metaphysischer Lügen befreit sein. So wird „der neue Mensch" geschaffen.

Viele dieser Überlegungen in *Zur Genealogie der Moral,* Buch II, sind von einer beinahe fröhlichen Angriffslust. Diese dauert jedoch nicht an. In den Notizbüchern aus jener Zeit nennt er das Ende der Religion „die furchtbare Neuigkeit": Statt mit der „unerträglichen Einsamkeit" ihrer neuen Lage zurechtzukommen, werden die Menschen ihren zertrümmerten Gott aufsuchen und „seinetwegen die Schlangen selbst lieben, die in seinen Trümmern hausen ..."[1] Doch die melodramatischen Metaphern scheinen seine Sicht zu trüben. Wie Freud in der *Zukunft einer Illusion* scheint sich Nietzsche hier

[1] „Furchtbare Neuigkeit„: *KSA* XI S. 425; „Einsamkeit", ibid. S. 493 — beide 1885 geschrieben; „Schlangen": *KSA* X S. 47.

weniger klar über die voraussichtlichen menschlichen Folgen des Glaubensverfalls als über die Notwendigkeit zu sein, dieses Ende schleunig herbeizuführen.

In unserer Welt gibt es zwei Arten von Ungläubigen. Die Mehrzahl unserer Zeitgenossen im Westen sind passive Atheisten, die nicht viel vom „Tod Gottes" sprechen, sondern den Stand der Welt als gegeben hinnehmen und ihre Hoffnung (insofern sie überhaupt ein mittelbares Ziel ins Auge fassen) auf ein irdisches Paradies richten; ihre Vernünftigkeit dient den Vorkehrungen, die die Welt in Gang halten, Gewissenhaftigkeit und Toleranz sind die Posten auf ihrer „Werttafel". Und es gibt andere, die zutiefst beunruhigt — noch immer beunruhigt — sind in der mahnenden Erinnerung daran, daß die Welt nicht immer so war. Nietzsche gehört zweifellos zu den letzteren, wenn er auch jenem passiven Atheismus das Wort redet. Er möchte, daß die „wachere neue Welt" nicht einfach von den Unbekümmerten, sondern von Menschen bevölkert werde, die wohl unbekümmert um den „Tod Gottes", doch metaphysisch, religiös betroffen sind. Was soll aber der Gegenstand ihrer Sorge sein, was ist dieses klingenlose Messer ohne Griff, diese religiöse Einstellung ohne Gott?

Unsere Erfahrung nahezu ein Jahrhundert später und unsere lebhaftesten historischen Erkenntnisse legen nahe, daß die Befreiung, auf die Nietzsche hoffte, keine neue Freiheit gebracht hat. Wo Menschen ihren Glauben an die unsterbliche Seele aufgegeben haben, ist die Zerstörung, die sie über andere bringen, rücksichtsloser und vollständiger als zuvor; und wo sie in der Überzeugung handeln, „nichts ist wahr, alles ist erlaubt" (*Genealogie der Moral,* III § 24) — es gibt keine Autorität, auf die der Handelnde oder sein Opfer sich berufen können —, ist ihre Lebensweise verworrener und gemeiner als zuvor. Wer Ansichten dieser Art äußert, dem wird für gewöhnlich ein mangelnder „Glaube an den Menschen“ und an dessen Fähigkeit, sein Schicksal zu meistern, vorgeworfen. Es geht hier aber nicht um den „Glauben an den Menschen“, sondern darum, *was* im Menschen des Glaubens wert ist. Ist die Größe, deren er fähig ist, am besten in jener Selbstbehauptung Zarathustras zum Ausdruck gebracht, die den Menschen zum Maß aller Dinge macht („*Wenn* es Götter gäbe, wie hielt ich's aus, kein Gott zu sein?“) —, oder ist jene Größe besser angesprochen in des Paulus Ermahnung: „... daß ihr eure Leiber begebet zum Opfer, das lebendig, heilig und Gott wohlgefällig sei, welches sei euer vernünftiger Gottesdienst“ (Römer 12, 1)? Was ist „das Höchste im Menschen“? Sein „Selbst-Werden“ oder sein Dienst?

3

Die Verunglimpfung des menschlichen Lebens auf dieser Erde und die Unterordnung des Menschen unter Gott sind zwei Haupteinwände Nietzsches gegen das Christentum. Der dritte ist sein Angriff auf das Christentum als Schrift und Dogma und auf die Kirche als die Institutionalisierung dieses Dogmas; und dieser Angriff steht in scharfem Gegensatz zu jener eigenartigen Eulogie auf Jesus von Nazareth[1], welcher das posthum veröffentlichte Werk *Der Antichrist* gewidmet ist (geschrieben zwischen dem 9. September und 15. Oktober 1888).

---

[1] Nietzsche folgt nicht immer konsequent der in theologischen Schriften gebräuchlichen Unterscheidung von „Christus“ und „Jesus“.

Der Titel ist irreführend, vielleicht absichtlich, und hat wenig mit dem Namen zu tun, der traditionell dem Widersacher Christi bei seinem zweiten Kommen beigelegt wird. Relevanter für die hier gemeinte Bedeutung ist die Verwendung des Wortes bei Schopenhauer als Bezeichnung der Ansicht, die Welt habe nur eine physische Bedeutung: Der Welt die moralische Bedeutung abzustreiten (so hatte Schopenhauer argumentiert), läuft auf den größten und verderblichsten Irrtum hinaus, dessen der menschliche Geist fähig ist — solch eine Leugnung ist „personifiziert als Antichrist"[1] (in dieser Bedeutung bezieht Nietzsche das Wort zuweilen auch auf sich selbst[2]). Das positive Ziel des Buches, gedacht als der erste Band einer großen „Umwertung aller Werte", ist eine Darstellung und Bestätigung antimoralischer, anti-religiöser und anti-geistlicher — also tatsächlich „physischer" — Werte, wenn auch das Gelingen dieses Vorhabens fraglich bleibt. Es ist (unter anderem) Nietzsches abschließende Widerlegung Schopenhauers, das Ende seines lebenslangen geistigen *agon*.

Das Buch stellt Nietzsches Denkstil *in extremis* zur Schau: Eine Reihe profunder Einsichten wechselt ab mit radikaler Polemik und gelegentlich hemmungslosen Schmähungen. Doch beide — Einsichten wie Schmähungen — entstammen *einer* Perspektive. Diese Perspektive wurde ausführlich im VIII. Kapitel beschrieben. Die dort beschriebene „Sphäre des Gesellschaftlichen" wird hier verächtlicher und kompromißloser ver-

[1] Siehe Schopenhauers *Parerga und Paralipomena*, Bd. III. § 109; volle textliche Belege für diese Entdeckung bei G. Salaquarda, „Der Antichrist" in *Nietzsche-Studien* II (Berlin 1973), S. 91 – 136.

[2] Zu Nietzsches Selbstidentifizierung als „Antichrist" vgl. den Brief an v. Meysenbug von Ende März 1883.

worfen denn je zuvor, historische Analyse und Bewertung werden nunmehr ausschließlich von Nietzsches Individualismus bestimmt.
Das Argument des letzten Abschnitts der *Genealogie der Moral* — Nietzsches Gleichsetzung von Christentum mit Wahrhaftigkeit — wird nun aufgegeben; Wissenschaft, kurz und bündig als „der gesunde Begriff von Ursache und Wirkung" definiert (*Antichrist,* § 49), erscheint als der siegreiche Feind des Glaubens und das Christentum als die Leugnung aller Wahrheit, sei diese nun als instinktiv oder wissenschaftlich zu bezeichnen. Es wird als unmittelbarer Nachkomme des jüdischen theokratischen Staates angesehen — anfänglich ist es eine Bedrohung des Lebens einer kleinen, völlig unheroischen Nation, schließlich wird es zu einer mächtigen Waffe im tödlichen Kampf jener Nation gegen das mächtigste Reich und die größte politische Institution aller Zeiten.

Nietzsches tiefstes Bedauern des Niedergangs und Falls Roms und des Altertums überhaupt mutet wie die Ausnahme von der Regel an, die überall sonst gilt, daß Institutionen der Feind menschlicher Größe sind. Das Pathos dieser elegischen Überlegungen am Ende des *Antichrist* —

„Die ganze Arbeit der antiken Welt *umsonst*: ich habe kein Wort dafür, das mein Gefühl über etwas so Ungeheures ausdrückt ... *Alles umsonst*! Über Nacht bloß noch eine Erinnerung! — Griechen! Römer! die Vornehmheit des Instinkts, der Geschmack, die methodische Forschung, das Genie der Organisation und Verwaltung, der Glaube, der *Wille* zur Menschen-Zukunft, das große Ja zu allen Dingen als *imperium Romanum sichtbar,* für alle Sinne sichtbar, der große Stil nicht mehr bloß Kunst, sondern Realität, Wahrheit, *Leben* geworden..."

— erlaubt uns keinen Zweifel an ihrem Ernst. Solche Stellen haben anderswo in Nietzsches Werk keine Parallelen. Was sie veranlaßt, scheint jedoch weniger eine Bewunderung Roms zu sein als ein Haß auf „die Verschwörung", die es zerstörte. Der ganze Glanz Roms wurde nämlich

„nicht durch ein Natur-Ereignis über Nacht verschüttet! Nicht durch Germanen und andre Schwerfüßler niedergetreten! Sondern von listigen, heimlichen, unsichtbaren, blutarmen Vampyren zuschanden gemacht! Nicht besiegt — nur ausgesogen! — Die versteckte Rachsucht, der kleine Neid *Herr* geworden! Alles Erbärmliche, An-sich-Leidende, Von-schlechten-Gefühlen-Heimgesuchte, die ganze *Ghetto*-Welt der Seele mit einem Male *obenauf*!" (§ 59)

Im Christentum aber — hier der Kern des polemischen Arguments — „summiert sich endlich die *kranke Barbarei* selbst zur Macht" (§ 37), und es ist daher eine Fälschung all dessen, was Christus war und repräsentierte, das genaue Gegenteil des „Evangeliums", der „Frohen Botschaft". Seine Geschichte ist wenig mehr als eine Reihe grober Mißverständnisse eines ursprünglich erhabenen Symbolismus: „Das Wort schon ‚Christentum' ist ein Mißverständnis —, im Grunde gab es nur einen Christen, und der *starb* am Kreuz" (§ 39), und „*von diesem Augenblick* an ist alles Lüge." Die reine, authentische Vision eines naiven Jesus von Nazareth wurde korrumpiert — dogmatisiert und institutionalisiert — von einem fanatischen Rabbi, der sich aufmachte, die bedrohte Macht der Priester und Verschwörung der Schwachen[1] wiederherzustellen: Paulus ist der Prophet des neuen „Dysangelium".

[1] Nietzsche ignoriert die Tatsache, daß die beiden Briefe an die Korinther älter sind als alle Evangelien, die uns erhalten sind. Siehe H. Küng, *Die Kirche* (Freiburg 1967), S. 30.

Der Abscheu, der in dieser Darstellung des ersten christlichen Theologen[1] zum Ausdruck kommt, hat sonst keine Parallele in Nietzsches Schriften, nicht einmal in seiner Karikatur Rousseaus. Während in der *Morgenröte* Paulus als der Nachahmer Christi dargestellt wurde, der wie Christus die Zerstörung „des Gesetzes“ (§ 68) beabsichtigte, ist er hier in jeder Hinsicht Christi Gegenteil: der Lehrer einer nihilistischen Moral, ein jüdischer Winkelanwalt und Vertreter eines todgeweihten Legalismus. Des Paulus Absage an das Gesetz (Galater 3,24) wird nicht mehr erwähnt. Er ist der Erfinder der Lehre vom Kreuz („das im allgemeinsten bloß für die Kanaille aufgespart blieb“) und Mythenschöpfer der Auferstehung (ein Stück „rabbinischer Unverschämtheit“), er ist der erste, der an die zwei eng verwandten und gleich unvernünftigen Autoritäten von Tradition und Revolution appelliert. Dies (so folgert Nietzsche) sind des Paulus Mittel, den Sieg der Christenheit über Rom zu sichern. Nun weitet sich der Angriff zu einer Darstellung der argen Folgen des Lutherschen Protests, und die Renaissance schließt sich Rom an als eine weitere verpaßte Gelegenheit, das „große Leben“ siegreich zu machen. Der ätzende Antisemitismus einiger historischer Betrachtungen in der ersten Hälfte des *Antichrist* wird mehr oder weniger aufgehoben durch einen nicht minder aggressiven Anti-Antisemitismus: Zweitausend Jahre lang war nun der Sieg auf seiten „der kleinen Juden“ aller Nationen und Rassen, welche die religiösen Superlative stets auf ihren Lippen tragen und das widerliche Lächeln der verzeihenden Frommen lächeln …

[1] Siehe W. Kümmel, *Die Theologie des Neuen Testaments* (Göttingen 1969), S. 123.

Zu all dem bietet das Porträt des Jesus von Nazareth (§ 32–4) den größtmöglichen Kontrast. Nietzsche zeichnet ihn weitgehend in negativen Zügen: Christus ist kein Lehrer, kein Priester, nicht einmal ein Prophet; er gehört zu keinem Staat, keiner Kultur und keiner Religion oder Kirche; nichts an ihm vermittelt das Gefühl, daß er in der Welt des Alltags zu Hause ist; selbst seine Worte, die uns überliefert sind, sind nicht die eigentlichen Träger seiner Bedeutung — sie sind keine buchstäbliche Wahrheit, sondern lediglich „eine Zeichenrede, eine Semiotik". Er fällt kein Urteil, besitzt keinen Willen zum Widerstand oder zur Verneinung, kennt keinen Zorn und keine Beschuldigung, lädt niemandem Verantwortung auf. Er lebt jenseits der Geschichte und jenseits der Moral: So lebt er außerhalb der Welt, insofern diese als eine Welt der Gegensätze gesehen wird. An zahlreichen anderen Stellen ist dies für Nietzsche die einzige Welt, die es gibt, hier aber ist die Verlokkung der Ontologie unwiderstehlich: *„Christus ist"*. Sein „Königreich des Himmels" ist nicht das metaphysische Wolkenkuckucksheim der Kirche, sondern ein Zustand des „Herzens". Nietzsche skizziert das Porträt eines Menschen, der eine neue Art unschuldigen Lebens jenseits des „Willens zur Macht" lebt, der die echte „evangelische Praktik" lebt, die, weil außerhalb der Geschichte, auch heute noch möglich ist. Und, wie so oft, verrät ein Wortspiel Nietzsches tiefstes Anliegen:

> „Man könnte, mit einiger Toleranz im Ausdruck, Jesus einen ‚freien Geist' nennen — er macht sich aus allem Festen nichts: das Wort *tötet*, alles was fest ist, *tötet*." (*Antichrist*, § 32)

Die Schlußfolgerung, die Nietzsche von seinem Leser erwartet, ist klar: Auch dieser Jesus ist der „Antichrist" im Titel seines Buches.

Das zentrale Argument des *Antichrist* wirft drei Fragen auf, die wichtige Folgen für Nietzsches drittes „Experiment“ — das hier dargestellte moralische Schema — haben: (1) Was ist die Quelle dieses Porträts? (2) Wie weit stimmt es mit dem Christus der Evangelien überein? (3) Was ist seine Bedeutung für Nietzsche?

(1) Man hat zuweilen angenommen, die Darstellung sei von Dostojewskis Fürst Myschkin in *Der Idiot* angeregt worden. Was dies, abgesehen von den Charakterähnlichkeiten, glaubhaft macht, ist der Umstand, daß sowohl der Name Dostojewski wie das Wort „der Idiot“ im Zusammenhang mit Jesus innerhalb einiger weniger Seiten (§ 29 und 31) erscheinen, auf denen Dostojewskis Finesse als Religionspsychologe bewundert wird. Wir wissen aber nicht sicher, ob Nietzsche den Roman tatsächlich gelesen hat[1]; überdies wäre es schwer zu erklären, warum er bei der Lektüre versäumt haben sollte, sich mit dem zentralen Thema des Romans, Myschkins emotioneller Unzulänglichkeit und verhängnisvollem Versagen, auseinanderzusetzen. Eine glaubhaftere Quelle (so scheint mir) ist jene jahrhundertealte deutsche Tradition, die Nietzsche spöttisch (§ 52) die antikirchliche Tradition der „Pietisten und andre[r] Kühe aus dem Schwabenlande“ nennt.

Die Pietisten setzen den anti-institutionellen und subjektivistischen Aspekt der Reformation fort und führen sie einen Schritt weiter. In ihren Schriften wird die Geschichte des Christentums je und je als ein Niedergang innerhalb einer Reihe von Kreisläufen, die an Nietzsches historische Skizzen erinnern, dargestellt. Jeder

[1] Siehe C. A. Miller, „Nietzsches ‚Discovery‘ of Dostoyevsky“, in *Nietzsche-Studien II* (Berlin 1973), S. 202–57; und W. Gesemann, „Nietzsches Verhältnis zu Dostojewskij auf dem europäischen Hintergrund der 80er Jahre“, in *Welt der Slaven*, Jg. VI (Wiesbaden 1961), S. 131–46.

Kreislauf[1] beginnt mit der persönlichen Offenbarung eines authentischen Propheten — einer christusähnlichen Gestalt, die von der Welt der Ketzerei beschuldigt wird, weil der Prophet sich nach dem Beispiel Jesu weigert, sein persönliches Zeugnis den Forderungen einer Kirche oder eines Dogmas anzupassen. Kaum hat er die Welt verlassen, tun sich seine Jünger wie seine Feinde zusammen, um sein Beispiel ihrer eigenen Deutung zu unterwerfen und so fragwürdig zu machen. „Was von diesem Augenblick an ‚Evangelium' heißt", hatte Nietzsche geschrieben, „war bereits der Gegensatz dessen, was *er* gelebt" (§ 39). So weit gehen die Pietisten nicht, sie erkennen die Bibel an. Doch auch sie glauben, daß die ursprüngliche, persönliche Botschaft in dem Augenblick korrumpiert ist, da sich Lehre, Argumente (Angriff wie Verteidigung) und weltliche Interessen darüberlagern, wobei die ursprünglichen Worte immer starrer, unbeweglicher werden, bis ein Äußerstes an Verweltlichung und Verderbtheit erreicht ist und in der Stunde der größten Not der Welt ein neuer Prophet ersteht, worauf der apokalyptische Vorgang von neuem einsetzt ... Kirche und Staat und Gesellschaft sind gleichermaßen die Feinde des authentischen Propheten, der Buchstabe des Gesetzes ist tot. Nicht nur hat die manichäische Voreingenommenheit, mit der die Pietisten die Welt zeichnen, ihre unmittelbare Parallele in Nietzsches Individualismus, sondern es besteht auch eine starke Ähnlichkeit zwischen Nietzsches Charakteri-

---

[1] Wie in der berühmtesten und einflußreichsten dieser Geschichten, Gottfried Arnolds *Unpartheyische Kirchen- und Ketzerhistorie* (Frankfurt/M. 1700). Für eine umfassende Darstellung der antikirchlichen und antiklerikalen Ansichten Nietzsches siehe E. Benz, *Nietzsches Ideen zur Geschichte des Christentums und der Kirche* (Leiden, 1956), der auch den Einfluß Schopenhauers und J. Wellhausens (eines zeitgenössischen Historikers des Christentums) auf Nietzsches religiöse Ansichten erörtert.

sierung eines „Jesus, mild und süß“, der nichts von Schuld und Sühne weiß, und ihren Porträts des heiligen „Ketzers“ und wahren Propheten. Es scheint glaubhaft (auch wenn es keinen unmittelbaren Beweis dafür gibt), daß Nietzsche aus dem väterlichen Pfarrhaus ausführlich mit der pietistischen Literatur vertraut war. Er kannte bestimmt, was von dieser Tradition in den Werken von Autoren wie Jung-Stilling und Schleiermacher weiterlebte. Überdies kannte er das pietistische Erbe, das in den Jesus-Gestalten der nazarenischen Malerschule seinen Niederschlag fand.

(2) Die meisten Leser dürften wohl die Rechtmäßigkeit von Nietzsches Diffamierung klerikaler Verweltlichung und Macht anerkennen, seinen Abscheu vor dem Schwert und dem Scheiterhaufen, mit denen die Kirche ihr Dogma verteidigt hat, teilen, und seiner Verwerfung jener religiösen Praktiken zustimmen, mit denen herrschende Ungerechtigkeiten durch die Verheißung von Belohnung in einem kommenden Reich entschuldigt und gerechtfertigt werden sollen. Seine Angriffe auf den übermäßigen Legalismus, Buchstabenglauben und Dogmatismus von Priestern und Exegeten und auf die häufige Muffigkeit theologischen Denkens sind wohl begründet. Seine Einfühlung in diese Welt des Klerikalismus ist überraschend. Zuweilen — was könnte am Schöpfer des „Übermenschen“ paradoxer sein? — ist sein Verständnis für die christliche Geistigkeit so intim und voll von Einsicht wie das irgendeines christlichen Apologeten. So enthält die folgende ergreifende Paraphrase von Lukas 23, 39:

„Die Worte zum *Schächer* am Kreuz enthalten das ganze Evangelium. ‚Das ist wahrlich ein *göttlicher* Mensch gewesen, ein Kind Gottes!‘ — sagt der Schächer. ‚Wenn du dies fühlst‘ — antwortet der Erlöser — *‚so bist du im Paradiese,* so bist du ein Kind Gottes.' *Nicht* sich wehren, *nicht* zürnen, *nicht* verantwortlich machen ..."

einen wichtigen Aspekt der Lehre Christi, freilich nicht wenig entwertet durch die Übertreibung der abschließenden Worte:

„... *nicht* verantwortlich machen ... Sondern auch nicht dem Bösen widerstehen — ihn *lieben* ..." (§ 35)

Die Frage ist unabweisbar: Wie wahr ist das Mittelstück des *Antichrist*, Nietzsches Darstellung Jesu? Die meisten Leser, ausgenommen vielleicht die protestantischen Erben jener pietistischen Tradition[1], müssen in dem hier entworfenen Abbild eine radikale Fehldeutung der Evangelien erkennen. Wenn Nietzsche behauptet, Christus gehöre keiner Religion an, so sagt er in Wirklichkeit, Religion selbst als eine „bestimmte soziale Verwirklichung einer Beziehung zu einem absoluten Sinn-Grund"[2] könne unmöglich die „neuen Werte" der Nietzscheschen „Umwertung" in sich begreifen und sei somit eine wertlose Sache. Und wenn er Jesus als jemanden darstellt, der keine Gegensätze kennt und keine Urteile fällt, dann ignoriert Nietzsche (ob bewußt oder unbewußt) das klare Zeugnis der Evangelien:

„Wenn es ein Konzept gibt, das durch keinen Kunstgriff aus den Lehren unsres Herrn entfernt werden kann [schreibt C. S. Lewis], so ist es das der großen Scheidung: die Schafe und die Böcke, der breite und der schmale Weg, der Weizen und das Unkraut, die Worfschaufel, die klugen und die törichten Jungfrauen, die guten Fische und die unnützen, die Tür, die zum Hochzeitsfest geschlossen wird, die einen drinnen, die andern draußen in der Dunkelheit. Wir dürfen wohl hoffen ..., daß dies nicht allen Rates letzter Schluß ist, daß ‚alles gut werden und jedes Ding in seiner Art gut werden wird'. Doch

[1] Siehe z. B. B.J. Nolte, *Wahrheit und Freiheit. Meditationen über Texte aus Friedrich Nietzsche* (Düsseldorf 1973).

[2] Hans Küng, *Christ-Sein* (München 1974), S. 81.

es steht nicht an, mit dieser Hoffnung sich zu Christus zu wenden. Manchen Trost dieser Art mögen wir bei Paulus erwarten, nicht aber von Jesus."[1]

Doch auch Nietzsches Porträt des Paulus, gemeint als Meisterstück psychologischer Entlarvung, ist ein Zerrbild. „Wem Paulus widerwärtig und unheimlich ist", schreibt Rudolf Bultmann, „dem muß Jesus genauso widerwärtig und unheimlich sein"[2].

(3) Welche Bedeutung hat dieses Bild des nazarenischen Jesus für Nietzsche auf seiner Suche nach einem System neuer Werte, wie es in der Vorrede zum *Antichrist* angekündigt wird? Nietzsche nennt ihn einen interessanten „décadent" und sich selbst einen bewußten „décadent" (*Der Fall Wagner,* Vorwort); er nennt Jesus, in Dostojewskis Sinn, einen „Idioten" und sich selbst einen „Narren" und „Scharlatan". Diese Selbstidentifizierungen sind so durchsichtig wie die Selbstverwerfung, die in Nietzsches Karikatur des Paulus enthalten ist. Es ist, als hätte Nietzsche sein Jesus-Bild bewußt mit all den irenischen und *leichten* Zügen ausgestattet, die er selbst nicht besitzt — mit all den Eigenschaften des Seins, von denen er sich für immer ausgeschlossen weiß; und als ob sein Paulus-Porträt von all der Schwere des Urteils und geistiger Unruhe niedergedrückt würde, zu der er, Nietzsche, sich auf immer verurteilt weiß. Dies sind nicht mehr als biographische Mutmaßungen; doch in der Negierung des so entstandenen Selbstporträts liegen jene „neuen Werte", die das große Finale seiner philosophischen Arbeit bilden sollten.

Was diese Werte sein sollten, wissen wir nicht mit Sicherheit, doch etwas davon scheint in Nietzsches Dar-

[1] C.S. Lewis, *Christian Reflections* (London 1967), S. 153.

[2] Zitiert aus W. Kümmel, a.a.O., S. 227.

stellung Jesu eingegangen zu sein. Was hier dargestellt wird, ist eine lyrische Verneinung von nahezu allem, was Nietzsche vertreten und verkündet hat: eine sanfte Aufhebung der Lehren vom „Leben“ und vom „Willen zur Macht“, der Ideale einer geharnischten Authentizität und der Moral der Angestrengtheit — doch zugleich auch eine Wunscherfüllung und Lossprechung von dem bedrückenden Bewußtsein des Bösen. Wie eine Gestalt aus den Gedichten Georg Trakls schreitet dieser nazarenische Jesus durch die Seiten des *Antichrist,* vorbei an den Schmähungen, Gegensätzen und Widersprüchen des Buchs. Doch auch mit dieser Gestalt nimmt Nietzsche nicht Abschied von der redlichen Anstrengung seines Denkens, denn sie ist ihm keine Lösung, sondern ein „Übergang“ und ein Stück der Welt, gesehen „als ein ästhetisches Phänomen“.

4

Doch, wie du immer diese Tat betreibst,
Befleck' dein Herz nicht ...

(*Hamlet* I, 5)

Also sprach Zarathustra ist Nietzsches konsequentester Versuch einer lebensbejahenden Mythologie jenseits von Verneinung und Kritik. Die Form des Buches besteht aus einer Anzahl von Parabeln und orakelhaften Verkündigungen, reich mit Naturmetaphorik verziert; diese sind anfangs um Episoden aus dem Leben des Propheten gruppiert, bald jedoch wird der Duktus von Erzählung und durchgehendem Argument aufgegeben und statt dessen die philosophische Thematik aus verschiedenen Perspektiven anvisiert. Mit seinen orakelhaften Aussprüchen und archaisierenden Wendungen konkurriert das Werk bewußt mit „dem größten Buch in deutscher Sprache" — mit Luthers Übersetzung der Bibel; manchmal persifliert es sie. Im Gegensatz zu Richard Strauss' sinfonischer Dichtung besitzt es keine umfassende Einheit der poetischen Struktur, und seine starken Effekte verdankt es einer Reihe von teils lyrisch, teils dramatisch gehaltenen Landschaftsbildern, blakeschen Vignetten und glänzenden Aphorismen. In einer Bemerkung, die er aus Paul Bourgets *Baudelaire* von 1883 paraphrasierte (und die ein Teil seines Angriffs auf Wagner werden sollte), fragt Nietzsche:

„Womit kennzeichnet sich jede *literarische décadence*? Damit, daß das Leben nicht mehr im Ganzen wohnt. Das Wort wird souverän und springt aus dem Satz hinaus, der Satz greift über und verdunkelt den Sinn der Seite, die Seite gewinnt Leben auf Unkosten des Ganzen — das Ganze ist kein Ganzes mehr ...",

um Bourgets lakonische Beobachtung sofort zu einer vehementen Verurteilung zu steigern:

„Aber das ist das Gleichnis für jeden Stil der *décadence*: jedes Mal Anarchie der Atome, Disgregation des Willens ... es ist zusammengesetzt, gerechnet, künstlich, ein Artefakt. —"[1]

Instinkt, Inspiration, der glückliche Wurf des Würfels — auf Nietzsches Wertskala ist alles und jedes besser als ein „Artefakt". Doch in Anbetracht seiner Vorliebe für den Aphorismus und das stellvertretende Bild, seiner Suche nach dem *mot juste* als Angelpunkt einer ganzen Reihe von Einsichten und Ideen — in Anbetracht der unablässigen Bewußtheit und des literarischen Selbstbewußtseins gerade dieses Buches — kann

[1] *Der Fall Wagner*, § 7; die Anleihe von Bourget ist in Ernst Bertrams bemerkenswerter Studie, *Nietzsche, Versuch einer Mythologie* (Berlin 1929), S. 253–4, verzeichnet.

es da bezweifelt werden, daß Nietzsche-Bourgets „style de décadence" den Stil des *Zarathustra* beschreibt? Kann man das Buch ohne Verlegenheit lesen — jene Art von Verlegenheit, die einen bei D. H. Lawrence dort überfällt, wo er sich sententiös und „prophetisch" gibt? Einige bildbeladene Allegorien, Parabeln und Dithyramben widersetzen sich einer Übertragung in diskursive Prosa, und doch ist das ganze Buch auf eine solche Übersetzung angelegt. Trotzdem folgte Nietzsche nicht einer plötzlichen Laune, als er dem Buch seine Form und seinen Stil gab. Schon im ersten Abschnitt der *Geburt der Tragödie* (§ 1–2) spricht er von der Überlegenheit aller „sinnlichen" und figurativen Ausdrucksweisen über abstrakte begriffliche Argumente, und am Ende jenes Buches erhofft, ja fordert er die „Geburt" einer neuen Mythologie als notwendige Voraussetzung für die Erneuerung des nationalen Lebens in Deutschland. Diese Erfordernisse sind gewissermaßen in der philosophischen Dichtung verwirklicht, die Nietzsche auf der Höhe seiner intellektuellen Kräfte elf Jahre später schuf; wenngleich offenbleiben muß, ob der *Zarathustra,* den jeder deutsche studentische Soldat im Ersten Weltkrieg im Tornister getragen haben soll, in *der* Weise zur nationalen Wiedergeburt beigetragen hat, wie Nietzsche es erhoffte.
Die Fabel selbst ist schnell erzählt. Nach zehn Jahren in der Bergeinsamkeit beschließt Zarathustra, zu den Menschen „niederzusteigen" und ihnen seine Botschaft zu bringen. Er findet sie zuerst auf dem Marktplatz, wo sie einem Seiltänzer zuschauen. Der Mann fällt — kein Teufel, sondern sein Geselle hat ihn aus dem Gleichgewicht gebracht — und wird, zu Tode verwundet, von Zarathustra einen Tag und eine Nacht lang von Ort zu Ort getragen und schließlich im Wald bestattet. Darauf

folgen wir Zarathustra, wie er seinen Jüngern predigt, wieder in seine Einsamkeit zurückkehrt, ein zweites und drittes Mal niedersteigt ... Ein Wald, ein Schiff, eine Bergwiese und die Wüste sind die Schauplätze, und Zarathustras Tiere — der Löwe, der Adler, die Schlange — seine treuesten Begleiter.

Kann eine moderne Mythologie, kann ein Mythos bewußt geschaffen werden? Ein Mythos ohne Götter vielleicht; doch ein Mythos ohne Menschen? Angesichts des von Nietzsche deutlich ausgesprochenen Zieles ist es wohl billig festzustellen, daß er (im Vergleich zu Richard Wagner) kein Talent zu einer anhaltenden Mythenbildung besitzt und daß folglich das Buch dort am schwächsten ist, wo es menschliche Wesen und Begegnungen darzustellen sucht. Hier ist der von Nietzsche selbst provozierte Vergleich mit der Bibel besonders erhellend. Das Prophetische und Parabolische der Aussprüche Christi beeinträchtigt keineswegs ihre Angemessenheit im Gespräch mit den Personen, die er anspricht, und es ist diese Angemessenheit, die im *Zarathustra* fehlt. Wir hören von Zarathustras Freunden und Begleitern, von seinem tiefempfundenen Bedürfnis, sich ihnen mitzuteilen, doch sie kommen nie; nur seine Jünger, die ihn nicht verstehen, und seine Feinde — es ist den Kritikern entgangen, wie viele von den Menschen, die dieser „Jasager zum Leben" trifft, seine Feinde sind —, nur diese sind es, kaum mehr als Schatten, die in seiner grimmigen Felswüste erscheinen. Auch Zarathustra selbst ist nicht mehr als eine „erhabene Abstraktion"[1]: Feind aller Mittelmäßigkeit und Bequemlichkeit, Verkünder moralischer Paradoxe und kränken-

[1] Der Ausdruck stammt von Ernst Bertram, *Nietzsche,* S. 255; vgl. auch Fink, *Nietzsches Philosophie,* S. 118.

der Wahrheiten, enttäuschter Liebhaber der Menschheit, Prophet einer metaphysischen Vision jenseits von Gut und Böse ..., all dies ist er. Doch ein lebendiger Charakter ist er nicht. Nietzsche kann ihm diese oder jene Stimme geben — ein eigenes Leben besitzt er nicht. Die Bedeutung dieses literarischen Unvermögens darf freilich nicht übertrieben werden. Haben wir einmal erkannt, daß Nietzsche keine Personen und keinen echten Dialog geschaffen hat und daß der Monolog Zarathustras wichtigste Form der Aussage ist, dann können wir das Buch als das lesen, was es wirklich ist: nicht ein Mythos, sondern der verspätete Abkömmling einer philosophischen Lehrdichtung, wie sie im achtzehnten Jahrhundert Schule machte. Seine komplexe und bewußt komponierte Form verbirgt und enthüllt zugleich etwas von jener Philosophie der Anstrengung, von jenem „Geist der Schwere", der (wie dieses Kapitel zeigen soll) Nietzsches entscheidendes „moralisches Experiment" darstellt.

Was ist die Botschaft Zarathustras? Er ist der Prophet bestimmter Werte — Ideale der persönlichen Haltung, der geistigen Einstellung und des Umgangs —, denen Nietzsche den Namen „Übermensch" gibt. Der Übermensch ist offen der Welt und ihren Wechselfällen gegenüber; arglos vertraut er auf andere und auf den Zufall; in ihm werden die Laster der Machtgier, der Selbstsucht und der Lust in positive Werte verwandelt; und er liebt die Erde, sein eigenes Schicksal, sein eigenes Leben, und ist bereit, dieses Leben zu opfern für ... das Leben, wie es von denen gelebt wird, die der Welt und ihren Wechselfällen gegenüber offen sind, die arglos auf andere und den Zufall vertrauen ... Gründend auf einer gott-losen Welt, verkörpert der Übermensch die Steigerung des ungehinderten menschlichen Willens zur Macht unter der quasi-religiösen Fügung einer „ewigen Wiederkehr des Gleichen“. Die Feinde Zarathustras und seiner Botschaft sind die frivolen und korrupten „letzten Menschen“ — der Fellini-Haufe von Dekadenten, denen er zuerst auf dem Marktplatz begegnet; die modernen Intellektuellen —, jene „höheren Menschen“, die Nietzsche ausführlich am Ende von *Jenseits von Gut und Böse* darstellt, und die „Schlechtweggekommenen“, deren Motive Neid, Groll und Furcht sind.

Ein Gerüst von einschränkenden Bestimmungen — Wendungen wie „noch nicht“, „nur für diesen Menschen“, „doch zu dieser Zeit“ — stützt den relativen Charakter der Werte, deren Ankunft Zarathustra verkündet, und dieser Relativismus bestimmt die Dialektik seiner Parabeln und Maximen. Diese Dialektik vollzieht sich in drei Schritten: a → nicht-a → A. Hier einige Beispiele aus dem ersten Teil des Buchs: Die Leidenschaften und all die herkömmlichen Werte, eingeschlossen die Liebe zum Nächsten, werden verurteilt. Doch sie werden gebilligt, wenn sie nicht dem Geist der Entbehrung, sondern einem Überfluß an persönlichem Sein entspringen. Die Keuschheit wird empfohlen — dem, der es leicht findet, sie zu üben. Das Mitleid wird als schwächend verdammt, wenn es ein mangelhaftes Ich ergänzen soll, es ist aber wertvoll, wenn es einem Gefühl der Überlegenheit entspringt. Das Gebet ist recht „für dich, aber nicht für mich“. Der Krieg ist eine wertvolle Prüfung für den Mann, *wenn* Haß sein Motiv ist (das Gefühl eines vollen Herzens) und nicht Verachtung — „ein guter Krieg“ rechtfertigt die Sache, um derentwillen er ausgetragen wird. Die Götter werden verdammt, der einzige Gott, der die Ehrfurcht der Menschen verdient, ist ein tanzender Gott. Die Gerechtigkeit soll für alle Menschen gelten außer für die Richter; du kannst dich selbst frei nennen, doch „bist du ein solcher, der einem Joche entrinnen *durfte*? Es gibt manchen, der seinen letzten Wert wegwarf, als er seine Dienstbarkeit wegwarf"; und „mancher wird auch für seine Wahrheiten und Siege zu alt; ein zahnloser Mund hat nicht mehr das Recht zu jeder Wahrheit"; und, auf Titus 1, 15 anspielend, „Dem Reinen ist alles rein ..., den Schweinen wird alles Schwein" (*Zarathustra*, III § 12–14). An vielen dieser Formulierungen haftet (wie Thomas Mann bemerkte) mehr als eine Spur von Oscar Wilde.

Diese Dialektik in drei Schritten (a → nicht-a → A) ist die charakteristische Form von Nietzsches Denken, nicht nur im *Zarathustra*, sondern wo immer eine „Umwertung" vorgenommen werden soll; und dies ist in gewissem Sinn das Ziel aller seiner Werke, von *Menschliches, Allzu-Menschliches* an. (1) Eine – häufig feindliche – *Beschreibung* eines anerkannten Wertes oder Konzepts oder einer persönlichen Eigenschaft bildet den ersten Schritt (z. B. Mitleid beschämt den Mitleidenden ebenso wie den Bemitleideten). (2) Es folgt die *Negierung* dieses Wertes aus Gründen, die gewöhnlich überraschend sind und aus einer Projizierung des ursprünglichen Wertes über seine gewöhnliche Reichweite hinaus abgeleitet werden (Mitleid stärkt die Schwachen, zerstört die Starken: *ergo* zerstört es das „Leben"). (3) Eine Neudeutung des ursprünglichen Konzepts und seine beredte *Annahme* in einer neuen, eindringlich definierten Form („wahres" Mitleid macht die Starken ihrer Stärke bewußt, stärkt das „Leben"). Nietzsche vollzieht also keine Hegelsche Dialektik: Die Negation wird nicht in die Synthese einbezogen (in ihr

„aufgehoben") — ja, der dritte Schritt ist keine eigentliche Synthese, sondern stellt eine genauere Einsicht und Beschreibung der gegebenen Bedingungen des Begriffs dar, der „umgewertet" werden soll. Dies ist der Grund, warum die Rhetorik der Nietzscheschen Beschreibungen und seines Einsatzes „für und gegen" ein unablösbarer Aspekt dieser Dialektik ist — dies ist es, was Nietzsche zu einem einzigartig *literarischen* Philosophen macht.

Diese Dialektik wird im *Zarathustra* in den Dienst des gegen die Transzendenz gerichteten Zieles gestellt. Unentwegt ruft Zarathustra nach einer Steigerung der menschlichen Schöpfungskraft in einer von den Göttern befreiten Welt, deren Bewohner ihre eigene Sterblichkeit zu akzeptieren gewillt sind, ja sich ihrer zu erfreuen wissen. Die Aufgabe des Willens zur Macht ist es, Zufall in Absicht zu verwandeln, Werte zu schaffen („die Stimme des Werte-Schaffens ist die Stimme des Willens zur Macht"), „die Dinge denkbar zu machen", sie aber nicht in ihrer Bewegung anzuhalten, in ihrem „Prozeß des Werdens"; die Aufgabe des Willens ist vor allem, die Erde als den Ursprung aller lebendigen Dinge zu bejahen — sie zu „lieben". Denn ist nicht des Menschen irdischer Körper seine wahre Seele? Sie kann gewiß nichts sein, was des Körpers Feind ist. Nicht Tod oder Leiden erniedrigen den Menschen, sondern Stillstand und jene vernichtende Verzweiflung, die uns alles sinnlos und leer erscheinen läßt. Was einzig unerlösbar ist, ist alle Lehre „vom Einen und Vollen und Unbewegten und Satten und Unvergänglichen" — dies allein ist „böse und menschenfeindlich".
Warum aber, fragen wir, werden die Preisgesänge des Übermenschen auf die Liebe zum Leben so schnell zu

Preisgesängen auf Opfer und Tod? Warum überwiegt der Wortschatz des Verfalls — des „Niedergehens" und „Untergehens" und der „zerschmetternden" Wirkung von Denken und Erfahrung — so sehr den Wortschatz der Bejahung? Es ist, als scheue sich Nietzsche, die positiven Werte anmutiger Leichtigkeit und Harmonie und eines fröhlichen *amor fati* zu früh und zu bereitwillig einzusetzen: Kaum scheinen sie konkret in Handlung und menschlicher Begegnung verwirklicht zu werden, da enthüllen sie sich als die doch nicht richtigen Werte und werden verworfen. Was als Einschränkung falscher Absoluta gedacht ist, wird zu Ahnungen und Bestätigungen des Untergangs. Es ist schwer einzusehen, wo die uneingeschränkt *positiven* Seiten des Übermenschen und seiner Moral der äußersten Anstrengung liegen mögen. In ihren negativen Aspekten — in ihrer Betonung des Selbstopfers, in der Absage an eine materiell gesicherte Weltlichkeit und in der unbedingten Bejahung „asketischer Ideale" — ist diese Moralität dem Christentum viel verwandter, als Nietzsche uns glauben machen möchte; und dies hat viele Schriftsteller — unter ihnen Thomas Mann — veranlaßt, in ihr die authentische Form christlicher Moral in unserer Zeit zu sehen. Es bedarf jedoch keines großen theologischen Scharfsinns um einzusehen, daß nur ein so tief verwirrtes Zeitalter wie das unsere seinen Glauben in ein Christentum ohne Christus und ohne Kirche und in eine christliche Moralität ohne Erlösung setzen konnte.

Nietzsche erlaubt sich keinen Ausweg aus der radikalen Verneinung. Was immer der Wille schafft, ist da, um zerstört und überwunden zu werden: „Was ich auch schaffe und wie ich's auch liebe", verkündet Zarathustra, — „bald muß ich Gegner ihm sein: so will es mein Wille." Alle Eroberung, die Selbst-Überwindung eingeschlossen, geschieht zugunsten neuer, höherer Werte und weiterer Eroberungen des Willens zur Macht; und diese ihrerseits müssen überwunden werden zugunsten noch höherer Werte, eines noch größeren Willens zur Macht — wozu? Zu welchem „neuen Wozu"? Wir scheinen uns in einer endlosen Spirale zu bewegen, analog zu Hegels endloser Selbstverwirklichung des Geistes. Als Marx beschloß, diesen Prozeß in politische Theorie zu übersetzen, versuchte er ihn anziehend zu machen und statuierte daher, er sei *endlich* und werde sein Ziel in ein oder zwei Generationen erreichen. Und Nietzsche? Kaum ein Philosoph hat sich so wenig mit der Absicht getragen, seine Metaphysik anziehend zu machen — kaum einer hat die Anziehungskraft des Untergangs so genau als das Merkmal der Epoche erkannt. Und so statuiert er, der Vorgang sei in der Tat unendlich, kreisförmig und unerträglich: eine unendliche Wiederholung des Gleichen.

5

„Der Wille" — jeder Akt des Wollens — ist gänzlich auf die Zukunft gerichtet. Was auch immer er sonst erreichen mag, er kann den Fluß der Geschehnisse nicht umkehren und Geschehenes ungeschehen machen, er kann die Zeit und die „Habgier der Zeit" nicht brechen. Oder gibt es doch eine Bedingung, die dem Willen die gleiche Herrschaft über die Vergangenheit gäbe, die er über die Zukunft hat? „Vom Gesicht und Rätsel" (*Zarathustra,* III § 2) — die ergreifendste und zugleich sensationellste von Zarathustras Parabeln — nennt diese Bedingung und unterstellt so die Welt des Willens einer metaphysischen Rechtfertigung — einer „Theologie" der ewigen Wiederkehr.

Ein langer Weg, steil und voll Geröll, hat Zarathustra hoch in die Berge geführt. Ein Zwerg — der Geist der Schwere — auf seiner Schulter hat sein Weiterkommen erschwert, nun aber sind sie an einem Torweg angelangt, und als Zarathustra sich zur Rast niedersetzt, springt der Zwerg von seiner Schulter. Der Name, der auf dem Torweg geschrieben steht, lautet, wie Zarathustra dem Zwerg erklärt, „Augenblick". Hier an diesem Torweg, so fährt er fort, treffen sich zwei Wege: Der eine, der eine Ewigkeit dauert, geht zurück in die Vergangenheit; der andere, eine zweite Ewigkeit, führt in die Zukunft.

„‚... glaubst du, Zwerg, daß diese Wege sich ewig widersprechen?' — ‚Alles Gerade lügt', murmelte verächtlich der Zwerg. ‚Alle Wahrheit ist krumm, die Zeit selber ist ein Kreis.'
‚Du Geist der Schwere!' sprach ich zürnend, ‚mache dir es nicht zu leicht! Oder ich lasse dich hocken, wo du hockst, Lahmfuß, — und ich trug dich *hoch*.
Siehe, sprach ich weiter, diesen Augenblick! Von diesem Torwege Augenblick läuft eine lange ewige Gasse *rückwärts:* hinter uns liegt eine Ewigkeit.
Muß nicht, was *laufen* kann von allen Dingen, schon einmal diese Gasse gelaufen sein? Muß nicht, was geschehn *kann* von allen Dingen, schon einmal geschehn, getan, vorübergelaufen sein?
Und wenn alles schon dagewesen ist: was hältst du Zwerg von diesem Augenblick? Muß auch dieser Torweg nicht schon — dagewesen sein?
Und sind nicht solchermaßen fest alle Dinge verknotet, daß dieser Augenblick *alle* kommenden Dinge nach sich zieht? *Also* — sich selber noch?
Denn, was laufen *kann* von allen Dingen: auch in dieser langen Gasse *hinaus* — *muß* es einmal noch laufen! —
Und diese langsame Spinne, die im Mondscheine kriecht, und dieser Mondschein selber, und ich und du im Torwege, zusammen flüsternd, von ewigen Dingen flüsternd — müssen wir nicht alle schon dagewesen sein?

— und wiederkommen und in jener anderen Gasse laufen, hinaus, vor uns, in dieser langen schaurigen Gasse — müssen wir nicht ewig wiederkommen? —'"

„... und ich und du im Torwege, zusammen flüsternd, von ewigen Dingen flüsternd — müssen wir nicht alle schon dagewesen sein?" Gewiß ist dies der höchste Augenblick von Nietzsches Zarathustra-Vision.
Ist es aber mehr als ein Philosophentraum, das Bild seiner metaphysischen Sehnsucht? Es ist die minimale Theologie des Zeitalters des „getöteten" Gottes.
Der Gedanke von der ewigen Wiederkehr und seine Folgen, erzählt uns Nietzsche, seien ihm in einer jähen Inspiration am Ufer des Sees von Silvaplana, „6000 Fuß jenseits von Mensch und Zeit" (*Ecce homo, Zarathustra,* I), aufgegangen, und wir haben keinen Grund, an dem überwältigenden Eindruck zu zweifeln, den die Erfahrung auf ihn machte. Daran ändert auch die Tatsache nichts, daß der Gedanke (wie Nietzsche selbst betonte) vorsokratisch in seinem Ursprung ist und ihn schon in seinen ersten Basler Vorlesungen von 1872[1] beschäftigt hatte; auch setzte Nietzsche sich mit seiner pythagoreischen Formulierung in der zweiten *Unzeitgemäßen Betrachtung* (§ 2) von 1874 auseinander; damals hatte er ihn noch als eine Absurdität angesehen. Erst als er darin den Grundgedanken der menschlichen Geschichte erkennt und dem Gedanken sein eigenes Werturteil auferlegt, macht Nietzsche ihn zu seinem eigenen geistigen Besitz. An diesem Punkt der Umwertung nimmt der Mythos, der in der frühen griechischen Kosmologie als ein Bild göttlicher Harmonie und als Bürge für das glückliche Menschenlos unter den Göttern gedient hatte, die entgegengesetzte Funktion an; denn er

---

[1] *Die vorplatonischen Philosophen,* siehe *KSA* VII, S. 387–88; siehe auch Kaufmann, *Nietzsche,* S. 317.

demonstriert jetzt die Sinnlosigkeit allen Daseins.[1] Ist die Geschichte nichts anderes als ein Golgatha menschlicher Ziele und Hoffnungen, so muß Nietzsches Deutung, sobald er den Mythus in einen historischen Zusammenhang stellt, negativ sein.

Auch hier bestehen wir — angesichts der recht sonderbaren Auslegungen mancher „Nietzscheaner" — auf der moralisch-existentiellen Grundnote des Werkes: Die Wurzeln von Nietzsches Version der „Lehre von der ewigen Wiederkunft aller Dinge" liegen nicht in einer ontologischen Spekulation (wie sie Heidegger an diesem Punkt entwickelt), sondern in seiner Kritik der zeitgenössischen Ideologie, das heißt, in jenem Abschnitt der Betrachtung „Vom Nutzen und Nachteil der Historie" (aus dem bereits zitiert wurde), wo er von dem „hohen Ziel der Menschheit" spricht. In einem Angriff auf die modische Idee vom Fortschritt argumentiert Nietzsche, daß dieses Ziel in den „höchsten Exemplaren" der Menschheit liegen müsse und daß diese in jedem Zeitalter erscheinen oder wiederkehren mögen[2]; die Vergangenheit muß sie enthalten, doch ebenso die Gegenwart und die Zukunft. Und wenn wir annehmen, daß sich die Vergangenheit zurück in die Unendlichkeit erstreckt, so muß sie nicht nur die „höchsten Exemplare" der Menschheit, sondern die Menschheit in ihrer Gänze enthalten — alles, was je geschehen ist und alles, was je geschehen kann, eingeschlossen den Torweg mit der Aufschrift „Augenblick", wo die Vergangenheit endet und die Zukunft mit *ihrer*

---

[1] Siehe Karl Löwith, „Nietzsche nach sechzig Jahren", in *Gesammelte Abhandlungen* (Stuttgart 1960), S. 138.

[2] Siehe oben, S. 94. Nietzsche sagt nicht wörtlich, daß sie sich einstellen und wiederkehren, doch er verspottet den Narren, der ein solches Geschichtsbild leugnet.

Unendlichkeit beginnt.[1] *Und aller Sinn* — alle Wahrheit, aller Wert und alle Bedeutung — muß *in diesem Vorgang* der ewigen Wiederholung liegen und nirgendwo anders.

Noch bleibt unerklärt, wie der Wille Herr der Vergangenheit werden soll. Die Antwort muß von Nietzsches Entscheidung abhängen, welchen Wert er seinem Mythus zuerkennt: Soll der Mythus Sinnbild und Quelle der höchsten menschlichen Hoffnung oder der völligen Verzweiflung sein? Nur der absolute Wert des Willens ist gegeben und der Un-Wert alles dessen, was sich ihm entwindet — die Entscheidung selbst ist willkürlich.

Das poetische Bild bestimmt das Argument: Schauen wir von dem Torweg aus in die Zukunft, dann sehen wir den Willen als absoluten Herrscher über die Zukunft, die sich in alle Ewigkeit erstreckt. Sie ist noch unbestimmt, durch unseren Willen bestimmbar — folglich ist auch die Vergangenheit, ein Spiegelbild der Zukunft, völlig durch den Willen bestimmbar und als solche Sinnbild und Quelle der Hoffnung. Schauen wir von dem Torweg aus in die Vergangenheit zurück, dann erkennen wir, daß nicht nur sie, sondern auch die Zukunft (auch sie ein Spiegelbild, nämlich *dieser* Vergangenheit) durchweg bestimmt sind — der Mythus wird zum Sinnbild und zur Quelle düstrer Verzweiflung.

Höchste Hoffnung oder völlige Verzweiflung — ein Drittes gibt es nicht. Wir entsinnen uns, daß es der Zwerg war — wie Wagners Alberich den Geist der Schwere verkörpernd[2] —, dessen Worte, „die Zeit selber ist ein Kreis“, zum erstenmal die Lehre von der ewigen Wiederkunft verkündeten, wenn er auch von Zarathustra verspottet wurde, anscheinend weil er die Fol-

[1] Siehe Fink, a.a.O. Kap. 3, § 4.
[2] Siehe S.L. Gilman, *Nietzschean Parody* (Bonn 1976), S. 114.

gen der Lehre nicht sah. Und Zarathustra kann nur ausführen, was der Zwerg sagte, er kann nur den vernichtenden, nihilistischen Aspekt des doppelbödigen Mythus herausstellen.
Die Wiederkunft soll absolut, die Identität der nicht voneinander unterscheidbaren Abbilder und Szenen soll vollkommen sein.

„Ich komme wieder [verkündet Zarathustra], mit dieser Sonne, mit dieser Erde, mit diesem Adler, mit dieser Schlange — *nicht* zu einem neuen Leben oder besseren Leben oder ähnlichen Leben
— ich komme ewig wieder zu diesem gleichen und selbigen Leben, im Größten und auch im Kleinsten, daß ich wieder aller Dinge ewige Wiederkunft lehre,—
— daß ich wieder das Wort spreche vom großen Erden- und Menschen-Mittage, daß ich wieder den Menschen den Übermenschen künde.“ (II § 13)

„Denken wir diesen Gedanken in seiner furchtbarsten Form: das Dasein, so wie es ist, ohne Sinn und Ziel, aber unvermeidlich wiederkehrend, ohne ein Finale ins Nichts: ‚die ewige Wiederkehr‘“ (*Der Wille zur Macht,* § 55).
Als er aus der Ohnmacht, in die ihn der Gedanke versetzt hat, erwachend weiterwandert, sieht Zarathustra einen Hirten mit einer schwarzen Schlange ringend, die in seinen Mund gekrochen war und sich in seinem Hals festgebissen hat — der Mensch, der mit der Lehre in ihrer „furchtbarsten Form“ ringt —, und, „Beiß zu! Den Kopf ab!“ ruft Zarathustra dem Hirten zu. „Der Hirt aber biß, wie mein Schrei ihm riet; er biß mit gutem Bisse. Weit weg spie er den Kopf der Schlange —: und sprang empor. — Nicht mehr Hirt, nicht mehr Mensch — ein Verwandelter, ein Umleuchteter, welcher *lachte.* Niemals noch auf Erden lachte je ein Mensch, wie *er*

lachte.“ Für Zarathustra aber, da *er* die Vision[1] erlebt, überwiegt der vernichtende Aspekt:

„—‚ach, der Mensch kehrt ewig wieder! Der kleine Mensch kehrt ewig wieder!‘
Nackt hatte ich einst beide gesehn, den größten Menschen und den kleinsten Menschen: allzu ähnlich einander — allzumenschlich auch den Größten noch!
Allzuklein der Größte! — das war mein Überdruß am Menschen! Und ewige Wiederkunft auch des Kleinsten! — das war mein Überdruß an allem Dasein!
Ach, Ekel! Ekel! Ekel!“

6

Die „Lehre von der ewigen Wiederkehr“ wird von den physischen Eigenschaften des gewählten Bildes bestimmt: Vergangenheit und Zukunft als Pfad verdinglicht, die Zeit (als Pfad) durchschnitten vom Torweg der Gegenwart. Das Bild hört auf, die Parabel zu veranschaulichen, und (um Nietzsches Bemerkung über den „Stil der décadence“ zu wiederholen) nimmt souveräne Macht über das Argument als Ganzes an. Eine Untersuchung seiner Wahrheit und logischen Kohärenz muß daher so abwegig erscheinen wie eine Untersuchung der Wahrheit und Kraft des Vogelmotivs im zweiten Akt von Wagners *Siegfried.* Die Wahrheit solcher poetischer Mythen und Motive liegt in ihrer Funktion in dem Ganzen, dem sie angehören. Dieses Ganze ist nicht die „Weltanschauung“ eines Positivisten oder Materialisten. Indem Nietzsche „die Erde“ und „die Welt“ als die einzige wahre Heimat des Menschen preist, indem er den Körper des Menschen „seine wah-

[1] John Stambaugh, *Nietzsche's Thought of Eternal Return* (Baltimore and London 1972), S. 42, bemerkt, daß Zarathustra, indem er die „ewige Wiederkunft“ selbst *erlebt* — und nicht nur ein Bild von ihr *sieht* —, sich der früheren Szene mit dem Hirten nicht zu erinnern scheint.

re Seele“ nennt, anerkennt und preist er die Fähigkeit des Menschen, sich selbst und seinen Zustand zu transzendieren, sich selbst als einen „Übergang und Untergang“ zu sehen. Doch diese Strömung im Menschen muß ein klares Ziel erhalten, sein Bewußtsein — halb tierisch, halb metaphysisch — muß einen klaren Gegenstand haben: Es ist die Erde als absoluter Sinn und als Ziel seines Seins. Mit anderen Worten: Die Lehre ist bestimmt, „an Stelle von ‚Metaphysik‘ und ‚Religion‘“ zu treten (*Wille zur Macht*, § 462), eine Metaphysik und eine Religion zu *sein* (sie wird bezeichnenderweise eine „Lehre von der *ewigen* Wiederkunft“ genannt), doch diese religiöse Metaphysik ist von negativer Beschaffenheit: nicht um Tröstungen für erlittenes Unrecht und Belohnungen für bewährte Tugenden zu bieten, sondern als eine Prüfung: „Wer hält den Gedanken der ewigen Wiederkunft aus?“ (*KSA* II, S. 224).

Die „wahren“ Folgen des christlichen Ewigkeitsglaubens werden beschrieben → der Glaube wird abgelehnt → ein neuer Begriff der „Ewigkeit“ wird aufgestellt: Dies ist Nietzsches Drei-Schritte-Dialektik. Und diese neue „Ewigkeit“ steht nicht, wie manche behauptet haben, im Widerspruch zur Idee des Übermenschen, sondern ist ein Beweis seines Wertes. So stark soll seine Liebe zum Leben sein, so intensiv seine lebensbejahende Leidenschaft, auch wenn das Leben in all seiner Größe *und* Trivialität „ewig“ in die Unendlichkeit fortgesetzt wird; wenn auch sie, das Große und das Triviale, vernichtend als ein und dasselbe erkannt und dann immer und immer von neuem wiederholt werden, *ad infinitum* und *ad nauseam,* ohne Wechsel, ohne Verbesserung, ohne zusätzlichen Sinn oder Bedeutung ..., wenn all dies, weitergetrieben in die Ewigkeit, der „Sinn“ des Lebens sein soll und der Übermensch es trotzdem bejaht, aktiv billigt und mit dem Siegel seiner Liebe bestätigt — *dann* hat er wahrlich die strengste und anstrengendste Prüfung bestanden, die sich sein Schöpfer erdenken kann, dann hat er sich selbst von allem falschen und tröstenden Glauben und Aberglauben gereinigt, und es bleibt ihm ein „Glauben", der alles Wollen, alle unsere Lebenskräfte in Schrecken auflöst. Dann hat er sich selbst den unbarmherzigen Strahlen der Mittagssonne ausgesetzt, die ihr hartes Licht in jeden Winkel der Erfahrung wirft, die keinen verborgenen Trost duldet in den dunklen Höhlen und malerischen Grotten der alten Religion. (Camus deutet den Sisyphus-Mythus um und stellt als den einen Augenblick des wahren Wertes und der echten Würde den Augenblick vor dem Gipfel des Berges heraus, den Augenblick, da Sisyphus weiß, daß ein weiterer Stoß den Felsen wieder hinunterrollen lassen wird und er *aufs neue* mit seiner Aufgabe wird beginnen müssen, den Felsen bergan zu rollen. In diesem Augenblick beschließt Sisyphus, weiterzumachen. Der Sinn, den zu schaffen er fähig ist, liegt in dieser Handlung und ihren Folgen: Sein Wollen umfaßt den Rest. Nicht blindlings, nicht ohne sich der Folgen bewußt zu sein, nicht auf ein anderes Ergebnis hoffend, *will* er den unentrinnbaren Ablauf der Ereignisse. Vergangenheit und Zukunft sind eins.)

Was Nietzsche in Worte zu fassen sucht, ist die Vision einer Welt *sub specie aeterni* — die Welt als ein geschlossenes, zutiefst sinnloses Ganzes —, und diese Vision erkennen wir als grundsätzlich unbeschreibbar (wie wäre ein Sinnloses zu beschreiben?) und daher unwiderlegbar. Doch indem wir das Bild *eingehend* betrachten, das die Vision ausdrücken soll, und indem wir das Konzept *länger* bedenken, das hinter dem Bild steht, können wir nicht umhin, von seinen inneren Widersprüchen betroffen zu sein. Es ist gewiß kein leerer Unsinn, doch es ergibt auch keinen zusammenhängenden Sinn. Lassen wir die Frage beiseite, inwieweit eine solche Wiederkehr möglich ist, und nehmen sie als ein metaphysisches Postulat an (wie wir ja auch die einmalige Erscheinung der Welt annehmen). Beschränken wir uns auf die Rolle der Lehre als eine moralisch-existentielle Prüfung. Das Bild „des großen Menschen und des kleinen Menschen" ist gewiß ergreifend und tief. Was aber soll die „ewige Wiederkehr" dieses Menschen so schrecklich und abstoßend machen? Es kann nicht einfach der Wiederholungscharakter der Wiederkehren selbst sein, sondern unser Bewußtsein dieses Wiederholungscharakters. Dieses Bewußtsein muß kumulativ und daher jedesmal anders, jedesmal genauer sein als das letzte Mal: Weder das erfahrende Ich noch die Erfahrung können je „genau dieselben" sein. (Und wenn sie „genau dieselben" sind, dann können sie offensichtlich nicht unterschieden werden und sind — wie Leibniz' „indiscernibilia" — alle sowieso *eins*.) Überdies ist klar, daß die Wiederholung nur dann Schrecken und Ekel mit sich bringt, wenn sie von dem enttäuschten Bewußtsein begleitet wird, daß eine Verbesserung des menschlichen Zustandes — vielleicht in der Form eines edleren, metaphysischen Zieles — *nicht* erreicht wurde; dieses neue Ziel aber müßte außerhalb der Welt liegen, die sich ständig wiederholt (denn innerhalb der Welt wäre es Teil der Wiederholung, die keine Verbesserung kennt). Diese Erwägung wiederum führt zu jenem schon erwähnten Widerspruch, da das Bild ja vor allem einer Lehre dienen soll, die jeden Gedanken an irgendein „Außerhalb" oder „Jenseits" auslöschen soll, als dessen wichtigstes Beispiel Nietzsche das christliche

Jenseits sieht. Wir sehen also, daß auch in ihrem Aspekt als moralisch-existentielle Prüfung die Lehre nur unter der Voraussetzung einer pseudo-christlichen Eschatologie funktioniert; diese wird sozusagen unter der Hand eingeführt, denn als ausdrückliches Postulat würde sie ja den Zweck der Lehre — die Vision der Welt als eines geschlossenen, zutiefst sinnlosen Ganzen — vereiteln. (Die stillschweigend eingeführte Eschatologie macht die Welt nicht sinnvoll, sie verleiht der Welt nur eine fragwürdige Transzendenz.) Mit diesem Widerspruch sind wir aus früheren Argumenten vertraut. Jedesmal soll die Transzendenz zugunsten eines moralisch-existentiellen Zwecks mit Hilfe einer Autorität verworfen werden, die selbst auf einem transzendenten Grund basiert. Hier versagt Nietzsches Dialektik der drei Schritte.

Gewaltige ontologische Gebäude sind auf der Grundlage von Nietzsches bildhafter Idee einer ewigen Wiederkehr errichtet worden. In größerem Umfang als in anderen Teilen seiner Philosophie wurden seine wenigen Bemerkungen als Ansätze zu einer ganzen Kosmologie verstanden. Es ist eine Vision, die beispielhaft wirken soll (Nietzsche selbst spricht wiederholt von einer „*Lehre* von der ewigen Wiederkehr des Gleichen“), eine Theorie über die Ziele des Lebens, diktiert von einem intensiven persönlichen Erlebnis und verfestigt zu einem Bild, das ein (uns äußerst vertrautes) Lebensgefühl vermittelt, einer begrifflichen Fassung aber kaum fähig ist. Sie ist, wie Heidegger und andere bemerkt haben, der Höhepunkt von Nietzsches gesamtem philosophischen Werk. Da wir aber (anders als Heidegger) Nietzsches moralisch-existentielles Anliegen als den Kern dieses Philosophierens ansehen, haben wir durchgehend den ontologischen Aspekt von Nietzsches Denken, eingeschlossen seine Mutmaßungen über die Idee der ewigen Wiederkehr, als untergeordnet dargestellt. Nietzsches Anliegen, wie es hier beschrieben wird, nimmt die Form einer Theologie ohne Gott an, für die nur die Funktion der Idee von der ewigen Wiederkunft — ihr Wert als moralisch-existentielle Prüfung — wichtig ist.

Diese „Theologie“ ist Nietzsches wichtigstes Vermächtnis an das neue Jahrhundert. Mit ihrem Heroismus der Angestrengtheit, ihrer skeptischen Abweisung aller traditionellen Lösungen, ihrer radikalen Ablehnung aller Erlösung durch die Gnade, ihrem gelegentlichen Stolz der Verzweiflung und ihrer Rechtfertigung durch Leiden und Opfer wurde sie die herrschende Ideologie und „Werttafel“ der deutschen Intelligenz in der Ära vor 1945. Die Schriften der größten deutschen Literaten und Philosophen wurden von ihr angeregt und determiniert. Aus ihr stammen jene Skrupel, mit denen einige dieser Autoren die politischen Lösungen vorwegnahmen und bekämpften, deren Merkmale Niederträchtigkeit und brutale Vereinfachung waren und die mit dem Nationalsozialismus an die Macht kamen. Und doch besitzt dieser Heroismus noch einen zweiten Aspekt, der den moralisch und politisch einander feindselig gegenüberstehenden Parteien gemeinsam ist. Bei der Lektüre der nationalsozialistischen Literatur — man denke an Rosenbergs Buch, an die Reden eines Hitler, Goebbels, Himmler, die Gedichte zahlloser Parteiskribenten — kann man nicht länger übersehen, wie die Rhetorik all dieser Aussagen sich auf die Notwendigkeit des Opfers, auf die anstrengende, sich selbst rechtfertigende Härte des Kampfes beruft, auf die Gefahren des Weges in die Zukunft und auf den Wert der Authentizität, die als die Hingabe *eines* Mannes an seine äußerst schwere und mit Stolz als grausam bezeichnete Aufgabe dargestellt wird. Wenn man Hitlers Laufbahn verfolgt, so wird deutlich, daß ihr Höhepunkt nicht in den Jahren seiner großen Triumphe lag, sondern in den Jahren der existentiellen Anstrengung. Da gelang es ihm, sein defektes Ich mit einer Nation und mit einer ganzen Welt des Krieges zu identifizieren, deren Devise nicht Eroberung, sondern Vernichtung war.

Es braucht heute keine besondere Einsicht, um das zu erkennen, was weder Nietzsche noch die folgende Generation so recht vorhersahen: daß in einem Unrechtszustand, da jede Hemmung untergraben und „alles erlaubt" war, die — als unbeschränkter Wert akzeptierte — Idee einer Rechtfertigung des Menschen durch seine eigene höchste Anstrengung zusammen mit der Verlokkung eines heroischen Unterganges zu einem erschrekkenden Mißbrauch führen würde. Um das Ausmaß von Nietzsches Einfluß abzuschätzen, müssen wir uns daran erinnern, daß die konkreten politischen Konsequenzen auf das Vorkriegsdeutschland und Italien und in geringerem Umfang auf das besiegte Frankreich beschränkt waren, während in England nur seine literarischen und philosophischen Aspekte Einfluß gewannen. Die Gründe dafür sind augenfällig. Männer wie George Bernhard Shaw und H. G. Wells, D. H. Lawrence und W. B. Yeats lebten nicht in einer Gesellschaft, die am Rande der Anarchie stand. Was sie davon abhielt, ihre literarischen Vorstellungen in politische Handlungen zu verwandeln, waren die sozialen Gegebenheiten ihres Lebens; — eine bis dahin ungebrochene nationale Tradition von Anständigkeit, Beharrungsvermögen und institutionalisierter Freiheit — eine Tradition, für die Nietzsche kaum mehr als Verachtung übrig hatte.

Der geduldige Leser dieser Studie wird kaum überrascht sein, wenn er hört, daß auch die Moral der Angestrengtheit mit ihren theologischen Untertönen in Nietzsches Schriften nicht ohne Widerspruch bleibt. Es gibt Gelegenheiten, wo er sie als eine Verleumdung der „fröhlichen Wissenschaft" vom Menschen angreift, als bar jeglicher Anmut und mediterranen Ausgeglichenheit, aller Liebe zur Oberfläche und *finesse*. Bereits in *Menschliches, Allzumenschliches* (1880) verlacht er die Vorstellung, daß „die Mühsal um die Wahrheit ... gerade über den Wert der Wahrheit entscheiden" soll und daß „‚Wahrheiten' eigentlich nichts weiter seien, als Turngerätschaften, an denen wir uns wacker müde zu arbeiten hätten, — eine Moral für Athleten und Festturner des Geistes" (*Menschliches, Allzumenschliches*, II § 4). Und im Kapitel des *Zarathustra* mit der Überschrift „Der Geist der Schwere" (III § 11) ist es das Gegenteil solcher Wahrheiten — die leichten und mühelosen Tugenden und die Anmut des Fliegens, die gepriesen werden und die Zarathustra sein eigen nennt. Ist eine Flucht vor diesem Geist möglich, eine Befreiung von dieser Moralität? *Also sprach Zarathustra* läßt die Frage offen. Es ist eine höchst bewußte Mythenschöpfung, doch nur zuweilen, wie durch poetischen Zufall, enthüllt sie den wahren Gegenstand des Bewußtseins, das hier am Werk ist: seine Suche nach der Erlösung vom Konflikt und vom Schwarz-Weiß der absoluten Gegensätze, nach der Erlösung von allem Urteilen ... Wo ist eine solche Freiheit zu finden? Angenommen, „die Welt", „das Ganze" wären wirklich ohne Tiefe, nicht ernst wie die ewig wiederkehrende Welt den Ernst versteht, nichts mehr als ein Spiel, aufgeführt „zum Spaß der abwesenden Götter"?

X „Nur als ästhetisches Phänomen ...“

Ich könnte in eine Nußschale eingesperrt sein, und mich für einen König von unermeßlichem Gebiete halten, wenn nur meine bösen Träume nicht wären.

(*Hamlet* II, 2)

Was ist die Funktion des Ästhetischen in der Welt? Für Nietzsche ist es ein vollwertiger Modus der Erfahrung: nicht bloß ein Ornament des Lebens[1], sondern seine völlige Um-Inszenierung in einem anderen Medium, das Ganze des Lebens gleichsam „depragmatisiert“, in einer leichteren Substanz wiederholt. Oder ist das Ästhetische sogar mehr als das? Ein voller *Ersatz* für die Moral, vielleicht sogar für die Moral des Willens zur Macht? Eine Erlösung unseres Daseins und unserer Welt? Die Rechtfertigung und Vervollkommnung von etwas, das an sich fragmentarisch ist? Von seinen ersten Basler Vorlesungen aus dem Jahre 1869 bis zu seinen letzten Aufzeichnungen begleiten diese Gedanken Nietzsches moralisch-existentielles Denken, zuweilen vermischen sie sich mit ihm, dann wieder stehen sie in bewußtem Gegensatz dazu — Aspekte jenes Rätsels, das ihn unaufhörlich fasziniert: Wie ernst sollen wir, an diesem Punkt der Geschichte angelangt, das Leben nehmen?

---

[1] Siehe Nietzsches Vorwort zu *Die Geburt der Tragödie* von 1871, Richard Wagner gewidmet.

1

Das erste Buch des jungen klassischen Philologen, *Die Geburt der Tragödie aus dem Geist der Musik* (1872), wurde bei seiner Veröffentlichung heftig angegriffen, es gefährdete seinen Ruf als Universitätslehrer und wird noch heute von manchen als Kuckucksei im Nest der klassischen Philologie angesehen. Uns geht es hier um die Frage, was das Buch zu Nietzsches ästhetischem Entwurf und damit zu dem Widerspruch beigetragen hat, der seinem Philosophieren innewohnt und es bestimmt.

Wie Schopenhauer vor ihm, sieht Nietzsche das Ästhetische in seiner vollkommensten Form in der Musik. Er folgt der gelehrten Tradition, indem er den Ursprung des Chors der griechischen Tragödie in „die Musik“[1] verlegt, wobei für ihn das Wichtige nicht die Botschaft des Chors, sondern seine Dithyramben sind; er sieht ihn buchstäblich als die Horde der Satyrn, die Dionysos, den Gott des Weines und des Rausches, auf seinen trunkenen Streifzügen durch die Wälder begleiten. In ihrem Rausch und in dem Lied vom „Urleid“, das sie singen, sind die Satyrn und ihr Gott eins: sie sind ein einziger, ungeteilter Ausdruck der Vergänglichkeit und Verlassenheit des menschlichen Daseins. Dieser „Grund aller Erfahrung“ ist wie die Erde (des biblischen Schöpfungsberichts), die ohne Form, und wie die Finsternis, die auf der Tiefe war. Was Nietzsche mit dem „Ur-Einen“ auszudrücken sucht, ist eine einzige, fundamentale menschliche Haltung, die noch keine Trennung zwischen Ich und Welt kennt.

[1] Allerdings ist seine Vorstellung von dem, was er „die griechische Musik“ nennt, unvereinbar mit dem, was die Griechen unter *mousike* verstanden; siehe M.S. Silk und J.P. Stern, *Nietzsche on Tragedy* (Cambridge, 1981), Kap. 8.

Dieses Eins-Sein wird gebrochen, sobald die Menschen beginnen, ihren vergänglichen Zustand zu kennen und zu bedenken. Im Gefolge der Satyrn streift König Midas durch die Wälder, auf der Suche nach Silen, dem Begleiter und Ziehvater des Dionysos, der sich vor ihm versteckt. Schließlich fängt der sterbliche König den schwer zu fassenden Gott und zwingt ihn zu sprechen, ihm die vernichtendste aller Wahrheiten mitzuteilen: „Das Allerbeste ist für dich gänzlich unerreichbar: nicht geboren zu sein, nicht zu *sein, nichts* zu sein" (*Geburt der Tragödie,* § 3). Angesichts dieses Wissens werden die Menschen befangen, nüchtern, nachdenklich, voll tragischen Vorgefühls. Nun machen sie es sich zur Aufgabe, das schreckliche Wissen vor sich selbst und vor denen zu verbergen, die ihre Orgien beobachten, und sie tun dies, indem sie ihre Ahnung von der Wahrheit in ein rauschhaftes Schauspiel, ein Drama, verwandeln; unter „Drama" versteht Nietzsche freilich keine Handlung, sondern eine Episode oder Szene — (sogar) eine fundamentale „Stimmung" — von großem Pathos (*Der Fall Wagner,* § 9). Der Ursprung dieses Pathos in der Musik (analog zum Ursprung vieler lyrischer Gedichte in einer musikalischen Stimmung) verbindet das Drama mit einer wortlosen, chthonischen Welt, die Nietzsche für authentischer hält als die Welt der Worte und der „Literatur". Es gehört zum Wesen des Schauspiels, welches der Chor vorführt, daß es sowohl das Pathos des neuen Wissens bewahren als auch dieses Wissen erträglich machen soll, und der Gott, der den Menschen hilft, es in eine erträglichere — schöne — Form zu bringen, ist der Sonnengott Apollo.

Die Vitalität und Bedeutung der Kunst wird von Nietzsches Betonung ihrer psychosomatischen Parallele bestätigt: Wie Dionysos der Gott des Chaos, der Fruchtbarkeit und des *Rausches* ist, so ist Apollo der Gott der geordneten Form und des *Traums,* der als die wortlose Umgestaltung des Lebens gesehen wird. Die Tragödie wird im Schnittpunkt dieser beiden fundamentalen Impulse geboren, denen Nietzsche die Namen ihrer Schutzgötter verleiht: das Dionysische und das Apollinische. Was der Künstler, ihr Schöpfer, erfährt, ist

„die ganze ‚göttliche Komödie des Lebens', mit dem *Inferno* ..., nicht nur wie ein Schattenspiel — denn er lebt und leidet mit in diesen Szenen — und doch auch nicht ohne jene flüchtige Empfindung des Scheins; und vielleicht erinnert sich mancher, gleich mir, in den Gefährlichkeiten und Schrecken des Traumes sich mitunter ermutigend und mit Erfolg zugerufen zu haben: ‚Es ist ein Traum! Ich will ihn weiter träumen!'" (*Die Geburt der Tragödie,* § 1)

Diese Formulierung gehört zu den präzisesten und schönsten in Nietzsches Werk, doch sie ist so labil wie der Augenblick, den sie beschreibt. Die bilderschaffende Fähigkeit steht noch nicht in einem antithetischen Verhältnis zum Bewußtsein und Selbstbewußtsein des Künstlers. Die Kunst, die so charakterisiert wird, mag nicht die Kunst des klassischen griechischen Dramas sein, das Nietzsche sich zu beschreiben anschickt, doch sie paßt auf das Streben nach Einheit, das in einem Werk wie *Die Meistersinger* oder im modernen Drama der Zeit nach Nietzsche zum Ausdruck kommt. Nietzsche appelliert an eine psychische Erfahrung, die er für allgemein hält und die jedenfalls nicht exzentrisch ist, und bezieht aus dieser Erfahrung die Auffassung, das Drama sei Traum und zugleich Bewußtsein des Traums.

Diese positive Bewertung des Bewußtseins (das mit dem schöpferischen Akt identisch ist) wird aber nicht aufrechterhalten. Der nächste Schritt im Argument, in den späteren Abschnitten der *Geburt der Tragödie* und dann in der zweiten *Unzeitgemäßen Betrachtung,* wird der Lobpreis eines gesunden, schöpferischen Lebens auf Kosten aller befangenen und bloß intellektuellen Erkenntnis der Welt sein, gefolgt von Nietzsches Dithyramben auf das Unbewußte, „das Natürliche" und „das Instinktive" als authentische Weisen der Erfahrung. (Wir haben bereits bemerkt, daß wir Nietzsche nicht für die schlimme Gesellschaft verantwortlich machen können, in die ihn seine Begeisterung für die Authentizität in ihren verschiedenen Formen in unserer Zeit bringen sollte, da er — wie er in *Ecce homo,* IV, 10, sagt — die Leute nicht mehr daran hindern kann, Unfug zu treiben; dennnoch bleibt es ein erstaunliches Paradox, daß dieser intellektuellste und bewußteste der modernen Denker Werte beschwört, denen er selbst fremd gegenübersteht.)

Der *basso continuo* der Nietzscheschen Ästhetik ist also, die Wechselwirkung zwischen zwei grundsätzlichen Arten von Erkenntnis-und-Leben aufrechtzuerhalten, die seine Sicht der Tragödie in sich begreifen: ihre dionysische Grundlage und die apollinische Ordnung, die ihr aufgeprägt wird. Diese durchgehende Unterscheidung hat ihre Wurzeln in Schopenhauers Zweiheit der Welt als Wille und der Welt als Vorstellung. Sie ist der aristotelischen Unterscheidung von Materie und Form verwandt. Ihr wichtigster Vorgänger aber ist Schillers Zweiheit der „naiven" und „sentimentalischen" Dichtungsarten. Sie hat ihren Platz unter den drei oder vier bedeutendsten Argumenten in der Geschichte der Ästhetik.

Ihr Angelpunkt ist maßvolle Energie, ihre Pole sind Chaos und epische Harmonie. Wenn das dionysische Element überwiegt, dann drohen Rausch und Chaos;

wenn das Apollinische vorherrscht, dann verflüchtigt sich das tragische Grundgefühl, die „all-eine“ Stimmung des in der Kunst Trost suchenden Menschen. Von den beiden bleibt das Dionysische die Grundlage, aber das Gleichgewicht in großen Werken der tragischen Kunst gerät leicht aus dem Lot. Änderungen in diesem Gleichgewicht liefern Nietzsche die Daten zu einer rudimentären Literaturgeschichte. Das Gleichgewicht ist zum erstenmal bei Aischylos und dann wieder bei Sophokles erreicht; mit Euripides ist das dionysische Element geschwächt und endlich nahezu völlig unterdrückt, und in den *Bacchen* nimmt der gekränkte Gott selbst seine Rache.

Das Vorherrschen des dionysischen Elements in den Meisterwerken der griechischen Tragödie verweist auf eine Reihe von Ideen, mit denen wir bereits vertraut sind: Es besagt erstens, daß für Nietzsche Inspiration und Ekstase die einzigen authentischen Weisen künstlerischer Schöpfung sind; es verrät zweitens sein Interesse eher an der Genealogie denn an der Struktur eines Kunstwerkes — ein Interesse, das so stark ist, daß es die Bewertung des Werkes völlig bestimmt; und es postuliert schließlich auf seiten des Publikums des Dramatikers einen unreflektierten Glauben an die Episoden und Mythen, aus denen die Tragödie geformt wird, einen Glauben, den die Dichter mit ihrem Publikum teilen.

Was diese Mythen darstellen, ist nicht die Mimesis („Nachahmung“) einer Handlung, sondern die *Artikulierung einer fundamentalen Stimmung,* oder, wie wir sagen, eines Lebensstils. In allen ästhetischen Betrachtungen Nietzsches ist dieses Konzept einer Stimmung oder eines Lebensstils sein vorherrschendes Anliegen. Hier gelangen wir wieder an jenen Ausgangspunkt, mit dessen Problematik wir uns schon auseinandergesetzt haben[1]: Dieses „Lebensgefühl" ist für ihn „tiefer" als rationales Denken, denn es ist dessen Quelle.

Der Niedergang der griechischen Tragödie beginnt, wo der schöpferische Rausch kalter Berechnung weicht. Nun werden die alten Mythen nicht mehr als Teile eines rauschhaften religiösen Rituals erfahren, sondern sie werden zu Gegenständen rationaler Zergliederung, und die Götter und ihre Geschichten werden nach den nüchternen Maximen einer logisch auskalkulierten Gerechtigkeit beurteilt. Und aufgrund einer historisierenden Wendung von Nietzsches philosophischer Vorstellungskraft erscheint diese Entwicklung der griechischen Tragödie als das Musterbeispiel für jede andere kulturelle Entwicklung, eingeschlossen den Abstieg zu Dekadenz und Degeneration, als dessen Zeugen er sich selbst sieht.

Nietzsches Wahl einer biologischen Metapher ist aufschlußreich. Die Kunst ist eine der Wurzeln des *Lebens*, die Tragödie hatte von jeher eine *vitale* Funktion: die Menschen vor einem vollen Wissen des lebenszerstörenden Unheils, das sie umgibt, zu bewahren und gleichzeitig ihre Lust nach Leben aus den dunklen, stygischen Quellen der Tragödie selbst zu erneuern. Die Entartung der Tragödie in den Händen des Euripides und des häßlichen, künstlerisch unbegabten Sokrates bedeutet, daß sie nicht mehr ihre lebenswichtige Aufgabe erfüllen kann. Die neuen literarischen Formen — der platonische Dialog und die äsopische Fabel — sind verweichlichte Parodien des tragischen Lebensgefühls, die in ihrer Oberflächlichkeit und ihrem Optimismus nicht mehr länger die Wirklichkeit des Abgrunds und

[1] Siehe oben S. 177f.

des Leidens anerkennen. Durch diese „literarischen“ Formen wird jenes instinktive Gefühl von Ehrfurcht und angstvoller Ahnung gefährdet, ohne welches das Lebensblut einer jeden Kultur im Sand verrinnt. Denn wahre Kultur (so behauptet Nietzsche) ist nur innerhalb jener engen Schranken möglich, wo es gilt, das Wissen zu bewältigen, ohne darum all das, was das Leben bedroht, zu trivialisieren: ein Bereich, ausgespart zwischen einem „noch nicht“ und einem „nicht mehr“. Das „noch nicht“, reiner Mangel und menschliche Not, ist die Stufe, da der dionysische Gesang bis zu einem Grad herrscht, wo Artikulation und Individuation unmöglich sind (die Artikulation urtümlicher Reaktionen, bevor sie zu Mythen werden, und die Individuation von Reaktionen, bevor sie zu individuellen Charakteren werden, die den Mythus verkörpern). Und das „nicht mehr“ ist die nüchterne Stufe des Rationalismus, da die Mythen in diskursiven und abstrakten Begriffen dargestellt, in rational-kausalen Begriffen erklärt und dergestalt beseitigt werden.

Was sind die Bedingungen, die jenen Raum zwischen dem „noch nicht“ und dem „nicht mehr“ entstehen lassen? Kann dieser Raum bewußt geschaffen werden? Wenn Nietzsche in den letzten Abschnitten der *Geburt der Tragödie* seinen großen Lobgesang auf Richard Wagner als den Menschen und Künstler schreibt, der die kultische und mythische Situation der sophokleischen Tragödie neu erschaffen wird, so wird die tief problematische Natur seines Unternehmens klar. Nicht um die Ursprünge des griechischen Dramas an sich geht es ihm, sondern um eine Wiedergeburt der klassischen Einheit des „Ästhetischen“ mit einer kultischen Vision. Er findet diese Wiedergeburt — oder glaubt sie zu finden — in dem Werk Richard Wagners, des am reichsten Begabten seiner Zeitgenossen. Er ist bestrebt, der Kunst Wagners das gleiche kultische Wesen zuzuschreiben, das er — Nietzsche — in der großen Tragödie Griechenlands sah. Wagner ist mit Freuden bereit, dieses Bestreben zu unterstützen. Der Bruch kommt *nicht,* weil Wagner die Rolle des modernen Mystagogen zurückweist, sondern weil er sie (wie Nietzsche entdeckt) zynisch ausbeutet.

Doch, ganz abgesehen von Wagners Persönlichkeit, es gibt Positionen in der Geschichte der Kultur, die verloren sind. Wer würde nicht auf Nietzsches Seite stehen, wenn er „die Wiedergeburt des germanischen Mythus" beschwört oder wenn er schreibt: „Ohne Mythus aber geht jede Kultur ihrer gesunden schöpferischen Naturkraft verlustig: erst ein mit Mythen umstellter Horizont schließt eine ganze Kulturbewegung zur Einheit ab" (*Geburt der Tragödie,* § 23)? Daß diese kritische Einsicht für unsere Kultur nicht weniger bedeutsam ist als für die seine, macht Nietzsches Aufruf zur Geburt eines neuen Mythus nicht weniger illusorisch. Das vitale Bedürfnis des Zeitalters (so sagt er) drängt nach einer neuen Art der Unschuld, einem archaischen Zustand von Kult und Kultur, einem raffinierten Durchbruch zum Nicht-Raffinierten. Wie wäre eine solche Forderung zu erfüllen? Wir haben jedenfalls gelernt, daß gewollte Instinktivität Unfug ist und daß es nicht ein Übermaß an Bewußtsein ist, woran unsere Kultur krankt. (Und wenn Richard Wagner Nietzsches Hoffnung auf eine nationale Wiedergeburt nicht zu erfüllen vermochte, so können wir erkennen, daß ebendies das Bestreben des italienischen Faschismus und des deutschen Nationalsozialismus war und daß es in gewissem Sinn auch erfüllt wurde, wenngleich mit Endzielen, die weder Nietzsche noch Wagner je im Sinn hatten.)

Ist dies also Nietzsches Ästhetik? Wir halten inne und ziehen Bilanz. Die Tragödie, die das Ästhetische verkörpert, erhält ihre Rechtfertigung als Schützerin des Lebens, gleichsam als verkörpere sie ein biologisches Prinzip, einen *élan vital.* Die Kunst wird zu einem der Kunstgriffe, einer der Listen, deren sich das Leben zu seiner eigenen Förderung und Verteidigung bedient. In diesem Gedankengang wird alles dem „Leben“ unterworfen und seinen unbestimmbaren Zielen dienstbar gemacht. Von der psychosomatischen Analogie zwischen künstlerischem Schöpfungsakt und Traum bzw. Rausch, auf die Nietzsche den Kunstbegriff in der *Geburt der Tragödie* gegründet hatte, gelangt er zu jener vergröberten Auffassung (z.B. *Genealogie der Moral,* III § 8), die alle ästhetischen Erörterungen in Fragen des menschlichen Geschmacks verwandelt, der seinerseits eine Funktion seiner physiologischen Kondition ist. Und da Nietzsche unter dem Einfluß des „Sozialdarwinismus“ geneigt ist, alle biologischen Tatsachen im Sinne von Erfolg und Versagen, Gesundheit und Entartung, von *Ja* und *Nein* zu werten, müssen seine Versuche zu einer systematischen Physiologie der Kunst (*Der Fall Wagner,* § 7) jede autonome ästhetische Erwägung vereiteln. Ist dies — eine Ästhetik, die in eine Ethik physiologischer und bio-psychologischer Werte schlittert — das Endziel von Nietzsches Betrachtungen? Eine Anzahl seiner Jünger — unter ihnen D. H. Lawrence und George Bernhard Shaw — glaubten, er ziele auf etwas derartiges ab, wurden jedoch von ihren eigenen Vorurteilen irregeführt. Dies ist nicht ein Endziel, an dem Nietzsches Denken haltmachen kann.

Wenn es der Zweck der Kunst ist, das Leben zu fördern und zu schützen, was ist dann der Zweck des Lebens?

2

Nietzsches Spekulationen über die Physiologie des Geschmacks müssen als Herausforderung der traditionellen idealistischen Ästhetik verstanden werden. Von Kant und Schiller an war der ästhetische Gegenstand als Ziel und Brennpunkt einer „interessenlosen“ Einstellung herausgestellt worden, die ästhetische Haltung aber als eine Haltung des Gleichmuts, der „reinen Betrachtung“: ein Gegengewicht zu Tätigkeiten und Geistesverfassungen, die auf materielle und vitale Werte, praktische Leistungen und moralische Urteile zielen. Schopenhauers Philosophie der Kunst (in der seine gesamte Philosophie gipfelt) stellt die Vollendung der Kantschen Ästhetik dar — und Nietzsche griff sie als solche schon zu einer Zeit an, da er Schopenhauer noch als seinen großen Lehrer und sein Vorbild ansah. Selbstlosigkeit, Interesselosigkeit sind für Nietzsche nicht Tugenden, sondern nur die verschämten Akte der Anerkennung eines kleinen, mangelhaften Ich:

„Seit Kant ist alles Reden von Kunst, Schönheit, Erkenntnis, Weisheit vermanscht und beschmutzt durch den Begriff ‚ohne Interesse‘. *Mir* gilt als schön (historisch betrachtet): was an den verehrtesten Menschen einer Zeit sichtbar wird, als Ausdruck des Verehrungs-Würdigsten.“ (*KSA* X S. 243)

Der entschiedene Ton dieser Betrachtung erinnert uns an zahlreiche andere Aussagen, die an der Grenze zwischen Feststellung und Ermahnung liegen: Wir müssen Menschen schaffen, denen die Wahrheit nützen wird (*KSA* X S. 146); die Erkenntnis eines Menschen soll nicht über seinen Willen zur Macht hinausreichen (*Jen-*

seits von Gut und Böse, § 211); sein Denken („Mutmaßen“) und Handeln sollen eins sein (*Zarathustra,* I § 5). In allen derartigen Betrachtungen fordert Nietzsche die Versöhnung zweier Konzepte, die im Gegensatz zueinander aufgestellt sind und eines im Sinne des anderen definieren sollen: Wahrheit als Funktion der Nützlichkeit, Erkenntnis als Funktion des Willens zur Macht oder einer „Gesundheitslehre des Lebens“, Kunst als Ausdruck menschlicher Ehrfurcht — das Objektive als Funktion des Subjektiven. Dies sind seine „positiven“ Lehrsätze, Teile seiner pädagogischen Strategie. Sie alle zeugen von seinem Wunsch, wonach Wert durch nichts anderes als das persönliche Sein des Menschen bestimmt werden soll.

Doch mit diesem Wunsch wird das Gespenst des Solipsismus heraufbeschworen. Denn Nietzsche weiß, daß es eine Wahrheit gibt, die tödlich ist, eine Erkenntnis, die sich nur einstellt, wenn der Wille zur Macht befriedigt ist, ein Denken, das über das Handeln hinausgeht, und (mit dieser Einsicht kann er sich nicht versöhnen) große Kunst, die nicht „Ausdruck des Verehrungs-Würdigsten“ ist.

Wer sind übrigens die „verehrungs-würdigsten“ Menschen einer Zeit? Der allgemeine Konsensus — die Meinung des Pöbels — wird es uns nicht sagen. Sind es die Menschen mit dem überlegenen Willen zur Macht, diejenigen, die das Leben am freudigsten bejahen? Der theatralische Wagner ist nicht einer von ihnen, auch nicht „manche andere von den ‚größten Namen in der Kunst‘, darunter Goethe, denn es ist ein ‚Schauspieler im Grunde jedes Künstlers‘“, und stellen nicht der Schauspieler und der Komödiant die Summe von Unechtheit und Uneigentlichkeit dar (*Der Fall Wagner,* § 11)? Da Nietzsche nicht bereit ist, ein Kunstwerk unabhängig vom Charakter seines Schöpfers zu betrachten, ergibt sich deutlich, daß die ästhetische Seinsweise nie von der moralischen unabhängig gemacht werden kann. Vom Ersten („Damit der Bogen *nicht breche,* ist die Kunst da"; *Unzeitgemäße Betrachtungen,* IV § 4) bis zum Letzten („Wir haben die *Kunst, damit wir nicht an der Wahrheit zugrunde gehen*"; *Wille zur Macht,* § 822) soll das Ästhetische im Dienst des Lebens stehen — kann es auch die Erlösung vom Leben bewirken? Immer wieder begegnen wir Anzeichen seines intensiven Bestrebens, die Welt vom Joch aller moralischen Lehren — darunter seine eigene Moral des Willens zur Macht — zu befreien; es war dieser Wunsch, aus dem das nazarenische Bild eines sanften, nicht urteilenden Christus entsprang. Überwältigt von der Allgegenwart von Konflikt und Kampf sucht Nietzsche nicht nur einen Winkel, sondern eine totale Anschauung, ja, Erfahrung der Welt, die frei wäre von allem Konflikt und vor allem frei vom endlosen Geschäft des Urteilens: „Es wäre entsetzlich, wenn wir noch an die *Sünde* glaubten: sondern was wir auch tun werden, in unzähliger Wiederholung, es ist *unschuldig.* Wenn der Gedanke der ewigen Wiederkunft aller Dinge dich nicht überwältigt, so ist es keine Schuld: es ist kein Verdienst, wenn er es tut" (*KSA* III S. 569). Nun gut — da „Gott tot ist" und wir nicht mehr an die Sünde glauben, ist dann nicht das Reich der Unschuld angebrochen? Auch in den Augenblicken höchster Euphorie glaubt Nietzsche das nicht. Wieder geht er von der Feststellung von Tatsachen zur mahnenden Maxime über: Wenn „Gott tot ist", muß der Künstler Gott sein, und Nietzsche wird seine Theodizee verkünden:

> „Nur als ästhetisches Phänomen ist das Dasein und die Welt ewig gerechtfertigt."

Dreimal erscheint dieser Satz in der *Geburt der Tragödie,* kaum verknüpft mit den Zusammenhängen, in denen er steht. Der Umstand jedoch, daß er mindestens fünfzehn Jahre vor dem Beginn des letzten Buchs der *Fröhlichen Wissenschaft,* in dem der „Tod Gottes" zum erstenmal verkündet wird, niedergeschrieben wurde, läßt uns fragen: Gibt es irgendein Anzeichen, daß die Erfahrung einer Welt ohne Gott (die in dieser Erklärung impliziert ist) ihren Schatten auch über Nietzsches erstes Buch wirft? Die Frage kann kaum mit Sicherheit beantwortet werden. Weder in dem zentralen, historischen Argument des Buchs mit seiner enthusiastischen Fülle von Bildern und Szenen aus dem klassischen Griechenland, noch in seinen letzten Abschnitten, wo Wagner als der mythenschöpfende Barde eines neuen Zeitalters beschworen wird, finden wir eine Erwähnung dieser beängstigenden, völlig *modernen* Erkenntnis. Doch ein quasi-religiöser Zug, auf den Nietzsche in seiner Selbstkritik im Vorwort von 1886 aufmerksam macht, ist zweifelsohne in dem Buch vorhanden, vor allem in diesem kaum an seinen Kontext gebundenen Satz: in dem Wort „ewig", in der Totalität des Anspruchs (*„nur als ...*") und in der Rechtfertigung der Theodizee ohne Gott. Das Urteilen des Menschen wird nicht verworfen (wie später im *Antichrist,* seinem letzten vollendeten Werk), sondern es soll von einem nicht-moralischen, allumfassenden Standpunkt aus durchgeführt werden. Und dies geschieht in dem Augenblick, da wir die gesamte Welt und alles, was wir in ihr tun, als eine Art von Spiel oder Schauspiel sehen und erleben, ein Schauspiel für die Götter, wenn es welche gibt, die es zu betrachten wissen:

„Um den Helden herum wird alles zur Tragödie, um den Halbgott herum Alles zum Satyrspiel; und um Gott herum wird Alles — wie? vielleicht zur ‚Welt'?" (*Jenseits von Gut und Böse,* § 150).

Die Schwere und der Ernst der Welt — ihre tragische Dimension — wird schwerelos gemacht (wie die Zeit in der Vorstellung der „ewigen Wiederkehr" endlos gemacht wird) — schwerelos, doch dabei unendlich bedeutsamer als sie es je in ihrem ästhetisch unerlösten Zustand gewesen ist. Nur in dieser Form wird die Welt so, wie Nietzsche sie will: der würdige Gegenstand einer grenzenlosen, totalen Bejahung. Und in dieser Vorstellung einer ästhetischen Theodizee erhält auch die ewige Wiederkunft, gesehen und erlebt als ein endloses Spiel oder Schauspiel (*Wille zur Macht,* § 1066—67), ihre endgültige Rechtfertigung.

Nietzsche liebte das Bild von der Schlange: Beginn und Ende seines Philosophierens schließen sich zum Kreis. Die ästhetische Rechtfertigung der Welt — in *Die Geburt der Tragödie* ist es nur eine Maxime und Mutmaßung — wird wiederaufgenommen in dem begeisterten Preis der dionysischen Schöpfungskraft am Ende von *Jenseits von Gut und Böse*[1] und in den letzten Aufzeichnungen zu *Der Wille zur Macht.* In diesen Aufzeichnungen wird die unbedingte Bejahung des höchsten Augenblicks des Glücks identifiziert mit Dionysos, dem Gott des Chaos, der Fruchtbarkeit und der Steigerung des Lebens angesichts der Drohung des Todes (§ 1032). Hier wird die Welt als ein tanzender Gott, dann wiederum als Kind gefeiert; und hier (§ 1039) schreibt Nietzsche schließlich die selbstkritische, selbstvernichtende Wahrheit nieder, daß nur jene, die vom Geist der Schwere besessen sind, sich je nach den Idealen von Leichtigkeit und Anmut sehnen und auf die Suche nach

[1] Siehe oben S. 153.

ihnen gehen. Dionysos ist nun der Name jener Gottheit, die jeden engen Begriff des Ästhetischen transzendiert, und so ist die Welt des Leidens verwandelt und „auf ewig rechtfertigt". Das Dionysische ist jene tragische Seinsweise und Lebensanschauung, deren Quelle nicht Schwäche und Dekadenz, sondern ein „Zuviel von Kraft" und Vitalität sind (*Götzen-Dämmerung,* X § 4). Dionysos scheint nun für alle Schöpfung, für alles zu stehen... Ist es aber wichtig, welchen Namen jene grenzenlose Bejahung erhält, die Nietzsche über alles ersehnt, welche emblematische Gestalt er für „diese ganze lange ungeheure Licht- und Farbenleiter des *Glücks"* wählt, die „der Grieche... mit dem Götternamen" nannte (*Wille zur Macht,* § 1051)?

Es ist wichtig. Solange Nietzsche sein Ideal der Bejahung „Dionysos" nennt, ist er noch in die Welt des Konflikts und der Gegensätze verstrickt. Dionysos handelt noch als ein Richter der Menschen und beschämt uns in unserem schwachen Willen und unseren Mängeln (*Wille zur Macht,* § 1051). Solange er einen Gegner hat, kann seine Bejahung nicht vollkommen sein. Und in der Tat kann Nietzsche nicht umhin, eine zweite, rivalisierende Gottheit anzuerkennen. Ihr Name ist nicht länger Apollo (das Apollinische wird nun stets unter das Dionysische subsumiert), sondern Christus.

Ist Dionysos, wie Nietzsche ihn sieht, aber wirklich der Gegner Christi? Aus einem intuitiven Bewußtsein des engen Bandes zwischen dem, den die Mänaden Glied um Glied zerfleischten, und dem, der gekreuzigt wurde, hatte Hölderlin beide in einer elegischen Vision vereinigt. Nietzsche reißt sie auseinander:

„Dionysus gegen den ‚Gekreuzigten': da habt ihr den Gegensatz. Es ist *nicht* eine Differenz hinsichtlich des Martyriums, — nur hat dasselbe einen anderen Sinn. Das Leben selbst, seine ewige Fruchtbarkeit und Wiederkehr bedingt die Qual, die Zerstörung, den Willen zur Vernichtung. Im anderen Falle gilt das Leiden, der ‚Gekreuzigte als der Unschuldige', als Einwand gegen dieses Leben, als Formel seiner Verurteilung. — Man errät: das Problem ist das vom Sinn des Leidens: ob ein christlicher Sinn, ob ein tragischer Sinn. Im ersten Falle soll es der Weg sein zu einem heiligen Sein; im letzteren Fall gilt *das Sein als heilig genug,* um ein Ungeheures von Leid noch zu rechtfertigen. Der tragische Mensch bejaht noch das herbste Leiden: er ist stark, voll, vergöttlichend genug dazu; der christliche verneint noch das glücklichste Los auf Erden: er ist schwach, arm, enterbt genug, um in jeder Form noch am Leben zu leiden. Der Gott am Kreuz ist ein Fluch auf das Leben, ein Fingerzeig, sich von ihm zu erlösen; — der in Stücke geschnittene Dionysus ist eine *Verheißung* des Lebens: es wird ewig wiedergeboren und aus der Zerstörung heimkommen." (*Wille zur Macht,* § 1052)

Wir können einsehen, warum Nietzsche, der erklärte Feind der christlichen Eschatologie, bedacht ist, die Kluft zwischen seinen zwei Gottheiten auszuweiten. Und doch kann es kaum etwas Christlicheres, kaum etwas dem Mysterium des Menschengottes am Kreuz Näheres geben als Nietzsches dionysische Rechtfertigung der Welt, von der er sagt, sie verwandle das Leiden der Welt, ohne es seiner Wirklichkeit zu berauben; und es kann kaum etwas weniger „Ästhetisches" geben.

Ist also dem Konflikt in der Welt kein Ende geboten, und auch dem Urteilen keines? Wenn es der Gott Dionysos nicht herbeizuführen vermag, wer dann? In einem der Kapitel, die er für seine unvollendete *Philosophie im tragischen Zeitalter der Griechen* (1873 — § 7) schrieb, hatte Nietzsche Heraklits Spruch meditiert, „Die Zeit (Aion) ist ein spielendes, Brettsteine setzendes Kind; ein Kind ist König"[1]; Heidegger deutet die-

[1] *Die Vorsokratiker,* Hrsg. W. Nestle (Wiesbaden 1956), S. 110.

sen Spruch im Sinne der „Unschuld des Seins im Ganzen“; dies ist zweifelsohne die Bedeutung des Spruchs nach Nietzsche: Freiheit von Schuld und Verantwortung — das Ende allen Urteilens — aber auch das Freisein von der Last des Bewußtseins bezeichnen die Herrschaft des Kindes über „das Sein im Ganzen“. Zu dieser befreienden Vorstellung kehrt Nietzsche in der ersten von Zarathustras Parabeln[1] zurück und in einer Aufzeichnung im *Willen zur Macht,* die so fragmentarisch ist wie die Bemerkungen Heraklits (datiert 1885/86 — § 797). Nietzsche sinnt über eine kindliche Gottheit von höchster Unschuld nach, deren „Spiel“ das „Königtum“ enthält — vielleicht *ist* — und führt das Bild des Kindes als eine „ästhetische Rechtfertigung“ nicht nur jenseits von Gut und Böse, sondern jenseits allen Konflikts, aller Antagonismen und aller Antithesen ein. Wir können den wenigen Worten auf dem Blatt nicht viel entnehmen.[2] Die Andeutung ist zu kurz, die Luft zu dünn, um das Argument zu tragen. Unter Nietzsches vielen offenen Schlüssen bezeichnet diese Vision der Welt, die in ihrer Totalität als eines Kindes Spiel gerechtfertigt ist, seine tiefste Sehnsucht: Im Zusammenhang des Spätwerkes gesehen ist sie je-

---

[1] Es scheint nicht glaubhaft, das Bild des „Kindes“ an dieser Stelle *(Zarathustra,* I § 2: „Die drei Verwandlungen“) mit Matth. 18, 14 („Lasset die Kindlein und wehret ihnen nicht, zu mir zu kommen“) in Verbindung zu bringen, Verse, die ja dann in *Zarathustra,* IV 18,1 und 2 verspottet und in *Wille zur Macht,* § 197 „psychologischer Naivität“ geziehen werden. Ob die Griechen irgendeine Vorstellung davon hatten, das „Kind“ mit Wordsworthscher Unschuld zu identifizieren, wie es Nietzsche und viele seiner Kritiker tun, ist eine andere Frage; eher erscheint das „Kind“ als Symbol der Willkür, Unbestimmbarkeit und des Wankelmuts.

[2] Anders Heidegger (*Nietzsche,* I, S. 333 ff.) und Fink *(Nietzsches Philosophie,* S. 187 bis Ende). Thomas Mann symbolisiert Nietzsches Sehnsucht nach einer letzten Bejahung in seinem Bericht über die letzte Komposition Leverkühns, wo er „das hohe g eines Cellos“ darstellt als „das letzte Wort, der letzte verschwebende Laut, in Pianissimo-Fermate langsam vergehend ... Hoffnung jenseits der Hoffnungslosigkeit“ (siehe *Doktor Faustus,* Kap. 46).

doch die am wenigsten zwingende, am wenigsten überzeugende. Konflikt und tödlicher Kampf sind von seiner Sicht der Welt nicht zu trennen, auch von jenen euphorischen Abschiedsbotschaften nicht, mit denen er sie verläßt und in die Nacht des Wahnsinns eingeht. „Dionysos" lautet der Name, mit dem er seine letzten Bemerkungen unterzeichnet; *und* „Der Gekreuzigte".
Der Konflikt zwischen der moralischen und der ästhetischen Erkenntnis und Erfahrung der Welt, zwischen der Moralität der Anstrengung und der Anmut des Spiels, bleibt unversöhnt. Und da dieser Konflikt bis zum letzten im Zeichen von Nietzsches Wahrhaftigkeit ausgetragen wird, ist nicht anzunehmen, daß er je an einen Sieg „des Ästhetischen" glaubt.

3

Unsere letzte Untersuchung gilt der Frage, wie Nietzsches Werk gelesen werden will, wie die Art der Aussage zu verstehen ist, in der es uns übermittelt wird. Die Aufgabe wird uns durch Nietzsches eigene Betrachtungen über die Sprache erleichtert. Es geht nicht darum, wie verläßlich diese Beobachtungen als grundsätzliche (wahre oder falsche) Aussagen über das Wesen der Sprache sind, sondern was sie von Nietzsches eigener literarischer Praxis verraten.
Im Jahr 1873 (ein Jahr nach Erscheinen der *Geburt der Tragödie*) diktierte Nietzsche seinem alten Schulfreund Carl von Gersdorff eine philosophische Meditation mit der Überschrift „Über Wahrheit und Lüge im außermoralischen Sinn".[1] Ein kurzer Aufsatz von fünfzehn Seiten, von Nietzsche kaum korrigiert und erst 1903, drei

[1] Siehe *WKG* III/2, S. 369–84.

Jahre nach seinem Tode, veröffentlicht, ist dies eines der längsten Schriftstücke über einen traditionellen philosophischen Gegenstand, das er je schrieb. Auch hier geht es um ein Fragment, das wir durch Nietzsches zeitgenössische Notizbücher und spätere Betrachtungen ergänzen müssen, doch es enthält seine einzige ausführlich reflektierte Aussage über das Wesen — das metaphysische Wesen — der Sprache.

Ziel des Essays ist, eine sprachliche Variante der Kantschen Kritik zu konstruieren und zu bewerten (womit nicht gesagt werden soll, daß Nietzsche von Kants linguistischen Ansichten, die naiv und unkritisch sind, beeinflußt ist). Aus Kants kritischer „Elementarlehre" geht hervor, daß wir unfähig sind, etwas, das außer uns liegt, unmittelbar zu erkennen, da wir die „Dinge an sich" nur in der Form kennen, die unsere Wahrnehmung ihnen auferlegt hat[1]; die spätere Auslegung des Kantschen Arguments läuft auf eine Leugnung der Möglichkeit allen zuverlässigen Wissens und auf die Behauptung eines radikalen Subjektivismus hinaus. Analog zu dieser (übrigens unberechtigten) Auslegung behauptet Nietzsche, die Sprache sei weit davon entfernt, eine wahre Darstellung der Dinge zu geben, wie sie in der Welt sind: Weit von aller Wahrheit entfernt, ist die Sprache ein unzuverlässiges System nahezu völlig willkürlicher Hinweise und Zeichen, das wir uns für verschiedene konkrete und praktische Ziele ausgedacht haben, worunter die wichtigsten die Erhaltung der Art und die Sicherung des Lebens sind. Und während wir auf die Illusion bauen, der Wert der Sprache entspre-

[1] „...wie die Dinge an sich selbst, (ohne Rücksicht auf Vorstellungen, dadurch sie uns affizieren) sein mögen, ist gänzlich außer unserer Erkenntnissphäre": *Kritik der reinen Vernunft,* A. 190 (Hrsg. Raymund Schmidt, Wiesbaden o.J. S. 185).

che dem Grad der Wahrheit über die Welt, den sie uns verbürgt, ist ihr wahrer Wert für uns lediglich pragmatischer Art — entscheidend ist hier die Frage, ob sie funktioniert oder nicht.

Ihr Hauptzweck liegt darin, vor uns die feindliche Natur des Universums zu verbergen und uns so vor der Vernichtung zu bewahren — zumindest für eine kurze Zeit lang; daher bildet die Lüge darüber, wie das Leben auf diesem „Gestirn im endlosen Weltall" *wirklich* beschaffen ist, nicht einen zufälligen Aspekt der Sprache, sondern ihren eigentlichen Kern. Die Lüge der Sprache in einem „außermoralischen" Sinn (wie die Überschrift des Aufsatzes lautet), besteht in der für uns wesentlichen, aber völlig unwahren Behauptung, die Sprache sei fähig, die Welt zu einem weiteren, umfassenderen, dem Menschen wohlwollenden kosmischen Plan in Bezug zu setzen, indem sie ihm eine verläßliche Kenntnis dieses Plans biete, während das Weltall doch recht gut auch ohne die Welt der Menschen auskommen kann und nur auf eine Gelegenheit wartet, seinen einsamen Lauf durch menschenlose Äonen fortzusetzen. Dagegen besteht der „moralische" Sinn des Lügens in nichts anderem als dem Mißbrauch fester sprachlicher Konventionen „durch beliebige Umtauschung oder gar Umkehrung der Namen" — er beschränkt sich also auf die Verletzung der linguistischen, lexikalischen oder semantischen Konventionen, welche die Menschen aufgestellt haben, um miteinander so gut wie möglich auszukommen. Eine Erkenntnis, deren Gegenstand jenseits unserer Welt liegt, gibt es nicht. Alle Behauptungen, die über eine derartige Erkenntnis aufgestellt werden, sind falsch, während alle Ansprüche auf eine *wahre* Wiedergabe unserer Welt bloße Tautologie sind:

„Wenn jemand ein Ding hinter einem Busche versteckt, es eben dort wieder sucht und auch findet, so ist an diesem Suchen und Finden nicht viel zu rühmen: so aber steht es mit dem Suchen und Finden der ‚Wahrheit' innerhalb des Vernunft-Bezirkes."

(Wir mögen uns übrigens wundern, wie Menschen, die angeblich über das Weltall, in dem ihre Welt verlassen ihre kurze Bahn zieht, nichts wissen können, dennoch „wissen", daß dieses Weltall bösartig, zerstörerisch und trostlos ist. Die Antwort auf diese Frage wird in der *Geburt der Tragödie* gegeben, wo der Mythus einer prä-rationalen, instinktiven Intuition des „Ur-Leidens" und der Angst als des Grundes und Ursprungs der Menschheit aus vorsokratischen Quellen abgeleitet wird.)

Wie aber sind wir imstande (fragt Nietzsche[1]), das Leben aufrechtzuerhalten, obwohl wir doch keinerlei positiven Kontakt mit der Welt haben können? Wie kommt es, daß die Welt funktioniert? Sie funktioniert mit der Hilfe einer Illusion, eines „als ob ..."-Prinzips. Wir handeln in der Welt, als ob wir mit einer uns wohlwollenden Wirklichkeit in Berührung stünden, als ob wir fähig wären, ihren kosmischen Zweck zu begreifen, als ob es eine Gottheit gäbe, deren Ratschlüsse wir vollziehen und die unserem individuellen Leben Sinn verleiht.

Während wir dieses „als ob ..."-Verhältnis aufstellen und zu festigen suchen, bleibt die Funktion der Sprache nichtsdestoweniger eine solche *ad hoc* und bleibt ihr Gebrauch weiterhin willkürlich. Zwischen Worten und Dingen besteht kein unmittelbares Verhältnis (die Dinge sind nicht einfach die Ursachen von Worten), und doch sind die beiden nicht völlig ohne Beziehung: Wor-

[1] In einer Reihe von Aufzeichnungen aus der Zeit; siehe *KSA* VII S. 428 ff.

te werden als „Abbildungen eines Nervenreizes in Lauten“ bezeichnet. Diese „Abbildungen“ oder rudimentären Elemente werden in Zusammenhang gebracht nach Regeln, die auch wieder ausschließlich von den Menschen erfunden wurden. So ist das Verhältnis, das zwischen Worten und der „wirklichen Welt“ herrscht, metaphorischer oder (die Begriffe erscheinen hier austauschbar) ästhetischer Art. Der Mensch, wie ihn die nachkantischen idealistischen Philosophen sahen — der Mensch als das ungewiß perzipierende und sich nur in seiner moralischen Autonomie behauptende Subjekt einer objektiven Welt —, wird in Nietzsches Schema zum Menschen als Schöpfer der Sprache. Das Verhältnis, das zwischen Subjekt und Objekt herrscht — zwischen der menschlichen Sprache und den wirklichen Dingen der Welt, von denen (so müssen wir schließen) die Sprache ausgeschlossen ist —, kann kein kausales Verhältnis sein, da zwischen zwei so verschiedenartigen Dingen wie Subjekt und Objekt kein unmittelbares Verhältnis bestehen kann. Es ist auch nicht mimetisch oder expressiv, sondern das, was Nietzsche „höchstens ein ästhetisches Verhältnis“ nennt:

„... ich meine eine andeutende Übertragung, eine nachstammelnde Übersetzung in eine ganz fremde Sprache: wozu es aber jedenfalls einer frei dichtenden und frei erfindenden Mittelsphäre und Mittelkraft bedarf.“

(Wir werden sehen, daß diese Worte — „eine Mittelsphäre und Mittelkraft“ — zu einer Einsicht führen, die Nietzsche hier wohl kaum im Sinn hatte.) Diese „dichtende [d. i. metaphorisierende] Übersetzung in eine ganz fremde Sprache“ vergleicht Nietzsche mit der Entstehung der Chladnischen Klangfiguren[1], die man er-

---

[1] Schopenhauers Verwendung dieser Figuren findet sich in *Die Welt als Wille und Vorstellung*, Bd. I/3 § 52, und Bd. II § 39, und geht auf Lichtenberg zurück.

hält, wenn man einen Violinbogen über ein Sperrholzbrett zieht, das mit feinem Sand bedeckt ist; die regelmäßigen geometrischen Muster, in denen sich die Sandkörner anordnen, reproduzieren oder „reflektieren“ die Schwingungen der Musik. Diese Figuren sind sozusagen metaphorische Darstellungen der Musik – Metaphern einer Metapher. Ist es auch nicht abwegig, zu behaupten, daß diese Muster uns eine Vorstellung davon geben, was die Menschen unter dem Wort „Ton“ verstehen, so werden einem diese Muster gewiß nichts über Wesen und Sinn der Musik sagen.
Dieses anschauliche und genaue Bild kennzeichnet Nietzsches geschichtliche Situation. Es zeigt seine Vorliebe für die dem Bereich der Naturwissenschaften entnommene Anekdote – es ist, wie immer, kein sehr anspruchsvolles Stück Wissenschaft, das ihm zu Diensten steht –, wie es in der Zeit der positivistischen Ideologie Mode war; und es hinterläßt in uns den Eindruck, daß wir, um den geistigen Vorgang der Schöpfung von Sprache zu erklären, lediglich die mechanische Kausalität der Chladnischen Figuren in den Bereich des Geistes zu übertragen haben. Ja, eine beträchtliche Zahl der psychologischen Einsichten und Überlegungen in den Büchern von Nietzsches reifster Periode – vor allem in *Jenseits von Gut und Böse* und *Die Genealogie der Moral* – sind von Analogien abhängig, die eine ebensolche psychophysische Kausalität veranschaulichen, wie sie hier zur Erklärung sprachlicher Phänomene herangezogen wird, so daß der Eindruck entsteht, als sei Nietzsche nahe daran, sein Argument auf eine der mechanistisch-materialistischen Psychologien zu stützen, die zu seiner Zeit im Umlauf waren. *Fast* das Gegenteil ist der Fall. Indem er auf die Chladnischen Klangfiguren verweist und darauf, daß sie, was immer

sie auch sonst leisten, nicht den Sinn der Musik erklären, zeigt Nietzsche vielmehr, wie ungenügend die Analogie, das Argument aus den Chladnischen Figuren, ist, und deutet so auf den Bruch zwischen dem Psychischen und dem Physischen, zwischen mechanischem Zweck und menschlichem Sinn. („Wir fühlen", schreibt Wittgenstein im *Tractatus* 6.52, „daß selbst, wenn alle *möglichen* wissenschaftlichen Fragen beantwortet sind, unsere Lebensprobleme noch gar nicht berührt sind.")

Das System der Sprache, das in diesem frühen Aufsatz entworfen wird, ist ein System, das den Begriff der Bedeutung wohl nicht fallenläßt, aber radikal in Frage stellt, indem es ihn auf das System selbst beschränkt. Das Vokabular, dessen er sich zur Beschreibung dieses Systems bedient, erinnert uns an seine Ausbildung als klassischer Philologe: Worte (so schließt er) liefern keine feststehenden Bezeichnungen der Dinge — sie sind keine Etiketten, die man den Dingen aufklebt —, sondern *Metaphern* für die wirklichen Dinge in der Welt:

> „Was ist also Wahrheit? Ein bewegliches Heer von Metaphern, Anthropomorphismen, kurz eine Summe von menschlichen Relationen, die, poetisch und rhetorisch gesteigert, übertragen, geschmückt wurden, und die nach langem Gebrauche einem Volke fest, kanonisch und verbindlich dünken: die Wahrheiten sind Illusionen, von denen man vergessen hat, daß sie welche sind..."

Bis hierher ist der Passus in Form einer mehr oder weniger wertfreien Hypothese abgefaßt. Nun aber ist der Punkt erreicht, da Nietzsche den neutralen Ton in den Wind schlägt und die ganze Energie seines Stils darauf verwendet, das Argument einem Werturteil zu unterwerfen —

„... Wahrheiten sind Illusionen, von denen man vergessen hat, daß sie welche sind, Metaphern, die abgenutzt und sinnlich kraftlos geworden sind, Münzen, die ihr Bild verloren haben und nur als Metall, nicht mehr als Münzen, in Betracht kommen."

Wir brauchen die kraftvolle Vorstellungsgabe nicht zu betonen, die in dieser metaphorischen Darstellung des Wesens der Metaphern am Werk ist, eine Vorstellungskraft, die ihre Einsichten und Erkenntnisse eher andeutet und ahnen läßt als zu beweisen versucht. (In dieser Hinsicht wie in so mancher anderen stimmt Nietzsche mit Schopenhauer überein, der behauptet hatte, „erweisen" und nicht „beweisen" sei die Aufgabe des Philosophen.[1]) Was die Aussage verrät, ist grundlegend für die literarische Praxis Nietzsches und daher für die Art, wie wir seine Schriften lesen müssen. Wenn „Wahrheiten... Metaphern" sind, dann ist Wahrheit (soweit wir sie erfassen können) nur in der Metapher zu finden: Diese „linguistische" Erkenntnis geht Hand in Hand mit Nietzsches experimentellem Denken und ist das stilistische Gegenstück dazu. Sie geht in Nietzsches Stil ein, oder vielmehr in die vielen Stile, deren er sich rühmt, und zwar auch auf der intimsten und am wenigsten bewußten Ebene seines Schreibens — manchmal zu dessen Nachteil. Alles, was er schrieb, zeichnet sich aus durch einen Reichtum und eine Angemessenheit der Metapher, durch eine besondere Lebhaftigkeit und Anpassungsfähigkeit an den jeweiligen Zweck. Als Ganzes gesehen ist sein Werk der machtvollste Antrieb zum Denken, den wir besitzen, doch zuweilen stolpern wir über einen merkwürdigen Manierismus (der sich seiner bewußten Kontrolle entzieht) in Form eines

[1] Schopenhauer, a. a. O., I/1 § 14.

pleonastischen Gebrauchs der Partikel „als“ in ihrem hermeneutischen Sinn von „in der Rolle oder Funktion von...“ Wir bemerken ganze Abschnitte, nicht nur in den frühen Schriften, wo seine Verwendung dieser Partikel nicht aus grammatischen oder stilistischen Gründen gerechtfertigt werden kann. Dieser linguistische Tick bezeichnet die instinktive, zuweilen monotone Wiedergabe einer wichtigen Bewegung in Nietzsches Denken: Ein Wort-Spiel, in dem stets neue Kombinationen metaphorischer, aus ganz verschiedenen Erfahrungsbereichen bezogener Gebilde ihre Funktionen ändern, wird zum dominierenden Merkmal einer Sprache, die, grundsätzlich als ungenau bewertet, einer bloß annähernden Deutung und Andeutung unseres Seins in der Welt fähig ist.

4

Worte, Worte, Worte...

(*Hamlet* II, 2)

Weder in diesem Aufsatz von 1873 noch irgendwo sonst bietet Nietzsche eine radikale Kritik der Sprache universeller und metaphysischer Begriffe (wie Wittgenstein es tat). Er billigt Verallgemeinerungen und begriffliche Aussagen jeglicher Art — metaphysisch oder empirisch — als einen Teil jener komplexen sprachlichen Konventionen, mit deren Hilfe die Menschen in der Welt leben. Begriffe, schreibt Nietzsche (im zweiten Teil von „Über Wahrheit und Lüge...“), sind von anderen Aspekten unserer Sprache nicht grundsätzlich verschieden. Er vergleicht sie mit Würfeln — „knöchern und 6eckig wie ein Würfel und versetzbar wie jener“; doch auch in dieser Form verraten sie, daß sie das Überbleibsel von Metaphern sind, das heißt die „Übertragung eines Nervenreizes in Bilder".[1] Wenn er Begriffe mit Münzen (Geld) vergleicht, dann veranschaulicht er ihr Wesen auf die gleiche Weise wie der junge Marx das Wesen des Geldes (der Münzen) veranschaulicht hatte, indem er es mit Begriffen verglichen und dadurch die Funktion des Geldes als die einer Vermittlung zwischen Menschen und den Waren definierte, die ihren Bedarf („die *demande*") befriedigen.[2] Während jedoch Marx' Zweck darin lag, den Austausch des Geldes mittels einer Aufdeckung der in der Metaphorik verborgenen Entfremdung einer radikalen Kritik zu unterwerfen (die Richtung dieser Kritik ist durch die umfassende „ökonomisch-philosophische" Lehre gegeben), akzeptiert Nietzsche die Metaphorik als Teil der „Lüge" und daher als die gegebene Bedingung unserer Lage in der Welt. (Wir bemerken freilich, daß, obgleich Nietzsche zeigt, daß auch die „Sprache der Wissenschaft" aus dem gemeinsamen Grund der Metaphern entspringt, keine der wichtigen Stellen im Aufsatz selbst in der begrifflichen „Sprache der Wissenschaft" abgefaßt ist.) Auch seine Kritik der Kantschen und Schopenhauerschen Vorstellung „der Dinge an sich" geht nicht über die Aussage hinaus, daß sie „für uns" als lebenserhaltende Erfindungen wichtig und konvenabel sind. Dies ist der erste Schritt in einem Argument, das zehn Jahre später den „höchsten Willen zur Macht" als die Entschlossenheit eines Menschen definiert, „dem Werden den Charakter des Seins *aufzuprägen*" (*Wille zur Macht,*

[1] Nietzsches Argument hier gleicht dem entsprechenden Hegels, der ebenfalls „Begriff" von „Begreifen" herleitet, den dynamischen Charakter des Verbums aber zu bewahren sucht; siehe seine *Ästhetik,* Hrsg. Bassenge (Berlin 1955), S. 136–7.

[2] Siehe Marx' Abschnitt über Geld in den Pariser Manuskripten (Ökonomisch-philosophische Manuskripte) von 1844, in *Marx-Engels-Werke*, Ergänzungsband, Berlin 1968, S. 562 ff.; ferner Jacques Derrida, „White Mythology: Metaphor in the Text of Philosophy" in *Literary Review* VI/1, Herbst 1974, S. 12 ff.

§ 617), und das endlich aus allem Sein „eine leere Fiktion“ macht: „die ‚scheinbare‘ Welt ist die einzige; die ‚wahre Welt‘ ist nur hinzugelogen“ (*Götzen-Dämmerung,* III § 2). Und die Lüge läßt sich nicht ausmerzen: Die Sprache (wir erwähnten schon die Stelle aus dem *Antichrist,* § 32) tötet, „alles, was fest ist, tötet“. Sie kann das „Werden“ nicht angemessen ausdrücken, welches unser wahres Wesen verkörpert (*Wille zur Macht,* § 715; ebenfalls von 1888).
Wie sollen wir dieses sonderbare, idiosynkratische Bestehen auf dem „lügenhaften“ Wesen der Sprache deuten? Warum weigert sich Nietzsche, zwischen „Fiktionen“ oder „Erdichtungen“ und „Lügen“ zu unterscheiden? Platon (im zehnten Buch des *Staats*) ignoriert die Unterscheidung, da er durch die Verdammung der Dichtung als Lüge die *Polis* vor den Wirkungen poetischer Verantwortungslosigkeit zu bewahren sucht. (Die Mythen der Dichter, so urteilt er, sind kaum besser als die bösen Lügen der Demagogen.) Nietzsche andererseits ist es wenig um die *Polis* zu tun. „Leben“, nicht die *Polis* oder „die Welt“, ist der eigentliche Gegenstand seiner Sorge. (Und „Leben“, so sahen wir, ist die Quelle und der Ursprung rationaler Unterscheidungen und der Sprache, und kann daher nie durch sie bestimmt und definiert werden — ein Sophismus, der ihn nicht beunruhigt.) „Das Leben“ ist für Nietzsche nie ein Begriff, sondern eine Vision, eine Metapher, die alle Arten des Seins umschließt, die aber entwertet wird, wenn sie unheroisch, unter dem Gesichtspunkt der Vergesellschaftung, gesehen wird. Für uns aber, die wir in der Welt leben, ist es eine Binsenweisheit, daß zwischen Mythus oder Dichtung oder Poesie einerseits und der Lüge andererseits ein Unterschied besteht; ein Unterschied, der seinen Sinn völlig aus einem organisierten, legal oder moralisch strukturierten und daher so-

zialen Ganzen bezieht. Die Unterscheidung zwischen Fiktion und Lüge ist also nur für den sinnvoll, der bereit ist, das institutionalisierte Leben in der Welt ernst zu nehmen, nicht aber *sub specie aeterni,* in einer „ästhetischen Rechtfertigung". Nietzsche setzt beide Begriffe gleich, ohne ein Wort über die Konsequenzen dieser Gleichsetzung zu verlieren — das ist es, was sein Argument so unzulänglich macht.

Wenn wir von „Erdichtung", „Mythos" oder „Lüge" sprechen, können wir nicht umhin, mit diesen Ausdrükken einen Gegensatz, irgendeine Art von Wahrheit, zu implizieren. Und wenn Nietzsche behauptet, die Wahrheit, die zu erkennen wir fähig sind, sei *nicht mehr als* die Übereinstimmung, das Würfelspiel stets so und so zu spielen, die Punkte stets so und so zu zählen, wenn er sagt, ein jedes Volk beurteile „die Wahrheit" unter einem besonderen „Begriffshimmel", der für andere Völker nicht gilt, dann liegt in all diesen scheinbar bloß sprachlichen Konstatierungen immer schon ein Hinweis auf ihr Gegenteil — auf eine ganz andere, reichere Art von Wahrheit — verborgen. Wieder stehen wir vor einem unlösbaren Widerspruch; denn einerseits ist es erst dieser implizierte Hinweis, der den Konstatierungen ihren vollen Sinn, nämlich ihr Pathos, gibt, andererseits wurde das ganze Argument ja zu dem Zwecke aufgebaut, jede andere Art von Wahrheit zu widerlegen, und der Raum, wo sie zu finden wäre, ist leer...

Das Ästhetische steht (wie wir im ersten Teil dieses Kapitels sahen) also in stetem Widerspruch zur Wahrheit über die Welt. Die Sprache (so können wir nun hinzufügen) wird, als bloßes „bewegliches Heer von Metaphern", vorwiegend als ein ästhetisches Phänomen gesehen; und daraus ergeben sich zwei wichtige Folgerungen.

Erstens: Der Tätigkeit der Künstler — traditionell als Schöpfer von Mythen gesehen — ja, der ästhetischen Tätigkeit überhaupt wird eine zentrale Stelle in der Welt zugeteilt. Die Kunst wird zur menschlichen Tätigkeit *par excellence*; sie ist schöpferische Existenz. Die „Rechtfertigung" der Welt durch die „ästhetische" Tätigkeit ist identisch mit der „Rechtfertigung" oder dem Sinn, der der Welt durch den Menschen als Schöpfer sprachlicher Konventionen, das heißt eines Systems von „Metaphern", aufgeprägt wird. Dies wiederum setzt jene Gnosis voraus, auf die Nietzsches Theorie der Tragödie gegründet war und mit der der Versuch von 1873 beginnt: Es setzt das Bestehen eines feindlichen Weltalls voraus, dem aller Sinn fremd ist und innerhalb dessen unsere kleine Welt der Sprache eine Oase des Lebens, des Trostes und der Erhaltung, *jedoch nicht der Wahrheit,* ist.

Zweitens: Metaphern sind undenkbar ohne Geschichte. Die Sprache als ein Heer von Metaphern sehen heißt, sie als ein System von Zeichen erkennen, das, im Gegensatz zu ähnlichen Systemen, unweigerlich an die geschichtliche Dimension geknüpft ist. Seine veränderliche Natur — das heißt, seine Historizität — ist in dieses Schema durch seine Formulierungen eingebaut[1]: Nietzsche spricht von dem *„langen* Gebrauche", durch den Worte „einem Volke fest, kanonisch und verbindlich dünken"; Metaphern *werden* „hart" und „starr" und werden *„abgenutzt* und sinnlich kraftlos", *verlieren* „ihr Bild" und kommen *„nicht mehr* als Münzen" in Betracht. In all dem ist Veränderung, Bewegung, der Lauf der Geschichte. Doch diese Geschichte erweist sich lediglich als ein Prozeß von Klischeebildungen — ein Vorgang, der stets in *einer* Richtung verläuft, von ur-

[1] Siehe auch Heinrich von Staden, „Nietzsche and Marx on Greek Art and Literature: Case Studies", *Daedalus,* 1976, S. 89, kursiv vom Verfasser.

sprünglicher Frische zu Verknöcherung, Dekadenz und einem apokalyptischen Ende; und ebenso, nach dem Muster der pietistischen Geschichtsschreibung, sieht Nietzsche die europäische Geschichte vom Goldenen Zeitalter des vorsokratischen Griechenland bis zu seiner eigenen Zeit und zum frühen zwanzigsten Jahrhundert. Doch auch eine deutsche literarische Tradition, von Hölderlin über Heine zu Stefan George, Oswald Spengler und Ernst Jünger, ist voll von solchen apokalyptischen Visionen, in deren späterer Phase sich moralische Prophetie mit einer zerstörerischen, Samsonschen Intentionalität verbindet.[1] Auch Nietzsches Katastrophenbewußtsein zeitigt eine stark negative Bewertung der jeweils folgenden historischen Stufe, doch — und dies ist für seine Werturteile charakteristisch — diese Sicht bedingt auch eine eindeutige Verdammung alles dessen, was „fest, kanonisch und verbindlich", weil es „dem Leben feindlich" ist. „Sein", so erinnern wir uns, ist die Lüge, die dem „Werden" aufgeprägt wird. Die Worte unserer Sprache ergeben keinen Sinn, solange sie nicht auf eine Weise angeordnet sind, die sie „kanonisch" macht — sind sie aber einmal so angeordnet, dann hören sie auf, „das Leben" zu vermitteln. Jede ausgedehnte Regulierung der Elemente der Sprache wird verworfen, da sie (wie Nietzsche glaubt) jene „Lüge" bestätigt und vermehrt, die von Grund aus den Bezug von Sprache zu „Wirklichkeit" bestimmt.

Unsere Kritik an Nietzsches Ansichten zur Sprache setzt unsere Kritik seiner moralischen und religiösen Betrachtungen fort: Auch die Sprache gehört zu jener Sphäre der Gesellschaftlichkeit, die für ihn die Sphäre des Abgeleiteten und Unauthentischen ist, weil er jenen merk-

---

[1] Siehe J. P. Stern, *Re-Interpretations: Seven Studies in Nineteenth-Century German Literature,* S. 221 ff.

würdigen (deutschen und lutheranischen?) Aberglauben teilt, der Ursprünge und Einzelfälle — das Einzigartige — höher bewertet als Zusammenhänge und Gemeinsamkeiten und der alle Strukturen als einen Verrat an den Elementen verdächtigt, aus denen sie sich zusammensetzen. *Alle* Strukturen? Die Sprache der Dichter jedenfalls vermeidet mehr als jede andere die „Versteinerung" der Klischees. Der Hauptgrund, warum Nietzsche, entsprechend seiner Ansicht von der Sprache, die ästhetische Tätigkeit in den Mittelpunkt der menschlichen Existenz verlegt, ist, daß das sprachliche Kunstwerk mehr als jedes andere menschliche Erzeugnis die Sphäre der Gesellschaftlichkeit vermeidet und durch den Anschein der Einzigartigkeit lebt.

Die Betrachtung und der Aphorismus als Einheiten des literarischen Ausdrucks, die brillante Idee als Einheit des philosophischen Denkens, die Anekdote[1] als die Einheit von Biographie und Geschichte, der Augenblick und seine Stimmung — dies sind die Leitsterne, denen Nietzsches Unternehmen folgt. Wie der Dichter Rainer Maria Rilke erwägt auch er die Möglichkeit, „daß so das Leben sein würde: voll lauter besonderer Dinge, die nur für einen gemacht sind und die sich nicht sagen lassen". Doch für Nietzsche ist dies nicht nur „eine dunkle Ahnung"[2]. Diese „Augenblicke des Jasagens zu allem Sein" sind ein wesentlicher Teil seines Philosophierens, und ihnen verdankt er „jene Licht- und Farbenleiter dionysischen Glücks", die Rilke in der Neunten Duineser Elegie feiert:

[1] Siehe Bertram, *Nietzsche,* S. 249 – 59, Kap. „Anekdote".

[2] „... dunkle Ahnung": R.M. Rilke, *Die Aufzeichnungen des Malte Laurids Brigge* I (Leipzig 1919), S. 139; „Augenblick des Jasagens": *Wille zur Macht,* § 1032; „Licht- und Farbenleiter": *Wille zur Macht,* § 1051; zu beidem siehe oben S. 303 f.; zu der Beziehung zwischen Rilkes *„ein* Mal" und Nietzsches „ewiger Wiederkehr" siehe Erich Heller, *Enterbter Geist* (Wiesbaden 1954), S. 226 ff.

Ein Mal
jedes, nur *ein* Mal. *Ein* Mal und nichtmehr. Und wir auch *ein* Mal. Nie wieder.

Wie sollen wir uns diese merkwürdige Verachtung für die Sprache bei einem Schriftsteller erklären, den wir als einen der besten deutschen Stilisten anerkennen? Mit der Sprachkritik des Nominalismus hat dies wenig zu tun. Die Suche nach der Quelle dieser Betrachtungen führt uns zurück, über Nietzsche hinaus, zur Schopenhauerschen Ästhetik. Wir müssen sie als die Radikalisierung all jener Stellen in *Die Welt als Wille und Vorstellung* sehen, wo Schopenhauer seinem Aperçu von der „Welt als Erzeugnis des Willens" folgt und darlegt, die Musik, nicht die Sprache, sei das Medium, in dem sich die wahre Substanz der Welt verkörpere. Die Musik, so argumentiert er (Buch III, § 52), ist nicht wie die anderen Künste. Was sie darstellt, sind nicht die Platonischen Ideen, in denen die partiellen, individuierten Aspekte der Welt subsumiert werden. Während uns die Sprache bloß eine indirekte, mittelbare Darstellung dieser Ideen gibt — die Welt also doppelt entfernt—, inszeniert die Musik den allumfassenden, kosmischen Willen selbst, sie ist dessen „Objektivierung und Bild". Die Musik allein bringt den Menschen in unreflektierte, intuitive Berührung mit der Substanz der Welt, ihren chthonischen Kräften, mit dem, was zu guter Letzt wichtig ist. Und hier mündet Schopenhauers Ästhetik in seine Ethik ein: Die Musik allein ermöglicht es uns, die Welt *sub specie voluntatis* zu betrachten und uns gleichzeitig von ihr zurückzuziehen.

Nietzsche übernimmt, wie wir gesehen haben, die Vorstellung vom „Willen" als dem Schöpfer der Welt, kehrt Schopenhauers asketische Verwerfung der Welt um und ersetzt sie durch eine fragmentarische, doch emphatische Lehre der Bejahung. Doch all jene Notizbücher, so voll sie von Dithyramben auf den „Willen zur Macht“ sind, sie enthalten keine Umwertung der Sprache.

Das System, das im Aufsatz von 1873 skizziert wurde, bleibt im wesentlichen unverändert, nur einige seiner Punkte erhalten eine abstraktere Fassung in den Aufzeichnungen, die für *Der Wille zur Macht* gedacht sind: Das Band zwischen den Menschen entspricht keiner „Wirklichkeit“ und ist lediglich eine nützliche verbale Erdichtung (*Wille zur Macht,* § 676); die Sprache ist weniger genau und weniger wahrhaftig als andere Weisen der Welterfahrung und von ihnen abgeleitet; eine unbestimmte Kausalverknüpfung besteht zwischen Worten und Dingen (§ 506); die Verwendung metaphysischer Begriffe, die im Aufsatz von 1873 als bloße Tautologie verspottet worden war, wird nun (§ 409; geschrieben 1885) als Teil unserer falschen philosophischen Tradition gesehen ..., kurz: Nietzsches Konzept und Beurteilung der Sprache bleiben so negativ wie früher.

Die Sprache wird immer noch an den Gegenpol zur „Wirklichkeit“ gestellt, außerhalb der Welt, die Zarathustra mit seinem „Jasagen“ segnet, ja außerhalb einer jeden erdenklichen Welt; und dort endet das Argument.

Es gibt wohl Stellen, wo Nietzsche zeigt, wie Handlungen von Werturteilen und Werturteile von der sprachlichen Form bestimmt werden, in der sie erscheinen (z. B. *Genealogie der Moral*), wo er konstatiert, daß die Grammatik (*Götzen-Dämmerung,* III § 5; *Wille zur Macht,* § 484) oder Syntax (§ 549) unser Denken färben und formen, fiktive Gegensätze und Kontraste schaffen können (§ 124, 699) — Trugbilder, in denen uns (wie

Wittgenstein sagt[1]) die Sprache gefangenhält. Solche Beobachtungen begnügen sich mit der Feststellung, *daß* Trugbilder und falsche Verallgemeinerungen entstehen, sie zeigen nicht, *wie* sie entstehen und *was* sie bewirken. Nietzsche weist hier in die Richtung der heute ausführlich erörterten „performativen" Funktion der Sprache — eine Erkenntnis, die, weiter verfolgt, die Vorstellung *ad absurdum* führen würde, die Sprache sei irgendwo außerhalb oder entgegengesetzt der „wahren" Welt oder der „Wirklichkeit" angesiedelt, sie sei ein Widersacher des „Lebens". So beschränkt sich die Kritik auf das *ad hoc* bruchstückhafter Ermahnungen.
Ludwig Wittgensteins frühes Werk hilft uns, Nietzsches sprachbewußte Beobachtungen in die angemessene Perspektive zu rücken, schon deshalb, weil auch dieses Werk seine Wurzeln bei Schopenhauer hat. Der *Tractatus Logico-Philosophicus* von 1922 soll für die Sprache jene Stabilität der Beziehungen zwischen Namen und Benanntem sichern, die Nietzsche in ihr nicht zu finden vermochte. Der wichtigste Satz, auf dem der *Tractatus* ruht, lautet, daß die Sprache und die Welt „die logische Form... gemein" haben (2.2). (Wieweit Wittgenstein der Beweis dieser gemeinsamen Form gelingt, vermag ich nicht zu beurteilen.) Die Hypothese einer solchen Übereinstimmung — einer Art prästabilierter Harmonie — führt freilich nicht zu einer Rehabilitierung der Sprache, sondern im Gegenteil zu ihrer radikalen Abwertung: Die Übereinstimmung ist vollständig, sagt Wittgenstein, aber gewissermaßen leer („Wenn jemand ein Ding hinter einem Busch versteckt..." usw., hieß es in Nietzsches Sprach-Essay). Die Sprache repräsentiert die Dinge in der Welt, macht ein Abbild von ihnen,

[1] Vgl. Ludwig Wittgenstein, *Philosophical Investigations* (Oxford 1933), § 115.

aber sie kann nicht ihre Totalität oder die Regeln repräsentieren, die diese Repräsentation bestimmen (4.2). Ein Bild jener Totalität oder jener Regeln müßte, um diese zu enthalten, von außen her aufgenommen werden; ein „draußen" aber gibt es, jedenfalls für die Sprache, nicht. Und diese anscheinend harmlose Aussage, die ihre Parallele in Nietzsches Behauptung hat, daß das Verhältnis zwischen Worten, Aussagen und Dingen unbestimmbar sei, führt Wittgenstein zu einer Anzahl von Folgerungen, die Nietzsche (und nicht nur er) als nihilistisch betrachten würde. Um die Regeln der Repräsentation (des Abbildens der Welt) zu repräsentieren, bedürfte es einer „zweiten Ordnung" der Sprache[1], doch in dem Schema des *Tractatus* ist nur *eine* Ordnung möglich, da „alle Sätze gleichwertig sind" (6.41). Daher werden alle Sätze einer „höheren" Ordnung — nicht nur jene, die die Regeln der Repräsentation enthalten, sondern auch die der Ethik und Ästhetik (6.41) und in der Tat alle Sätze der traditionellen Philosophie — für nichtig erklärt. (Ethik = Ästhetik = 0.) Und hier stimmen alle drei — Schopenhauer, Nietzsche und der junge Wittgenstein — beiläufig überein, indem sie, jeder aufgrund seiner eigenen Art der „Beweisführung", eine wesensverwandte Einsicht vermitteln: Was immer die tiefsten, notwendigsten Anliegen der Menschen sind — „die Lösung des Rätsels des Lebens in Raum und Zeit"[2] —, die Sprache kann sie nicht ausdrücken, und sie können also auch nicht in der Welt enthalten sein, die sich mit der Sprache deckt. Daher ist die Welt ohne Wert und Sinn: „Wenn es einen Wert gibt, der Wert hat, so muß er außerhalb alles Geschehens und

[1] Ebenda, §§ 120,121; vgl. auch *Tractatus*, 5. 634, 6. 127, und Max Black, *A Companion to Wittgenstein's Tractatus*, (Cambridge 1964), Kap. 8.

[2] *Tractatus* 6. 4321.

So-Seins liegen ... Er muß außerhalb der Welt liegen.“[1] Dies ist Wittgensteins Folgerung, wie es die Schopenhauers vor ihm gewesen war. Ist es auch diejenige Nietzsches? „Leben“, „der Wille zur Macht“, Zarathustras Preisgesänge auf die Erde — sie alle sollen gerade diese Folgerung widerlegen, doch: „Ich will das Leben nicht *wieder*. Wie habe ich es ertragen? Schaffend. Was macht mich den Anblick aushalten? Der Blick auf den Übermenschen, der das Leben *bejaht*. Ich habe versucht, es selber zu bejahen — ach!“

Zwei Wege gibt es aus dieser Sackgasse. Der erste wird im *Tractatus* selbst eingeschlagen, wo Wittgenstein an unsere innerste Erfahrung eines „Gefühls“ für die Totalität der Dinge in der Welt appelliert (6.45). (Auch Nietzsche plädiert an entscheidenden Stellen für den Primat des „instinktiven Gefühls“ über den rationalen Diskurs.) Und dieses Gefühl nennt Wittgenstein „das Mystische“. Es kann nicht „gesagt“, nicht in die Sprache der „Aussagesätze“ gefaßt werden, sondern es „zeigt sich“ (6.522). Um dies in seine ursprünglichen Schopenhauerschen Begriffe zurückzuversetzen: Was „das Mystische“ ausdrückt, sind nicht die individuierten Aspekte der Welt, nicht die individuellen „Willen“, die sie bilden, sondern die Totalität des Willens. Für Schopenhauer liegt der Ausdruck dieser Totalität (wie wir zu Beginn des Arguments sahen) nicht in der Sprache, sondern in der Musik; oder, um *dies* in Nietzsches Begriffe zu fassen, „das Mystische“ — die Musik — ist der Urgrund des Leidens, wortlos, unindividuiert; ist das Reich des Dionysos.

Der andere Weg besteht darin, das metaphysische Anliegen des *Tractatus* aufzugeben — die Harmonie zwi-

---

[1] Ebenda 6.41.

schen Welt und Sprache, die durch die Vorstellung einer gemeinsamen Form errichtet wird — und in einer Reihe von „philosophischen Untersuchungen" zu zeigen, *wie* wir die Sprache tatsächlich gebrauchen. In dem Werk, dem Wittgenstein diesen Titel gab, untersucht er die mannigfaltigen Funktionen der Sprache in einer Reihe von Entdeckungsfahrten durch Bereiche, in denen Sprache ganz andere Dinge tut als bezeichnen, bestimmen, benennen oder beschreiben. Eines der Ergebnisse dieses Verfahrens ist zu zeigen, daß aufgrund dieser anderen Tätigkeiten sich die Sprache nicht als das isolierte, einmalige Ding erweist, das außerhalb der Welt oder „Wirklichkeit" und aller anderen Erfahrungen steht, sondern im Gegenteil als eine allgegenwärtige, proteische, alldurchdringende „Lebensform"[1] oder Weise des Daseins in der Welt. Anders als bei Wittgenstein sind die Besuche Nietzsches in diesem Reich der Sprachanalyse ungeplant, zufällig. Er bietet keine folgerichtige Erkenntnis, daß die Sprache nicht nur repräsentativ oder „referentiell" ist, daß man „Dinge mit Worten tun kann". Und wenn er die Sprache als bloß „referentiell" sieht, entspricht dies im großen und ganzen seiner Einstellung zur Literatur. Von seinem anti-aristotelischen und anti-mimetischen ersten Buch an behauptet Nietzsche oder deutet an, daß die Tragödie nur in ihrer ursprünglichen, anti-literarischen, „musikalischen" Form einen positiven Beitrag zum „Leben" liefert. Wohl finden wir in der *Genealogie der Moral* häufige Anspielungen darauf, daß Moralen und religiöse Gebote in ihrem Inhalt und ihrer Wirksamkeit häufig durch die sprachlichen Formen bestimmt werden, in die sie gefaßt sind — doch dies reduziert die Sprache

[1] *Philosophical Investigations,* I § 241.

auf eine Waffe im Kampf gegen das freie, ungehemmte „Leben", so daß auch hier keine unabhängige, unvoreingenommene Untersuchung in Gang gesetzt wird.[1] Nietzsches Vorstellung von philosophischer Kritik muß unspezialisiert und unbegrenzt bleiben, er wird sie nie *einer* Art von Untersuchung, *einer* Perspektive anvertrauen. Er ist zu sehr darauf bedacht, herauszufinden, was die Menschen treibt, das zu tun, was sie tun, als daß er sich dem Tun allein verpflichten könnte. Jakob Burckhardt entschloß sich, die Welt vom Standpunkt der Kunstgeschichte aus zu betrachten. Nietzsche wird nie ein „Hauptfach" haben.

5

Und Kaviar fürs Volk...

(*Hamlet* II, 2)

Wenn Nietzsche von der Sprache als einem dynamischen System von Zeichen spricht, dem eine Organisation von Bedeutungen innewohnt, so geht er ein Stück Weges über die traditionelle linguistische Theorie seiner Zeit, die Worte als statische Namen für Dinge ansieht, hinaus. Er trägt aber nicht wesentlich zum linguistischen Denken des zwanzigsten Jahrhunderts bei, da er die Entdeckungen nicht vorwegnimmt, auf die dieses gegründet ist. Unter ihnen ist Saussures[2] Beweisfüh-

---

[1] Am Ende von *Genealogie der Moral* schlägt Nietzsche einen akademischen Preis für eine Antwort auf die Frage vor: „Welche Fingerzeige gibt die Sprachwissenschaft, insbesondere die etymologische Forschung, für die Entwicklungsgeschichte der moralischen Begriffe ab?" Das Hegelsche (oder Heideggersche) Etymologisieren, das hier vorgeschlagen wird, endet in einer berüchtigten Sackgasse. Wiederum muß man fragen, warum angenommen werden soll, daß der (wahre oder angenommene) Ursprung eines Wortes notwendigerweise etwas mit seinem späteren Gebrauch zu tun hat.

[2] Ferdinand de Saussure, *Course in General Linguistics* (1915) (New York 1959), vor allem Kap. 3; vgl. auch J. Culler, *Saussure* (Fontana Modern Masters, London 1976).

rung, daß die Elemente der Sprache nicht physisch beschrieben werden können (während die Metapher der Chladnischen Figuren eine Art von kausalem Verhältnis veranschaulicht), und Saussures Darstellung der Sprache als eines geschlossenen Systems oder einer solchen Struktur. Nietzsche glaubt, er habe den Wahrheits-Wert der Sprache widerlegt, indem er ihre Ordnungen als eine bloße Konvention (eine Struktur oder ein System) entlarvt, ohne anscheinend zu erkennen, daß eine Konvention, die funktioniert, mehr ist als eine frei schwebende, willkürliche Illusion. Er argumentiert durchgehend unter der (stillschweigenden) Annahme, daß die Elemente der Sprache ihre besonderen Bedeutungen aus den Kontexten beziehen, in denen sie vorkommen. Doch er ignoriert den Umstand, daß eine Struktur oder ein System mehr sind als ihre Teile, daß eine Struktur durch das, was sie ist, ihren Bestandteilen eine Stabilität verleiht und daß die Elemente durch ihre Beziehungen innerhalb der Struktur *definiert* werden. (Ebenso interessiert er sich kaum für die positiven Aspekte der Stabilität von Sitte und Gesetz und für moralische oder religiöse Institutionen, die einzelne Einsichten und Wahrheiten zueinander in Beziehung setzen und sie so festigen.) Setzt er derartige Argumente voraus? Er interessiert sich nicht für die Sprache um ihrer selbst willen, sondern immer schon für ihr Verhältnis zu allem, was — scheinbar oder wirklich — außerhalb von ihr liegt. Sagt er also, daß es trotz allem eine nicht-sprachliche, nicht-metaphorische, numinose Welt gibt? Zuweilen scheint eine solche Welt unbemerkt in Nietzsches Argument einzudringen (etwa wenn er klagt, die Sprache sei kein „angemessener" Ausdruck, ohne zu sagen, welchem Ding sie nicht angemessen sei); an anderen Stellen wird das Bestehen einer solchen Welt unvermeidlich impliziert (in Worten wie *„Metapher“* und *„Übersetzung“* oder in der Feststellung, daß *etwas* — „nur... Metall“ übrigbleibt, wenn die Aufschrift auf der Münze einmal abgegriffen ist). Er benützt jede Gelegenheit, die Idee einer solchen Welt als platonisch-christlich-idealistischen Schwindel anzugreifen, doch er gibt sie nie ganz auf. Seine sprachlichen Betrachtungen müssen als ein vordergründiges Argument gesehen werden. Dahinter behauptet er eine nicht-metaphorische, „wahre“ Ordnung der Dinge, zu der die Sprache nicht gehört, zu der sie aber irgendwie in Beziehung steht — „ästhetisch“, durch eine „nachstammelnde“ Wiedergabe von... Wir wissen nicht wovon. Dies ist die sprachliche Analogie zu der Vorstellung eines gesellschaftlichen Systems, das kraft seiner Beziehung zu etwas außerhalb seiner selbst lebt.[1]

Daß es eine numinöse — „göttliche“ — Ordnung der Dinge gibt, zu der die Sprache nicht gehört, ist das zentrale metaphysische Postulat, auf dem *Die Geburt der Tragödie* begründet war. Die anti-sokratische Einstellung, die dieses Buch bestimmt, gipfelte in einem Angriff auf alle sprachbeherrschten Kulturen. Es gibt bei Nietzsche kaum ein Buch, in dem Wert und „Authentizität“ der Sprache nicht abschätzig behandelt werden. In dem Bravado-Ton, der seine letzten Betrachtungen kennzeichnet, schreibt er unter dem Stichwort: „Aus einer Moral für Taubstumme und andre Philosophen“:

„Wir schätzen uns nicht genug mehr, wenn wir uns mitteilen. Unsere eigentlichen Erlebnisse sind ganz und gar nicht geschwätzig. Sie könnten sich selbst nicht mitteilen, wenn sie wollten. Das macht, es fehlt ihnen das Wort. Wofür wir Worte haben, darüber sind wir auch schon hinaus. In allem Reden liegt ein Gran Verachtung. Die Sprache, scheint es, ist nur für

---

[1] Siehe oben S. 224f.

Durchschnittliches, Mittleres, Mitteilsames erfunden. Mit der Sprache *vulgarisiert* sich bereits der Sprechende." (*Götzen-Dämmerung,* IX § 26)

Wie soll er also seine metaphysischen Erlebnisse vermitteln, etwa die Überzeugung Zarathustras, der „Mensch ist ein Seil, geknüpft zwischen Tier und Übermensch", und „was geliebt werden kann am Menschen, das ist, daß er ein *Übergang* und ein *Untergang* ist"? All dies sind „Gleichnisse", doch die ursprüngliche Form der Erkenntnis, die sie andeuten, scheint unbenennbar. Es gibt keine unmittelbare, zureichend direkte Art und Weise, sie zu vergegenwärtigen, doch Nietzsches Leidenschaft für das *Schreiben* — die Kehrseite der Versuchung des Wahnsinns und der Furcht vor dem Schweigen — verläßt ihn bis zum Ende nicht (das Ende *ist* das Ende des Schreibens). Um dieses Dilemma zu lösen, schafft er sich seinen charakteristischen Stil der Anspielungen und Metaphern, sein Argumentieren durch „Andeutung und Übertragung". Doch — wie er sich selbst erinnert und seine Leser unermüdlich warnt — vermögen selbst diese Mittel nicht mehr, als die Unzulänglichkeiten der Aussage zu bestätigen:

„Gleichnisse sind alle Namen von Gut und Böse: sie sprechen nicht aus, sie winken nur. Ein Tor, welcher von ihnen Wissen will." (*Zarathustra,* I § 23: „Von der schenkenden Tugend")

Wo findet dieser Stil das angemessene Vokabular, wie kommen die „Gleichnisse" zustande? Der Aufsatz von 1873 endet mit einer Beschreibung des schöpferischen Intellekts, der sich von allen praktischen Überlegungen und Aufgaben frei gemacht hat und interesselos damit beginnt, die Welt in Bildern und Begriffen aufs neue wiederzugeben. Bis zu diesem Punkt ist das Argument des jungen Nietzsche Schopenhauersches Erbe. Doch wenn Nietzsche im weiteren zeigt, wie dieser schöpferische Geist in seiner Freiheit den Wortschatz der Alltäglichkeit und das Gerüst der Begriffe aufnimmt und sie „zerschlägt, durcheinanderwirft, ironisch wieder zusammensetzt, das Fremdeste paarend und das Nächste trennend", nur um mit ihnen zu spielen, und wenn er den Schluß zieht:

„Von diesen Intuitionen aus führt kein regelmäßiger Weg in das Land der gespenstischen Schemata, der Abstraktionen: für sie ist das Wort nicht gemacht, der Mensch verstummt, wenn er sie sieht, oder redet in lauter verbotenen Metaphern und unerhörten Begriffsfügungen, um wenigstens durch das Zertrümmern und Verhöhnen der alten Begriffsschranken dem Eindrucke der mächtigen gegenwärtigen Intuition schöpferisch zu entsprechen..."

— so gibt er uns hier die genaueste Beschreibung seines eigenen künftigen philosophischen und literarischen Verfahrens, die wir haben. (Kannte er, so fragen wir uns, Baudelaires Beschreibung der künstlerischen Imagination: „Sie schuf am Anfang der Welt Analogie und Metapher. Sie nimmt das Ganze der Schöpfung auseinander und schafft mit den Materialien, die sie gesammelt und gemäß den Regeln angeordnet hat, die aus der innersten Tiefe der Seele kommen, eine neue Welt, die Sensation des Neuen?"[1])

Vom Standpunkt der von Nietzsche verachteten Alltäglichkeit gesehen, ist eine jede starke, ursprüngliche Metapher eine „verbotene Metapher". Im Wesen der Metapher liegt eine Herausforderung — in manchen Sprachen ist es die erdenklich radikalste Herausforderung — an die Konventionalität oder, wie Nietzsche sagen

[1] Charles Baudelaire, *Curiosités esthétiques*, Hrsg. Henri Lemaitre (Paris 1962), „Salon de 1859" § III, S. 321.

würde, „die Gemeinheit" der Sprache. Mehr als einmal sagt er uns, es gehe ihm nicht um Mitteilung, er *wolle* mißverstanden werden, Denken erniedrige sich selbst und den Denker, wenn es danach strebt, allgemein zugänglich zu sein. Ist dies mehr als ein groteskes Paradox? Wird es nicht von der glänzenden Klarheit seiner Schriften Lügen gestraft? Die Klarheit seiner Metaphern kann trügen. Und sein Wunsch ist ja schließlich in Erfüllung gegangen: *Zarathustra*, sein einziger Versuch in einem vorwiegend metaphorischen Stil, wurde zur Genüge mißverstanden. Er nennt es ein Buch „für alle und keinen", das heißt, für „alle", die bereit sind, es in Nietzsches eigenem, metaphorisch verschlüsselten Sinne zu lesen, was schließlich „keiner" zu tun bereit war. Jedenfalls lasen es die meisten der Leser, die er gemeint haben mochte, in *ihrem* Sinn, als einen Aufruf zu Militarismus, Pan-Germanismus, Imperialismus und Rassismus, doch *dies* war ein Mißverständnis, das er ganz gewiß nicht im Sinne hatte.

Die zitierte Stelle führt schließlich zu drei wichtigen Einsichten in Nietzsches Praxis des Philosophierens, des Schreibens. Erstens, die „*verbotenen* Metaphern" (auch hier noch sehen wir Spuren einer moralisierenden Einstellung) sind nur dann wirksam, wenn sie taktisch plaziert, sparsam verwendet und mit Wendungen gepaart werden, die die konventionelle Ordnung nicht provozieren. In solchen kontrastierenden Mustern erreicht Nietzsches Rhetorik ihre Höhepunkte. Zweitens, jenes Bild vom Künstler und Denker auf der Suche nach „verbotenen" und „unerhörten" Tropen und „Begriffsfügungen" erhellt das immanente Wesen dieser Denk- und Schreibweise als einen Akt der Zertrümmerung und des Destruierens, als ein vorsätzliches (wenn auch nicht systematisches) Aufbrechen verbürgter Ord-

nungen, das in der zugespitzten Kürze einzelner Aussagen veranschaulicht wird. Hinzu kommt, drittens, Nietzsches erstaunliche Entdeckung, mit der das intellektuelle Drama seines Lebens einsetzt, daß seine einzelnen Betrachtungen Wert haben und einen Sinn ergeben (*Mus* XXI S. 80), daß auch die Zusammenhanglosigkeit sinnvoll sein kann, kurz, *daß Anmerkungen zu einer Philosophie auch eine Philosophie sind.* (Webern, Brecht, Jorge Luis Borges, Picasso und Braque machten je in ihren Medien ähnliche Entdeckungen.)
„Das Fremdeste paarend und das Nächste trennend" — ebendies ist das Verfahren, dem die Elemente jener berühmten Metaphern entspringen, die die Gipfelpunkte seines Denkens bilden: „amor fati", der Appell an den Menschen, dort aus Liebe zu wählen, wo blindes Geschick herrscht; „die ästhetische Rechtfertigung", wo es kein Rechtfertigen und kein Urteilen geben soll; „die Lüge im außermoralischen Sinn"; „die ewige Wiederkunft", wo „Ewigkeit" als endloser Überdruß und Ekel auf den Plan tritt; „der Tod Gottes", wo uns wohl gesagt wird, wer Gott getötet, jedoch nicht, ob er je gelebt hat; und „der Wille zur Macht", der endlos, „ewig" seine Schöpfungen und sich selbst aufbaut und zerstört — alles dies Beispiele einer Metaphysik, die an all diesen Stellen die Gefahren der Dogmatisierung und Erstarrung um den Preis einer als vorsätzlich erscheinenden Paradoxie vermeidet.

6

Es gibt Kritiker, die Nietzsches Werk als das eines traditionellen Philosophen oder Ideologen des deutschen neunzehnten Jahrhunderts gelesen haben, der aus Verantwortungslosigkeit, Demagogie oder schierem Unvermögen sich selbst und seinen Lesern die Dinge durch sein disziplinloses Schwelgen im Metaphorischen unnötig schwierig macht. Kritiker dieser Art betrachten es als ihre Aufgabe, Nietzsches Schriften zu entmythologisieren, um nach ihrer Entkrustung von den Metaphern zu untersuchen, wieviel — oder wie wenig — als begrifflich legitimiertes Schema oder System übrigbleibt. Andere haben den entgegengesetzten Standpunkt bezogen: Sie haben ihn als Dichter gesehen — entweder als heroischen oder tragischen Dichter der deutschen Seele (in einer Tradition, die von Hölderlin zu Rilke, Stefan George und Paul Celan führt) oder als prä-faschistischen, verhinderten Dichter mit einer Schwäche für heraldische Bestien im Jugendstil und der Diktion eines Demagogen mit intellektuellen Ansprüchen. Die vorliegende Studie ist in der Überzeugung geschrieben, die Alternative Dichter *oder* Philosoph sei irreführend.

Wenn wir annehmen, daß die Art und Weise, wie ein Autor über die Sprache theoretisiert und sie beschreibt, zumindest einige Hinweise darauf enthält, wie er sie gebraucht, so können wir sehen, daß das, was Nietzsche in den siebzehn Jahren entwickelt hat, die ihm für sein philosophisches Unternehmen vergönnt waren, eine Vielfalt von Stilen ist, die in dem Sinne metaphorisch sind, wie es in dem Aufsatz von 1873 und den daran anknüpfenden späteren Betrachtungen skizziert wird. Die Ebene, auf der diese Schreibweise liegt, erstreckt sich zwischen zwei Polen: zwischen der Individuation und dem eingehenden Interesse am Einzelnen, das den Bereich der Dichtung bezeichnet, einerseits und den begrifflichen Verallgemeinerungen und Abstraktionen der traditionellen Kantschen und nachkantschen Philosophie andererseits. Wenn Nietzsche das Bild von der Silbermünze mit der abgegriffenen Aufschrift, deren

Wert auf das bloße Metall reduziert ist, verwendet, so denkt er weder an die Münze selbst (er erzählt keine allegorische Geschichte), noch an eine Verallgemeinerung, die das eigentliche Bild der Münze zu einer bloßen Illustration und so entbehrlich machen würde. Die Münzen-Metapher ist als Vermittler zwischen zwei Polen des Denkens und Schreibens gedacht, als ein Muster, das weder einen erzählerischen oder poetischen Duktus noch ein Stück philosophischer Dichtung oder „Begriffsdichtung" bestimmt, sondern ein philosophisches Argument.

Dieser mittlere Modus — aus der „Mittelsphäre" entstammend und von der „Mittelkraft" geschaffen[1] — kann zweifelsohne *gezeigt und beschrieben werden* (und dies war das Ziel dieses Kapitels), doch er entzieht sich einer strengeren Definition. Das es hier nicht um Dichtung geht, ist schon daraus ersichtlich, daß Nietzsches Lyrik weniger originell und weniger bedeutend ist als seine Prosa. Es ist auch keine poetische Prosa — diese gelingt ihm nur selten, im *Zarathustra* ist sie (an und für sich und in ihrem Einfluß) stellenweise fatal. Auch die Begriffsbestimmung des Aphorismus[2] ist hier nur gelegentlich am Platz — Nietzsches streng aphoristische Äußerungen sind gekünstelt und weniger ergiebig als die von La Rochefoucauld und Lichtenberg, den beiden Meistern der Gattung, die er bewunderte. Und was er schreibt, ist bestimmt nicht die unvermittelte Sprache der Begriffe: Dort wo er in seiner Kritik traditioneller philosophischer Probleme (z. B. in seiner Polemik gegen Kant) eine solche Sprache gebraucht, wer-

---

[1] Vgl. oben S. 311.

[2] Vgl. J. P. Stern, „Eine literarische Definition des Aphorismus", in *Der Aphorismus*, Hrsg. Gerhard Neumann (Darmstadt 1976), S. 226–279.

den Ungeduld und Flüchtigkeit, wird die Unzulänglichkeit des Anekdotischen besonders deutlich. Alles das, was sein Werk auszeichnet und die wahre Grundlage seines ungeheuer breiten und häufig überwältigenden Einflusses bildet, kommt aus dieser mittleren Sphäre der Sprache, die wir etwa die „literarisch-philosophische“ nennen können. Hat er diese Sphäre und Schreibweise nicht entdeckt, so hat er doch ihre Anwendungsfähigkeit auf eine nahezu unbeschränkte Vielfalt menschlicher und philosophischer Probleme entdeckt — dies ist, formal gesehen, seine größte Leistung. Doch alles, was er uns hinterließ, hat Wert und Unwert zugleich. Aus dieser Schreibweise entspringt auch jene völlig moderne (und uns nur allzu vertraute) Gewohnheit, über „Gott“, „das Heilige“, „die göttliche Schöpfung“, „Sünde“ und dergleichen metaphorisch zu reden, ohne je zu entscheiden, welcher nicht-metaphorische Sinn und welche Überzeugungen (wenn überhaupt) mit diesem Gerede gemeint sind.
Inhalt und Form dessen, was er schrieb, fallen nicht immer zusammen. Vor allem ist dies — glücklicherweise — in seinen Betrachtungen über die „Moralität der Angestrengtheit“, und über die „Theologie ohne Gott“ der Fall, die vorwiegend so mühelos, anstrengungslos und klar sind wie beinahe alles andere: Über den „Geist der Schwere“ schreibend, ist er von einem Geist der Leichtigkeit und (literarischen) Anmut erfüllt. Und es gibt einen weiteren Bereich, wo Inhalt und Form nicht zusammenfallen. Hatte Heidegger recht, da er Nietzsches Werk als *finis metaphysicae* erklärte? In Nietzsches Philosophieren und durch die Form dieses Philosophierens wird eine Reihe traditioneller metaphysischer Themen herausgefordert und in Frage gestellt. *Trotz* der Form aber, in der sie erscheinen, werden diese Gegen-

stände nie völlig widerlegt; sie nisten sich in der Terminologie der Widerlegungen ein und bleiben darin erhalten. Nietzsches letzte Absicht war denn auch nicht die Zerstörung der Metaphysik, sondern die Schaffung eines neuen, zeitgemäßeren Systems. Darin versagt er wie in allen seinen ausgedehnten Projekten — und wieder dürfen wir wohl *zum Glück* sagen.

Es gibt keine Nietzschesche Revolution, doch es gibt eine neue Weise, die Welt zu sehen, seine Welt und die unsere, und einen neuen Stil ihrer Beschreibung. Und doch hat Nietzsche Veränderung herbeigeführt: Keine Beschreibung, mit Intensität betrieben, beläßt die Dinge so, wie sie sind, am allerwenigsten die Beschreibungen Nietzsches.

Die Verachtung, mit der er die Sphäre der Gesellschaftlichkeit behandelte, und die daraus folgenden Beschränkungen seiner Einsichten in das Leben in der Welt wurden erwähnt, doch auch sie haben eine zweite, positive Seite. Die führende Absicht seiner philosophischen Prosa liegt darin, nicht das Allgemeine oder Durchschnittliche zu vermitteln, sondern das Einmalige, die dynamische, unruhige, alle Regeln durchbrechende, individualisierte Beschaffenheit des Lebens so unmittelbar wie möglich auszudrücken. Schopenhauer schreibt über seinen eigenen philosophischen Stil: „Mein Kniff ist, das lebhafteste Anschaun, oder das tiefste Empfinden, wann die gute Stunde es herbeigeführt hat, plötzlich und im selben Augenblick mit der kältesten abstrakten Reflexion zu übergießen und es dadurch erstarrt aufzubewahren.“[1] Nietzsche will das Gegenteil. Er teilt die Befürchtung des Dichters, „for-

[1] Zitiert aus O. Jenson, *Die Ursachen der Widersprüche im Schopenhauerschen System* (Rostock 1906), S. 64.

muliert, auf eine Nadel gespießt zu werden".[1] Sein Ziel ist, den Vorgang des „Werdens" sprechen zu lassen, die Beschreibungen des „Lebens" so wenig wie möglich von dessen unsicheren, unsteten, katastrophischen Ursprüngen zu abstrahieren und seiner tragischen Bestimmung zu entziehen, selbst um den Preis der intellektuellen Kohärenz. Sprache, Metapher und Denken werden zur „wirklichen Welt" als Muster und Gleichnisse unseres Daseins in *seinem* Verhältnis zur „wirklichen Welt" in Beziehung gesetzt: *„An sich klar* ist aber, daß Vorstellen *nichts Ruhendes* ist, nichts Sich selber Gleiches Unwandelbares: das Sein also, welches uns einzig verbürgt ist, ist *wechselnd, nicht-mit-sich-identisch,* hat Beziehungen..." (*KSA* IX S. 570).

Beziehungen haben: Die stets erneuten Versuche, diese „Beziehungen" vor der Erstarrung zu bewahren, füllen Nietzsches Bücher und Notizbücher, dies sieht er als die Aufgabe seines philosophischen *und* literarischen Unternehmens, hier decken sich Stoff und Form. Es kann kaum überraschen, wenn Nietzsches Sprache der „Mittelsphäre" oft ungeduldig als „weder das eine noch das andere" abgetan wird, denn sie stellt unter anderem auch eine Provokation der Gattungstheorien und stillschweigender Annahmen französischer und englischer philosophischer Prosa dar. Doch Nietzsches Art hat ihre Vorgänger (große Autoren sind selten formale Neuerer), im Buch der Sprüche und in den Fragmenten der Vorsokratiker, in Pascal und einer Schar deutscher Autoren wie auch in Visionären wie William Blake; und

[1] „And when I am formulated, sprawling on a pin..." T.S. Eliot, „The Love Song of J. Alfred Prufrock" (dt.: „J. Alfred Prufrocks Liebesgesang", in: T. S. Eliot, *Gesammelte Gedichte, 1909–1962,* Frankfurt/M., 1972, Werke, Bd. 4, S. 11: „Und wenn ich abgeschätzt und festgenagelt bin,/Wenn aufgespießt ich zapple an der Wand, ...").

unter vielen Nachfahren befindet sich die (gleich unreduzierbare) Sprache der *Philosophischen Untersuchungen* Wittgensteins. Was Nietzsche uns lehrt, ist nicht, die Philosophie als Literatur zu lesen, geschweige denn die Literatur als Philosophie, sondern beide als eng verwandte Formen des Lebens. Indem er durch den Modus seines Schreibens den Zwiespalt zwischen „wissenschaftlicher" Erkenntnis und künstlerischer Einsicht zu überbrücken sucht, indem er die Antithesen von „Begriff" und „Metapher", „abstrakt" und „konkret" in Frage stellt, ist Nietzsche bestrebt, jene Teilungen in den Bereichen unserer Erkenntnis und Erfahrung und jene Zersplitterung des Wissens durch sein Beispiel zu widerlegen, die er — zusammen mit zeitgenössischen Denkern wie Marx, Carlyle und Matthew Arnold — als eine der Krankheiten der modernen Kultur erkannt hat.

Mehr als das Werk irgendeines anderen Philosophen ist das Werk Nietzsches Experiment und Mutmaßung, nicht Lehre. Dies bedeutet, daß jede gültige Kritik dieses Werks sich mit der Frage auseinandersetzen muß, wie es zu lesen ist. Am besten vielleicht so, wie wir den stürmischen Himmel des Spätherbstes mit seinem dramatischen Grün und seinem melancholischen Blaugrau und seinen grellen Streifen der untergehenden Sonne lesen; mit seinen zerbrochenen Türmen und Zinnen, seinen wilden Reitern, ja auch jenen anderen Formen, in denen Hamlet „ein Kamel, einen Wal" sah. Wir lesen ihn ob der Zeichen, die er uns von unserem Heute und Morgen gibt, doch wir lesen ihn mit Vorbedacht: Der stürmische Himmel geht in den Sturm über, Zeichen von solcher Intensität sind immer mehr als nur Zeichen.

Ein spekulativer Abschluß

Aspekte der zeitgenössischen Sprachphilosophie erlauben es uns, Nietzsches unsystematisches Philosophieren perspektivisch in seiner Gesamtheit zu überschauen. Ein Schema ergibt sich, mit dessen Hilfe uns die Sprache, die Erfahrung in der Welt und der menschliche Charakter von drei verschiedenen Standpunkten aus einsichtig werden.

Der erste bietet, abgerundet, ein Bild der Welt, das aus Nietzsches eigenen moralisch-existentiellen Betrachtungen zusammengesetzt ist, wie sie in den ersten neun Kapiteln dieser Studie dargestellt wurden.

Im zehnten Kapitel wurde Nietzsches Versuch erörtert, das Dasein neu zu deuten und „ästhetisch zu rechtfertigen“. Die erste Bedingung einer solchen neuen Deutung wäre ein Verständnis der Funktion der Sprache in der Welt, das sich von Nietzsches Verständnis grundsätzlich unterscheidet. Die *zweite* Perspektive wurde daher als eine Antithese zur ersten konstruiert, Nietzsches Sicht der Sprache wurde umgekehrt, um zu zeigen, was eine solche Umkehrung für die Erfahrung im weitesten Sinne bedeutet.

Im *dritten* Abschnitt (3...) wird Nietzsches ästhetisches Experiment als sein Versuch gesehen, bestimmte Aspekte der zweiten, „linguistischen“ Sicht (2...) der moralisch-existentiellen (1...) aufzupfropfen.

Im *vierten* und letzten Abschnitt wird Nietzsches philosophisches Unternehmen als Ganzes bewertet.

Das Ziel dieser Zusammenfassung ist weder, die Widersprüche in Nietzsches Denken zu überkleistern, noch sie zu übertreiben, sondern ihnen jeweils ihr angemessenes Gewicht zu geben und dann zu zeigen, inwieweit

trotzdem eine zusammenhängende und aufschlußreiche Lektüre Nietzsches möglich ist. (Das Jaspers'sche Argument — „*weil* widersprüchlich, *deshalb* wahr" — wird nicht erörtert.)
Jede der drei Perspektiven wird zuerst als eine Theorie innerhalb der Philosophie der Sprache dargestellt und dann auf die „Erfahrung" oder „Wirklichkeit" (oder was immer nicht als Sprache gilt) angewandt. Aus dieser Perspektive erwachsen auch bestimmte Folgerungen für eine Theorie des menschlichen Charakters, doch sie sind schon hinreichend im Hauptteil dieser Studie erläutert worden.

1. In der ersten Sicht wird die menschliche Sprache als ein *besonderes* Phänomen gesehen, im Gegensatz zu „Erfahrung" oder „Wirklichkeit" oder „Sein".
1.1 Sie ist anderen Erfahrungsweisen *überlegen* — daher die Isolierung der Dichter und ihr Stolz auf ihren Rang als Auserwählte.
Der Rest der Erfahrung ist sprachlos, „irrational", instinktiv...
1.2 Doch die Sprache ist hier auch *unterlegen,* unfähig, gewisse besondere oder privilegierte Teile von Erfahrung auszudrücken — daher Nietzsches Klage: „Nur Narr! Nur Dichter!"
Der Gedanke ist verschieden vom Wort, ist mehr als dieses.
Es gibt das Unaussprechliche, die Flamme, die vom Wissen genährt wird, die (wie Platon im Siebenten Brief sagt) wortlos in der Seele brennt und die unsagbare Summe aller Weisheit ist. Es „zeigt" sich selbst (wie Wittgenstein am Ende des *Tractatus* sagt), es ist das „Mystische", „jenseits" aller Sprache. Es ist der „Sinn aller Dinge", auf den sich zahllose Dichter die Jahrhun-

derte hindurch berufen haben; „wirklicher" (und daher) wertvoller als die Sprache; es besitzt einen höheren „ontischen" Rang.

Für Nietzsche heißt das Unaussprechliche „Leben". Alle Beschreibungen davon sind axiomatisch unzulänglich.

1.3 Dies ist die „mimetische" oder *„referentielle"* Sicht, in der die Sprache als Mittel gesehen wird, *das* anzuzeigen, vorzustellen oder zu benennen, was sie nicht ist und was sie nicht enthält. (Diese Ansicht steht hinter den meisten literarischen und philosophischen Erzeugnissen des neunzehnten und frühen zwanzigsten Jahrhunderts.)

Es ist die *dynamische* Sicht der Sprache. Die Sprache ist hier usurpatorisch: Sie will mehr an sich reißen, als sie umfaßt.

„Der Wille zur Macht" ist das nicht-sprachliche Gegenstück zu diesem usurpatorischen Aspekt der Sprache.

1.4 Es gibt Genealogie und Geschichte; dies ist die *historische,* „vertikale" Sicht.

Die Geschichte ist der Schauplatz des Willens zur Macht der Bevorzugten, eingeschränkt durch die Widerstände der Schwachen.

In ähnlicher Weise ist das Ästhetische das Produkt derartig bestimmter historischer Situationen.

Die Gegenwart zählt lediglich als Übergang zwischen Vergangenheit und Zukunft.

Fortschritt ist, was zählt: Er ist das Bestreben der Sprache, immer mehr an sich zu reißen, als sie schon umfaßt.

In nicht-sprachlichen Begriffen: Obwohl die Erhöhung des Menschen auf bestimmte privilegierte Augenblicke der Vergangenheit konzentriert ist, ist sie auch ein *zukünftiges* Ziel.

Die Erhöhung des Menschen in Richtung auf den Übermenschen zu und auf einen gestärkten und gereinigten Willen zur Macht ist Nietzsches Kritik an *und* Gegenstück zu der zeitgenössischen Vorstellung vom Fortschritt.

Da aber die Sprache stets das tilgt, was sie usurpiert — da alle Eroberung das stets wertlos macht, was sie erobert —, bringt „Fortschritt" stets Enttäuschung mit sich.

Der Nihilismus ist das lähmende, doch notwendige Bewußtsein dieser Sachlage.

Die „ewige Wiederkunft des Gleichen" ist Nietzsches Art, diese Enttäuschung in ihrer radikalsten, nihilistischsten Form darzustellen.

1.5 Dies ist die *moralische* Sicht der Dinge. (Moral ist, wie Ästhetik auch, das Produkt einer jeden überlegenen Macht, das die „Schlechtweggekommenen" sich angeeignet, modifiziert und auf diese Weise korrumpiert haben.)

Das Ästhetische steht im Dienst des Lebens.

Die Sprache zur „Erfahrung" in Beziehung zu setzen heißt, in *Urteile* verwickelt werden, zum Beispiel in Urteile darüber, inwieweit die Sprache das zu erobern vermag, was sie nicht umfaßt.

Analog dazu werden die Menschen nach den Anstrengungen beurteilt, mit denen sie ihre eigenen Unzulänglichkeiten und Begierden zu überwinden suchen.

Die einzige Quelle der Anstrengungen eines Menschen wie auch seiner Beschränkung ist sein Wille zur Macht.

Die einzige Quelle moralischer Probleme ist er selbst, nicht die Gesellschaft.

Es gibt Wahrheit und Lüge. Sie erscheinen in Form von Urteilen, die sich auf die Entsprechung zwischen Sprache und „Wirklichkeit“ (d. h. dem, was nicht Sprache ist) beziehen. Die Urteile, die dieser Sicht innewohnen, sind absolut, schwarz-weiß, manichäisch; mögen sie „übermoralisch“ sein oder „jenseits von Gut und Böse“ liegen — es sind *moralische* Urteile.

Die Werte, welche die Welt als Widersacher der Sprache durchdringen, sind die Werte einzigartiger Anstrengung; sie werden im „Geist der (existentiellen) Schwere“ verwirklicht; in der Waagschale, auf der sie gewogen werden, liegt das Opfer, das sie erfordern. Dies sind die einzigen nicht-ästhetischen Werte, die Nietzsche konsequent anerkennt.

Obwohl diese Werte (ebenso wie die ästhetischen) historisiert werden — als die Produkte von Situationen in der Zeit — werden sie durch die historische Analyse nicht aufgelöst, nicht wegerklärt.

Alles, was zur Sphäre der Gesellschaftlichkeit gehört, ist diesen Werten feindlich. Was zählt, sind Originalität, Schöpfungskraft, die *einzigartige* Anstrengung.

Alle Verlängerung, Verbreitung und Kontinuität ist langweilig und ohne Wert.

Da der Unterschied zwischen Dichtung und Lüge in gesellschaftlichen und rechtlichen Vereinbarungen wurzelt (die nicht zum „Grund der Wirklichkeit“ gehören), besteht zwischen beiden kein Unterschied.

Es gibt zwei Prüfungen, denen diese Werte unterworfen werden müssen: der „Tod Gottes“ (der ein Teil unserer Vergangenheit ist) und die „ewige Wiederkunft aller Dinge“ (die sich „in der Zeit ohne Ziel“ abspielt; sie ist das Gegenstück der christlichen Vorstellung von der Hölle). Dies sind im wesentlichen moralische Prüfungen.

Schöpfer und Träger dieser Werte ist der Übermensch; er ist Teil und ein Ideal der Moralphilosophie.

Die Vorstellung von der ewigen Wiederkunft, als einer radikalen Prüfung, welche die Zerstörung jeden „Sinns“ und Ziels in der Geschichte und im Leben des einzelnen mit sich bringt, ist eine moralische Vorstellung.

1.6 Dies ist die *kausale* Sicht.

Kausalität ist der Name, den wir der Funktion des „Willens zur Macht“ geben, sie ist dieser Wille, wie er in Natur und Geschichte am Werk ist.

1.7 Es ist die *hierarchische* Sicht.

Sie ist, was sie ist, aufgrund der Urteile, die sie überall durchdringen. Hier gibt es Möglichkeiten der Wahl und das Drama der Wahl; die Tragödie ist hier das unerlösbare, unheilbare Leid. Diese Finalität wird durch die ewige Wiederkunft aller Dinge nicht gelindert, verliert durch sie nicht ihr Pathos.

1.8 Nietzsche treibt diese Sicht und ihre Folgerungen auf die Spitze. (Insofern hat Heidegger recht, wenn er Nietzsches Philosophie die Gipfelung und Zerstörung der neueren Metaphysik nennt.) In dieser Radikalität liegt Nietzsches Bedeutung und eine wesentliche moralische Quelle seines Einflusses.

1.9 Zu dieser Sicht gehört die Charakterologie *des Tragischen*. Es ist die *dionysische* Sicht.

2. In der zweiten, entgegengesetzten Sicht wird die Sprache als eine „Lebensform“, eine Weise der „Erfahrung“ oder „Wirklichkeit“ gesehen.

2.1 Sie ist *gleichwertig* anderen „Formen“ und Weisen des Lebens oder der Erfahrung, besitzt das gleiche Maß an „Wirklichkeit“; unter den Lebensformen gibt es keine Rivalität.

Die Sprache erfüllt eine Vielzahl von Funktionen. Darunter sind Verständigung, das Benennen von Dingen, aber auch eine Anzahl „performativer“ Anwendungen („Worte sind Taten“).

2.2 Sie ist ein *geschlossenes* System von Zeichen, das keine Referenten außerhalb zu seiner Gültigkeit braucht. Der *„signifiant“* bedarf keines *„signifié“*. Da sie aber ein *System* ist, ist ihre innere Organisation nicht willkürlich.

Gleichzeitig ist die Sprache völlig offen gegenüber anderen „Formen“ oder Weisen der Erfahrung, mit denen sie sich wechselseitig ergänzt.

Sie hat keine Vorzugsstellung in der Welt, ist anderen Erfahrungsarten weder über- noch unterlegen, sondern von ihnen verschieden und eins mit dem Ganzen der Erfahrung; sie ist „die Welt *sub specie linguae“*.

Worte sind nicht geringer als Gedanken — Wir kennen Gedanken *als* Worte.

Es gibt keinen Grund, warum sich „das Mystische“ nicht in der Sprache „zeigen“ sollte, wie es auch andere Vorstellungen tun. „Das Unaussprechliche“ ist ein Wort im System wie andere Worte; der Satz „die Sprache ist unzulänglich“ trägt zur Zulänglichkeit der Sprache bei wie andere Sätze auch.

Keine bestimmte Art von Sprache (z. B. die „wissenschaftliche“ oder „begriffliche“) hat einen besonderen Anspruch auf Genauigkeit, doch jede Art ist (oder ist nicht) einem bestimmten Zweck angemessen.

Die Bedeutungen von Worten liegen in ihren Anwendungen, und alle sind (potentiell) präsent.

2.3 Dies ist die *statische,* „horizontale“ Sicht.

Sie ist eine Art — eine Art unter vielen — die Welt zu erforschen, Dinge in der Welt zu tun.

Ihr geht es nicht um Eroberung, sie versucht nicht, das zu sein oder zu umfassen, was sie nicht ist.

2.4 Daher gibt es keinen Fortschritt, der der Vergangenheit überlegen wäre, und keine Geschichte als die Verwirklichung dieses Fortschritts.

Es gibt keine zukünftige Erhöhung des Menschen. Seine Erfüllung ist stets möglich, stets gegenwärtig.

Fortschritt, Enttäuschung am Fortschritt und Nihilismus sind Szenen aus einem Bilderbuch.

Vergangenheit und Zukunft sind, was sie sind, weil sie in der *Gegenwart* erkannt und verwirklicht werden. Dinge und Beziehungen begegnen einander, doch nicht in einer eingleisigen Folge von vorher und nachher, sondern wie Teile einer Landschaft in einem Panorama. Die Zeit ist eine der Dimensionen dieses Panoramas, eine der *Regeln*, denen zufolge es „Erfahrung" gibt und die Welt ihr Sein besitzt. Und so ist es auch mit der Kausalität.

2.5 Dies ist die *ästhetische* (im Gegensatz zur moralischen) Sicht der Dinge. Das Gute und das Wahre werden im Schönen zusammengefaßt; die „Wirklichkeit" ist eins mit der Erscheinung.

Es ist eine Sicht, die für Urteile Raum läßt. Doch diese beziehen sich auf die Eleganz und Ökonomie — auf die *Konsistenz* — der inneren Ordnung dieser Sicht, nicht auf ihre referentielle Wirksamkeit, auf ihr Vermögen, die Welt zu usurpieren.

Sie verabscheut Schwarz-Weiß-Kontraste, hier herrschen Übergänge und Schattierungen der Bedeutung.

2.6 Dies ist Nietzsches Sicht der Welt als Traum — ein Traum, der das Bewußtsein des Träumens mit einschließt.

Die Metapher des *Spiels* mit Regeln (Heraklit spricht von der Welt als einem „Spiel mit Brettsteinen", Wittgenstein und Saussure vergleichen die Sprache mit einem Schachspiel) ist nicht eine willkürliche Metapher.

2.7 Es ist eine *hieratische* Sicht. Nur die ästhetischen Meisterwerke — die feinsten Schauspiele — zählen; der Übermensch ist eines davon, „die ewige Wiederkunft des Gleichen" ein anderes.
2.8 Dies ist die Sicht der Sprache, die hinter dem Werk einiger Dichter steht, darunter Hölderlin, Mallarmé und Rilke, und hinter den späteren Schriften Wittgensteins, auch wenn nicht alle ihre Folgerungen stets gegenwärtig sind.
2.9 Zu dieser Sicht gehört die ästhetische Charakterologie. Es ist die *apollinische* Sicht der Tragödie und der Welt.

3. Nietzsche unternimmt den Versuch, die Welt und das Dasein des Menschen zu ästhetisieren; er tut dies, indem er gewisse Aspekte der zweiten Sicht auf die erste überträgt.
3.1 Die Sprache wird als der „Wirklichkeit" (vgl. 1.2) unterlegen gesehen, sie ist relativ beschränkt in ihrer Fähigkeit, Wesentliches zu übermitteln. Obwohl Nietzsche häufig in der Annahme schreibt, „Worte" seien „Taten", bietet er keine widerspruchsfreie, begründete Einsicht, daß die Sprache eine „Lebensform" ist.
3.2 Die Sprache ist hier *weitgehend,* doch nicht völlig in sich geschlossen. (Wenn sie anderen „Formen" des Lebens gegenüber offen ist, so ist dies nur gelegentlich der Fall, nicht — wie in 2.2 — durch ihr eigentliches Wesen.)
Worte wollen durch ihren Bezug auf ihre *„signifiés"* (d. h. die Dinge in der Welt) bestätigt werden, doch eine solche Bestätigung ist strenggenommen nicht möglich. (Die Vorstellung, daß die Ordnung der Sprache nicht willkürlich ist, weil sie ein *System* oder eine Struktur ist, wird nicht erwogen.)

Worte sind weniger als Gedanken und weniger als das Pathos der Gefühle, doch unter bestimmten Bedingungen — in bestimmten Anordnungen — können sie die „Wirklichkeit" bestätigen („rechtfertigen").

3.3 Ihre Beziehung zur „Wirklichkeit" ist annähernd, metaphorisch. Hier liegt die formale (vgl. 1.8), literarische Quelle von Nietzsches Einfluß.

Es gibt daher eine Art von Sprache — die mittlere Weise zwischen Metaphern und Begriffen (d.h. verblaßten Metaphern) —, die einen besonderen Anspruch auf Genauigkeit und Treue besitzt.

3.4 Treue wem gegenüber? Dies ist eine dynamische und in beschränktem Maße „referentielle" Sicht der Sprache.

Ihr Ziel ist es, das „Sein in Beziehungen", die Bewegung der Dinge in der Welt, zu reproduzieren. Sie hat es überdies (vgl. 2.5) mit Übergängen, Schattierungen von Bedeutung zu tun, sie verwandelt Blöcke von Tatsachen in Abstufungen und Farbskalen.

3.5 Dies ist nicht einfach die ästhetische Sicht der Dinge (vgl. 2...), sondern ein Versuch, die Welt als Ganzes zu umfassen und dann ästhetisch zu rechtfertigen.

Das Ästhetische ist das Produkt der Geschichte, doch zugleich auch die Sicht, die der Geschichte Wert verleiht.

Es ist der Sinn oder zumindest *ein* wichtiger Sinn von Nietzsches „Umwertung aller Werte".

3.6 Die Werte, durch die sich die Welt erhält, wie auch diejenigen, die sich aus Nietzsches eigener „Umwertung" ergeben, sollen wie die Farbwerte von Malern sein.

Das Wertschema der harten Anstrengung vor allem soll durch den Wert (des In-Erscheinung-Tretens) müheloser Anmut ersetzt werden.

Nach dem „Tod Gottes“ soll „amor fati“ herrschen — die heitere Bereitschaft zu allem, „was auch immer kommen mag“.

Der Antichrist ist der Versuch, das Religiöse zu entmoralisieren und dann zu ästhetisieren. (Wenn Nietzsches Behauptung, er sei in seinem Herzen dem Christentum nie übel gesonnen gewesen, nicht nur eine Selbsttäuschung ist, so müssen wir seine Angriffe auf die christliche Moral durch die Absicht bestimmt sehen, das Geistige, das übrigbleibt, wenn die christlichen Moralwerte einmal zerstört sind, im Ästhetischen „aufzuheben“.)

Erscheinung und Wirklichkeit sind eins. Das Geistige und das Weltliche sind eins. Beide sind fehllos, schuldlos.

Es gibt eine „Unschuld des Werdens“ — alles, was lebendig ist und sich auf seine eigene Selbsterfüllung zu bewegt, ist unschuldig. (Doch es gibt keinen — Hegelschen — Fortschritt, keine Perfektibilität des Menschen und daher keinen — aufgeklärten — Optimismus.)

Es gibt die Schuld. Sie ist der Zustand des Geistes und des Herzens, die „der Geist der Schwere“ durchdringt; sie erfüllt alles, was statisch ist und absolut zu sein beansprucht. Daher ist das Postulat eines unveränderlichen universalen „Seins“ ein Musterbeispiel der Lüge.

Wie aber sich ändern und doch gleich bleiben? Der Widerspruch soll gelöst und die Selbst-Konsistenz — „Authentizität“ — des Menschen gerettet werden durch das Pindarsche „Werde, was du bist“.

Der Übermensch — Verkörperung jeder Authentizität — ist ein ästhetisches Ideal.

Der Wille zur Macht, durch den er existiert, hört nicht auf, ein dynamisches Prinzip zu sein (1.3), wenn er ein ästhetisches Schauspiel wird; denn es gibt eine Sprache

(3.4), die „Sein in Beziehungen“ darzustellen vermag. (Diese Sprache ist Beschreibung, nicht „Lebensform“. Nietzsches geplantes Buch, *Der Wille zur Macht,* soll nichts *mehr* sein als „ein Buch, zum Denken gemacht“.)

3.7 Zeit und Kausalität sollen in Bildern — z. B. im Bild des „Großen Mittags“ — bewahrt werden; auch Genealogie und Geschichte sind Reihen von Bildern großer Augenblicke in der Zeit.

Wenn Genealogie und Geschichte (1.5.) als der Gehalt der ewigen Wiederkehr aller Dinge und so als derjenige der erdenklich strengsten moralischen Prüfung gesehen wurden, so wird hier auch die ewige Wiederkunft samt allen anderen moralischen Überlegungen zu einem ästhetischen Schauspiel.

3.8 Sinn, Wert und Wahrheit liegen nicht in der Dauer (vgl. 1.5), sondern im *Augenblick,* in der Anekdote, im philosophischen Einfall. Die Sphäre der Gesellschaftlichkeit wird nicht im Akt der ästhetischen Rechtfertigung bestätigt, sondern als dessen Gegenstand; sie wird zum Gehalt wiederkehrender Muster.

3.9 Wenn schließlich Nietzsches gelegentlichem Lob der wissenschaftlichen Haltung und des Strebens nach Wahrheit um ihrer selbst willen (im Gegensatz zu seiner häufigen Ansicht, daß Wissenschaft und Wahrheit dem „Leben“ dienen sollen) ein Sinn abgewonnen werden soll, dann müssen auch diese „positivistischen“ Ermunterungen zur Wahrheitssuche als Teil der ästhetischen Theodizee gesehen werden. (Moderne Wissenschaftler werden gegen diesen Teil des Nietzscheschen Projekts keinen Einwand erheben.)

4. Sinn und Wert des Werkes.

4.1 Warum unternimmt Nietzsche diesen Versuch einer ästhetischen Rechtfertigung?

Prämisse dieser Rechtfertigung ist seine Verwerfung aller ihm bekannten moralischen Schemata. Auch die Enttäuschung durch die Hegelschen Vorstellungen von Geschichte und geistigem Fortschritt, die Darwinsche Abstammungslehre und den moralisch-geistigen Gehalt des Christentums gehören zur Grundlage seines Denkens.

Die jenseitigen, metaphysischen Elemente des Christentums hält er ebenfalls für wertlos, nicht aber die „Sehnsucht nach Unendlichkeit", der sie entspringen, und nicht das Pathos, das sie erfüllt.

Sowohl die Ethik wie die Ästhetik der Schopenhauerschen Philosophie lehnt er immer entschiedener als dekadent (und somit als Übergangserscheinung) ab; zuletzt sind sie ihm nicht mehr als passive Reaktionen auf die Welt des Willens und Mittel, dem Diktat des Willens zu entkommen.

Seine eigene „Umwertung aller [moralischen] Werte" bleibt fragmentarisch: Nietzsche kann kaum übersehen haben, daß auch sie, wäre sie zu Ende gedacht, sich lediglich als *eine Moral mehr* erweisen würde. (Ob Nietzsche sich je ihrer Unzulänglichkeit als einer Moral, die nicht institutionalisiert werden kann, bewußt war — als eines Schemas, das kein Schema ist —, bleibt zweifelhaft.)

Vor allem — und in einigen seiner letzten Betrachtungen führen ihm Erregung, ja Panik die Feder — will er dem Urteilen ein Ende machen. „Das Pöbelhafte" der Schwarz-Weiß-Sicht der Dinge bekämpfend, will er über die Begriffe der Anstrengung und Ernsthaftigkeit als moralische und existentielle Werte hinausgelangen; eine neue Lebenslehre jenseits jener „deutschen" Anschauung von Moral als „allerhöchster Anstrengung", die er im Kantschen Idealismus angreift, schaffen — jener Anschauung, der letzthin auch seine Philosophie verpflichtet ist.

Die ästhetische Rechtfertigung der Welt soll keine Schopenhauersche Flucht vor der Größe sein, welche die Willensmenschen geschaffen haben, auch ist Nietzsche nicht bereit, sich mit dem Wagnerschen Paradox abzufinden (d. h. zuzugestehen, daß selbst die höchsten Kunstwerke eine moralisch zweifelhafte „theatralische" Persönlichkeit zum Schöpfer haben können). Widersprüche dieser Art werden durch das *fiat* gelöst, das Ästhetische als das Werk einer Elite der „besten Herzen und Köpfe" eines Zeitalters zu definieren. In diesem peremptorischen Verfahren erkennen wir ein Stück des Nietzscheschen Individualismus: Es sind Entscheidungen, deren Willkürlichkeit durch den *persönlichen* Wert dessen, der sie trifft, getilgt werden soll.

Die ästhetische Rechtfertigung der Welt ist der eigentliche Gegenstand der „fröhlichen Wissenschaft". In „mediterraner Heiterkeit", einer Mischung aus Ernst und Spiel, repräsentiert diese Wissenschaft Nietzsches Suche nach der Einheit von Erkenntnis und Leben. Ihr Ziel ist eine Darstellung der Tugenden und der Würde des „Übermenschen" samt Anleitung zu ihrer Verwirklichung — *Beschreibung* und *Lehre* in einem.

Es ist jedoch unmöglich, die Bewegung von Kritik und Selbstkritik zur Selbstzerstörung hin, welche diese Suche begleitet, zu übersehen. Die Verwerfungen, in denen diese „ästhetische Rechtfertigung" gründet, enthalten die zeitgemäßen Elemente in Nietzsches Geist und Charakter, das meiste von dem, was ihn zu dem macht, was er ist. Als Negation jener Negationen begleitet das ästhetische Argument Nietzsches Denken vom Anfang bis zum Ende und ist vielleicht Teil der Euphorie, die ihn in den Wahnsinn begleitet.

4.2 Warum scheitert Nietzsche?

Ein Grund, warum sein Versuch einer ästhetischen Rechtfertigung der Welt immer wieder abgebrochen wird, liegt nicht nur in seiner Unwilligkeit, ein ästhetisches *System* als Alternative zu seinen moralischen Einsichten zu errichten; dafür ist schon sein Mißtrauen gegen Systeme — eine seiner Tugenden als Denker — zu tief. Ein wichtigerer Grund liegt in dem ihm eigenen Habitus des Urteilens (der seinerseits wohl mit seinem protestantischen Erbe verbunden ist). Auch dieses Denken wurzelt zu tief, als daß es mehr als „aphoristische" Blicke auf eine alternative Einstellung zur Welt erlaubte; daher seine Unfähigkeit, selbst einzelne Szenen aus jener anderen, ästhetisch gesehenen Welt unpolemisch mit dem Blick für Einzelheiten und der Anschaulichkeit zu beschreiben, die seine Szenen aus der moralisch-existentiellen Welt auszeichnen.

Keines Menschen Freiheit von den Einflüssen seiner Zeit ist absolut: Nicht nur logisch, auch aus der Perspektive seines Jahrhunderts gesehen ist der Entwurf einer totalen Selbstschöpfung der Werte chimärisch. Sein Verständnis des Geistes des klassischen Griechenland macht ihn nicht zu einem griechischen Denker. Seine Angriffe auf das christliche Dogma und die christliche Lehre und sein Verwerfen des Glaubens machen aus ihm nicht einen Heiden, sondern einen christlichen Apostaten. Und die kritischen Bemerkungen zur traditionellen Sprachanschauung, die Worte mit Namen gleichsetzt, sind zu flüchtig und zu unscharf, um die Entfaltung einer widerspruchslosen und umfassenden Alternative zu erlauben.

4.3 Was leistet Nietzsches Philosophieren?

Einsicht und Erhellung stammen hier aus dem gleichen Grund der Wahrhaftigkeit wie das Scheitern. Er versteht und „entlarvt“ die Ethik von Schuld und Lob, Strafe und Belohnung und der normativen Agonie des Gewissens besser als irgendein anderer Denker. Er hat mehr Achtung vor der Mannigfaltigkeit des Lebens als vor der Individualität der Menschen, deren potentieller Veränderungsfähigkeit er keine Grenzen setzt. Sich und sein Leben als Maßstab setzend, zeigt er, was es bedeutet, jedes moralisch-existentielle Problem ohne Vorurteil und *ab initio* anzugehen; was es bedeutet, gegen die größten erdenklichen intellektuellen und persönlichen Widerstände zu philosophieren; und was es bedeutet, in einem Zeitalter ohne lebendigen Glauben und gültigen Mythos zu philosophieren; nicht „jede“, sondern *diese* „dumpfe Umkehr der Welt“[1] zu beschreiben, in der Beschreibung zu tadeln und noch im Tadel und in der Beschreibung zu bejahen: Für diese Anliegen bildet er nicht eine neue Sprache (was ebenso absurd wäre wie der Entwurf völlig neuer Werte), sondern einen neuen Stil des Verstehens und damit der Teilnahme an seiner Welt und der unsrigen. Daß „Gott tot ist“, daß die Welt ein Produkt des „Willens zur Macht“ ist und daß wahrer Wert nur in einer Moral der Anstrengung liegt, sind paradoxe Formulierungen von Überzeugungen, auf denen ein Großteil unseres Lebens beruht. Er ist häufig einsichtsvoller und überzeugender als jene, die uns (zu Recht, wie ich glaube) sagen, daß diese Überzeugungen nicht wahr sind. Niemand aber hat mit weniger Vorbehalt und größerer Vorstellungskraft den Versuch unternommen, zu sehen, wie die Welt wäre, wenn sie wahr wären.

[1] Rainer Maria Rilke, Siebte Duineser Elegie.

Bibliographie

Nietzsches Werke

Die Geburt der Tragödie, 1872

Unzeitgemäße Betrachtungen, 1873 – 76

Menschliches, Allzumenschliches, 1878 – 80

Morgenröte, 1881

Die fröhliche Wissenschaft, 1882

Also sprach Zarathustra, 1883 – 85

Jenseits von Gut und Böse, 1886

Zur Genealogie der Moral, 1887

Der Fall Wagner, 1888

Götzen-Dämmerung, 1889

Der Antichrist, 1895

Ecce homo, 1908

Der Wille zur Macht, (Nachlaß-Sammlung)

Gesammelte Werke, (Musarionausgabe, abgekürzt *Mus*). 23 Bände. München 1920 – 29

Werke in drei Bänden. Hrsg. K. Schlechta, München 1954 – 56

Werke: Kritische Gesamtausgabe (abgekürzt *WKG*). Hrsg. G. Colli und M. Montinari Berlin 1967 ff.

Werke: Kritische Studienausgabe (abgekürzt *KSA*). Hrsg. G. Colli und M. Montinari. München 1980 (überwiegend identisch mit der *WKG*).

Nietzsche-Studien. Berlin 1972 ff.

Werke über Nietzsche

A. ANDERS/K. SCHLECHTA: *Friedrich Nietzsche. Von den verborgenen Anfängen seines Philosophierens.* Stuttgart 1962

CH. ANDLER: *Nietzsche. Sa Vie et sa penseé,* 6 Bände. Paris 1920 – 31

C. A. BERNOULLI: *Franz Overbeck und Friedrich Nietzsche. Eine Freundschaft*. 2 Bände. Jena 1908

E. BERTRAM: *Nietzsche. Versuch einer Mythologie*. Berlin 1918 (u. ö.)

R. BLUNCK: *Friedrich Nietzsche. Kindheit und Jugend*. München und Basel 1953

P. BRIDGEWATER: *Nietzsche in Anglosaxony*. Leicester 1972

G. COLLI: Dopo Nietzsche. Mailand 1974. (dt.: *Nach Nietzsche*, Frankfurt 1980)

F. COPLESTON: *Friedrich Nietzsche: Philosopher of Culture*. London und New York ²1975

A.C. DANTO: *Nietzsche as Philosopher*. New York 1965

G. DELEUZE: *Nietzsche et la philosophie*. Paris 1962 (dt.: *Nietzsche und die Philosophie*. München 1976)

P. DEUSSEN: *Erinnerungen an Friedrich Nietzsche*. Leipzig 1901

E. FINK: *Nietzsches Philosophie*. Stuttgart 1960 (u. ö.)

H. FISCHER: *Nietzsche Apostata*. Erfurt 1931

O. FLAKE: *Nietzsche. Rückblick auf eine Philosophie*. Baden-Baden ²1947

I. FRENZEL: *Friedrich Nietzsche in Selbstzeugnissen und Bilddokumenten*. Reinbek 1966

P. GAST: *Friedrich Nietzsche's Briefe an Peter Gast*. Leipzig 1924

G. GRANT: *Time as History*. Toronto 1969

B. HILLEBRAND (Hrsg.): *Nietzsche und die deutsche Literatur*. 2 Bände. Tübingen 1978

M. HEIDEGGER: *Nietzsche*. 2 Bände. Pfullingen 1961

M. HEIDEGGER: „Nietzsches Wort ‚Gott ist tot'", in: *Holzwege*. Frankfurt a.M. 1950 (u. ö.)

E. HELLER: *The Artist's Journey Into the Interior and Other Essays*. New York 1968 (dt.: *Die Reise der Kunst ins Innere*. Frankfurt a.M. 1966)

E. HELLER: *The Disinherited Mind*. Cambridge 1952. (dt.: *Enterbter Geist*. Frankfurt a.M. 1954)

E. HELLER: „The Modern German Mind: the Legacy of Nietzsche", in: *Literary Lectures presented at the Library of Congress*. Washington 1973.

E. HELLER: *The Poet's Self and the Poem*. London 1976 (darin „Nietzsche in the Waste Land", S. 28 – 50)

P. HELLER: *Dialectis Nihilism. Essays on Lessing, Nietzsche, Mann and Kafka*. Amherst, Mass. 1966

P. HELLER: *„Von den ersten und letzten Dingen": Studien und Kommentar zu einer Aphorismenreihe von Friedrich Nietzsche*. Berlin und New York 1972

R.J. HOLLINGDALE: *Nietzsche. The Man and the Philosophy*. Baton Rouge 1965

R.L. HOWEY: *Heidegger and Jaspers on Nietzsche: A Critical Examination of Heidegger's and Jasper's Interpretations of Nietzsche*. The Hague 1973

C.P. JANZ: *Die Briefe Friedrich Nietzsches*. Basel und Zürich 1972

ders.: *Friedrich Nietzsche. Biographie*. 3 Bände. München 1978-79.

K. JASPERS: *Nietzsche. Einführung in das Verständnis seines Philosophierens*. Berlin u. Leipzig 1936. (u.ö.)

ders.: *Nietzsche und das Christentum*. Hameln, o.J. (1947)

F.G. JÜNGER: *Nietzsche*. Frankfurt a.M. 1949

W. KAUFMANN: *Nietzsche: Philosopher, Psychologist, Antichrist*. Princeton ^{4}1974

L. KLAGES: *Die psychologischen Errungenschaften Nietzsches*. Leipzig 1926 (u.ö.)

E. KRETZER: *Friedrich Nietzsche, nach persönlichen Erinnerungen und aus seinen Schriften*. Leipzig 1895

J. LAVRIN: *Nietzsche. A. Biographical Introduction*. London 1971

F. A. LEA: *The Tragic Philosopher: A Study of Friedrich Nietzsche*. London 1973

K. LÖWITH: *Nietzsches Philosophie der ewigen Wiederkehr des Gleichen*. Hamburg ^{3}1978

K. LÖWITH: *Von Hegel zu Nietzsche. Der revolutionäre Bruch im Denken des neunzehnten Jahrhunderts*. Hamburg ^{7}1978

K. LÖWITH: „Nietzsche nach sechzig Jahren", in: *Gesammelte Abhandlungen*, Stuttgart 1960

F.R. LOVE: *Young Nietzsche and the Wagnerian Experience*. Chapel Hill 1963

TH. MANN: *Nietzsche's Philosophie im Lichte unserer Erfahrung*. Berlin 1948

A.v.MARTIN: *Nietzsche und Burckhardt. Zwei geistige Welten im Dialog*. Basel ³1945

J. NOLTE: *Wahrheit und Freiheit. Meditationen über Texte aus Friedrich Nietzsche*. Düsseldorf 1973

J.M.S. PASLEY (Hrsg.): *Nietzsche. Imagerey and Thought. A. collection of essays*. London 1978

E.F. PODACH: *Nietzsches Zusammenbruch*. Heidelberg 1930

E.F. PODACH: *Gestalten um Nietzsche*. Weimar 1932.

E.F. PODACH: *Der kranke Nietzsche. Briefe seiner Mutter an Franz Overbeck*. Wien 1937

E.F. PODACH: *Friedrich Nietzsche und Lou Salomé*. Zürich 1938

G. ROHRMOSER: *Nietzsche und das Ende der Emanzipation*. Freiburg i.Br. 1971

W. ROSS: *Der ängstliche Adler*. Friedrich Nietzsches Lebensroman. Stuttgart 1980

J. SALAQUARDA: *Nietzsche. Wege der Forschung*. Darmstadt 1980

E. SALIN: *Vom deutschen Verhängnis. Gespräch an der Zeitenwende: Burckhardt-Nietzsche*. Reinbek 1959

K. SCHLECHTA: *Nietzsches Großer Mittag*. Frankfurt a.M. 1954

K. SCHLECHTA: *Der Fall Nietzsche*. München 1958

K. SCHLECHTA: *Nietzsche-Chronik. Daten zu Leben und Werk*. München 1965

T.B. STRONG: *Friedrich Nietzsche and the Politics of Transfiguration*. Berkeley 1975

G. WILSON KNIGHT: *Christ and Nietzsche*. London u. New York, 1948

H.M. WOLFF: *Friedrich Nietzsche: der Weg zum Nichts*. Bern 1956